国家高端智库综合开发研究院（中国·深圳）出品

Good Governance, Structural Effects and China's High-Quality Economic Development

An Exploration of the "Structural Beauty" in Governance Quality

良好治理、结构效应与中国经济高质量发展

兼论治理质量“结构之美”

刘建党◎著

中国经济出版社

CHINA ECONOMIC PUBLISHING HOUSE

北　京

图书在版编目（CIP）数据

良好治理、结构效应与中国经济高质量发展 / 刘建党著. -- 北京 : 中国经济出版社, 2025. 6. -- ISBN 978-7-5136-8167-4

Ⅰ. F124

中国国家版本馆 CIP 数据核字第 2025X06U70 号

责任编辑　赵静宜
责任印制　李　伟
封面设计　久品轩

出版发行　中国经济出版社
印 刷 者　宝蕾元仁浩（天津）印刷有限公司
经 销 者　各地新华书店
开　　本　710mm×1000mm　1/16
印　　张　18. 5
字　　数　285 千字
版　　次　2025 年 6 月第 1 版
印　　次　2025 年 6 月第 1 次
定　　价　99. 00 元
广告经营许可证　京西工商广字第 8179 号

中国经济出版社 **网址** http：//epc. sinopec. com/epc/ **社址** 北京市东城区安定门外大街 58 号 **邮编** 100011
本版图书如存在印装质量问题，请与本社销售中心联系调换（联系电话：010-57512564）

前言

金刚石与石墨都是由碳元素构成，但二者因不同的内在结构，呈现截然不同的物理性质，我们可以称之为自然界中的“结构之美”。治理质量作为社会科学中的重要概念，包括政府能力、市场能力和法治水平三个维度，其是否也存在“结构之美”现象？最优治理结构的内涵及其形成路径分别是什么？不同治理结构如何影响经济高质量发展？不同治理维度、不同治理主体之间的关系是怎样的？等等。围绕以上问题，本书依托成熟的中国省域治理质量评估体系，计算跨年度可比的中国省域治理质量综合指数，研究良好治理的经济高质量发展效应的结构效应和交互效应，分析不同规模经济产业发展的不同阶段对应的治理结构、治理行为和产业发展绩效，并采用中国省级面板数据和深圳两大典型产业进行实证检验。

从省域治理来看，相较于中国东部样本省级地区，中西部样本省级地区的治理质量、政府能力、市场能力、法治水平和治理能力普遍较低，中西部地区大部分样本五个治理指数的绝对改善幅度（除了中部地区样本的法治水平指数）、相对改善幅度都比较大。治理质量、政府能力、法治水平的省际绝对差异均呈现先扩大、后缩小的变化趋势，市场能力、治理能力的省际绝对差异均呈现持续缩小的基本态势；治理质量、治理能力的省际相对差异越来越小且逐步消失，政府能力的省际相对差异持续缩小且始终不显著，市场能力的省际相对差异持续缩小且始终比较显著，法治水平的省际相对差异呈现先扩大、后缩小的变化趋势且逐步趋于消失。中国省际治理质量、省际市场能力、省际法治水平、省际治理能力均呈现菱形分布态势，省际政府能力逐步从菱形结构转变为金字塔结构。

加入 WTO（世界贸易组织）以来，中国省域良好治理的经济高质量发展效应存在显著的结构效应。当样本省级地区治理结构为“强政府+强市场+强法治”时，其良好治理的经济高质量发展效应显著高于“弱政府+弱市场+弱法治”治理结构和其他治理结构的平均水平约 27%。当样本省级地区治理结构为“弱政府+弱市场+弱法治”时，其良好治理的经济高质量发展效应显著低于“强政府+强市场+强法治”治理结构和其他治理结构的平均水平约 13%。同期，良好治理的经济高质量发展效应的结构效应存在地区差异性。对于东部样本省级地区而言，“强政府+强市场+强法治”治理结构下良好治理的经济高质量发展效应显著高于其他治理结构约 34%。对于西部样本省级地区而言，“弱政府+弱市场+弱法治”治理结构下良好治理的经济高质量发展效应显著低于其他治理结构约 18%。此外，良好治理的经济高质量发展效应的结构效应存在时期差异性。2001—2007 年，“弱政府+弱市场+弱法治”治理结构下良好治理的经济高质量发展效应显著低于“强政府+强市场+强法治”治理结构和其他治理结构的平均水平约 18%。2008—2019 年，“强政府+强市场+强法治”治理结构下良好治理的经济高质量发展效应显著高于“弱政府+弱市场+弱法治”治理结构和其他治理结构的平均水平约 25%。

从交互效应来看，政府能力、市场能力对经济高质量发展的影响存在显著的互相强化效应，随着市场能力的提升，政府能力对经济高质量发展的正向作用增强 1.2~2.1 倍；随着政府能力的提升，市场能力对经济高质量发展的正向作用增强 4.6~5.5 倍。市场能力、法治水平对经济高质量发展的影响存在显著的互相强化效应，随着法治水平的提高，市场能力对经济高质量发展的积极作用增强 4.5~4.9 倍；随着市场能力的提升，法治水平对经济高质量发展的积极作用显著增强 2~3.5 倍。治理能力（才）、法治水平（德）对经济高质量发展的影响存在显著的互相强化效应，德才互济会最大限度地释放良好治理的经济高质量发展效应，随着法治水平的提升，治理能力对经济高质量发展的积极作用增强 1.3~1.8 倍；随着治理能力的提升，法治水平对经济高质量发展的积极作用增强 1.9~2.7 倍。良好治理的高质量发展效应的交互效应存在时期差异性、地区差异性，其源自治理质量的时期差异、地区差异（部分）。相较于 2001—2007 年，2008—2019 年各治理指数更高，其互相强化效应明显扩大。相较于中部地区，东部地区各治理指数更高，西部地区部分样本的各治理指数偏低，部分中部地区各治理指数的互相强化效应高于东部地区、西部地区。

从城市产业转型升级来看，改革开放 40 多年来，中国后发城市产业治理结构的最佳演进路径为从“强政府+弱市场”到“强政府+强市场+弱社会”，再到“强政府+强市场+强社会”。其中，“强政府+强市场+强社会”是最佳城市产业治理结构，因为三大治理主体均最大限度地参与城市产业升级，最容易形成城市产业升级的合力。在中国城市产业升级过程中，最佳的治理关系为政府、企业、行业协会之间形成互助、互补、局部替代的合作伙伴关系，不同情景下的治理关系的侧重点不同。对于规模经济显著的产业，治理主导力量的最佳演进路径为从“政府”到“政府+企业”再到“企业”。对于规模经济不显著的产业，治理主导力量的最佳演进路径为从“政府”到“政府+企业”再到“政府+企业+行业协会”。充分发挥政府的培育、监管、服务作用，这是中国后发地区建立强大市场机制和社会机制的最优途径。

目　录

第1章　绪　论

1.1　研究背景

改革开放40多年来，中国经济逐步从高速度增长向高质量发展转型升级。中国经济发展水平逐步提高，人均GDP（国民生产总值）由1979年的288美元（当年价）增加到2023年的1.27万美元（当年价），即将实现从低收入向高收入①的伟大转变；产业结构持续优化升级，三次产业结构由1979年的31∶47∶22转变为2023年的7.1∶38.3∶54.6，即从工业化初级阶段起步，经历了工业化中级阶段，正在从工业化高级阶段向服务经济阶段转型②；城市化水平不断提升，常住人口城镇化率由1979年的19.0%提升到2023年的66.16%，城镇人口净增加74772万人③，城镇逐渐成为人口集聚的主要场所；经济实力稳步壮大，国内生产总值由1979年的4100.5亿元（当年价）增加到2023年的1260582亿元（当年价），全球排名从第11名上升到第2

---

① 根据世界银行2023年7月1日发布的分类标准，人均国民总收入（GNI）达到4466~13845美元，即属于上中等收入行列；2023年，中国国内生产总值为1260582亿元，国民总收入为1251297亿元，前者高于后者0.74%，即使考虑这一高估因素，中国依然属于上中等收入行列。

② 按照美国经济学家西蒙·库兹涅茨的观点：在工业化起点，第一产业占主导地位，第二、第三产业比重较低；在工业化初级阶段，第一产业比重持续下降，第二、第三产业比重相应提高，且第二产业比重上升幅度大于第三产业，第二产业占主导地位；在工业化中级阶段，第一产业比重降到20%以下，第二产业依然占据主导地位；在工业化高级阶段，第一产业比重降低到10%左右，第二产业比重上升到最高水平；在后工业化阶段或服务经济阶段，第二产业比重有所下降，第三产业比重上升至70%左右。

③ 根据《中国统计年鉴》，1979年全国城镇人口为18495万人，2023年为93267万人，净增74772万人。

名，成为全球举足轻重的经济大国和经济强国。在中国这一系列伟大历史转变中，以深圳等为代表的先锋城市扮演了积极角色。深圳率先迈入高收入城市行列，人均 GDP 由 1979 年的 405 美元增加到 2023 年的 27705 美元，达到了韩国 2013 年、中国台湾 2020 年的水平；率先完成城市化，常住人口城镇化率达到 100%；率先完成产业结构升级，三次产业结构由 1979 年的 37∶20.5∶42.5 转变为 2023 年的 0.1∶37.6∶62.3；服装等传统产业率先实现了“OEM—ODM—OBM—时尚创意产业”的华丽转型升级，成功探索了全球价值链的四种升级路径——工艺升级、产品升级、功能升级、链条升级；电子信息产业率先实现了从“三来一补”到“简单产品专业化”“复杂产品专业化”，再到“综合解决方案专业化”“引领全球产业发展”的转型升级。深圳经济高质量发展经验为中国乃至全球欠发达地区指明了方向，也激发了有关“中国模式”“中国奇迹”的深度思考和系统研究。

站在新的历史起点上，党的十八大首次提出了全面深化改革的总目标是“完善和发展中国特色社会主义制度，推进国家治理体系和治理能力现代化”。党的十九大报告再次重申了全面深化改革的总目标，并提出了实现国家治理体系和治理能力现代化的两阶段①宏伟构想，再次从战略层面肯定了良好治理在国家长期发展中的重要地位，尝试以治理体系和治理能力为核心的制度创新为抓手，推动中国经济增长模式的持续转型与升级。党的二十大报告提出，“中国式现代化的本质要求是：坚持中国共产党领导，坚持中国特色社会主义，实现高质量发展……”“未来五年是全面建设社会主义现代化国家开局起步的关键时期，主要目标任务是：经济高质量发展取得新突破，科技自立自强能力显著提升，构建新发展格局和建设现代化经济体系取得重大进展；改革开放迈出新步伐，国家治理体系和治理能力现代化深入推进，社会主义市场经济体制更加完善，更高水平开放型经济新体制基本形成……”“高质量发展是全面建设社会主义现代化国家的首要任务”。“到二〇三五年，我国发展的总体目标是：经济实力、科技实力、综合国力大幅跃升，人均国内生产总

① 第一个阶段，从 2020 年到 2035 年，国家治理体系和治理能力现代化基本实现；第二个阶段，从 2035 年到 21 世纪中叶，实现国家治理体系和治理能力现代化。

值迈上新的大台阶，达到中等发达国家水平；实现高水平科技自立自强，进入创新型国家前列；建成现代化经济体系，形成新发展格局，基本实现新型工业化、信息化、城镇化、农业现代化；基本实现国家治理体系和治理能力现代化，全过程人民民主制度更加健全，基本建成法治国家、法治政府、法治社会……”强调了良好治理在经济高质量发展中的重要作用。

基于此，当前和未来一段时间，有关经济高质量发展的思考和研究势必成为国内外关注的焦点问题，人们不禁要问：影响经济高质量发展的关键因素有哪些？其影响路径、作用机制是怎样的？良好治理与经济高质量发展是什么关系？来自深圳经济高质量发展成功实践的解释是什么？等等。

1.2　研究意义

1.2.1　理论意义

本书尝试对经济高质量发展理论和治理理论进行扩展和丰富，具有重要的理论意义，具体体现在以下三个方面。

首先，尝试扩展经济高质量发展的影响因素的理论体系。在系统梳理国内外文献的基础上，本书提出了复合治理结构影响经济高质量发展的重要观点，厘清了有关经济高质量发展影响因素理论的内在关联，深化了对已有研究成果和学术观点的理解，有助于对经济高质量发展的影响因素形成整体认识。

其次，尝试丰富治理质量影响经济高质量发展的理论体系。经济高质量发展是地区发展的核心问题，本书通过引入SCP产业组织分析范式，构建了复合治理结构影响经济高质量发展的理论分析框架，系统阐述了其基本动力、主要路径和作用机制等问题，进一步充实了有关治理研究的理论体系。

最后，尝试深化政府、市场和社会三大机制之间关系的研究理论体系。本书将产业升级划分为不同阶段，分析政府、市场和社会三大机制之间的动态关系，探讨最优城市产业复合治理结构、治理行为、治理关系、治理的主导力量，丰富了有关政府、市场和社会机制之间关系的研究理论体系。

1.2.2 实践意义

本书关注中国省级地区经济高质量发展、深圳市产业转型升级，对国内后发地区和城市具有重要的借鉴意义，具体体现在以下四个方面。

第一，注重打造“强政府+强市场+强法治”的治理结构。一方面，以打造“强政府+强市场+强法治”的治理质量结构为目标，通过构建体现地方特色的治理质量评估体系，持续开展年度评估工作，不断寻找地方治理中存在的短板和不足，并以此作为地方工作的首要突破口，逐步实现政府能力、市场能力和法治水平的螺旋式交互上升。另一方面，改变局部改革的传统思维，避免单项改革的事倍功半现象，从治理系统的视角入手，规划设计政府、市场、法治三大领域的综合改革路径，动态推进政府改革、市场培育和法治建设等各项工作的配套衔接，有效释放综合改革的事半功倍效应，持续实现地区经济高质量发展。

第二，注重形成政府、市场和社会之间互助、互补、局部替代的合作伙伴关系。在城市产业升级过程中，对于政府、企业和行业协会三类治理主体，彼此要注重互相增权、互相赋权、互相强化，构建三者之间的互助互补伙伴关系，完善政府与企业、政府与行业协会的局部替代关系。既要注重发挥政府机制对市场机制、社会机制的元作用，也要注重发挥市场机制、社会机制对政府机制的反馈作用，还要注重发挥市场机制和社会机制之间的互动作用，并注重动态调整政府机制与市场机制、社会机制的具体功能，以适应不同阶段产业升级的实际需求。通过持续提升政府机制、市场机制和社会机制的治理能力，从而实现城市产业升级、经济持续发展的重要目标。

第三，注重构建“政府主导”“市场主导”“政府和市场共同主导”等多种城市产业治理模式。在经济发展水平比较低的城市，要更多发挥“政府主导”在产业升级中的重要作用，通过政府的积极有为，持续提高市场机制、社会机制的治理能力。对于规模经济不显著的产业，也要更多发挥“政府主导”的重要作用，通过补偿信息外部性和解决协调问题，缓解或消除产业升级中的瓶颈因素。随着经济发展水平的逐步提高，或者对于规模经济特征显著的产业，要重视发挥“市场主导”的积极作用。因此针对不同经济发展水平、不同产业特质、不同产业发展阶段，探索形成“政府主导”“市场主导”“政府和市场共同主导”等多种城市产业治理模式。

第四，注重加强法治环境的持续建设和完善。优良的法治体系是规范政府机构、市场主体和社会主体治理行为的基本保障；成熟的法治环境是提升政府机制、市场机制和社会机制的治理能力的重要条件；法治水平的持续提升是地区复合治理的基本特色。法治环境的建设和完善，需要发挥政府治理的元作用，通过持续完善法律法规体系，优化法治软环境，并坚持依法行政，依法干预经济社会活动，为其他治理主体树立良好榜样。同时，要注重发挥企业、行业协会、中介组织的重要作用，积极建言献策，开展社会监督，共同建设、维护良好的法治环境。

1.3 国内外研究现状

关于中国经济高质量发展的影响因素研究，国内外直接相关的文献并不多，相关研究成果主要散见于国家层面、地方层面（城市、省级或跨省）、产业层面的研究，按照这些成果的内在逻辑，可以划分为三大观点：第一，资源影响理论，将经济高质量发展的影响因素主要归为劳动力、资本、技术、信息化和创新等要素资源的丰裕程度，以及国内外市场需求资源、生产性服务业资源和制度政策资源的供给；第二，机制影响理论，尝试从政府机制、市场机制、社会机制入手，研究政府、企业、行业协会在经济高质量发展中的独特作用；第三，治理影响理论，从国家治理、区域治理、城市治理的角度入手，研究治理结构、治理行为和治理关系对经济高质量发展的重要作用。

1.3.1 资源影响理论

从资源的视角来看，根据现有国内外文献资料，影响经济高质量发展的因素主要包括要素资源、市场资源、产业资源和制度资源。其中，要素资源、产业资源是从供给视角入手，市场资源是从市场需求视角入手，制度资源则兼顾供需两个视角，四大资源共同形成一个完整的资源影响体系。

1.3.1.1 要素资源

在一定条件下，地区最优产业结构内生于地区的要素禀赋结构，不同发展水平的产业结构内生对应不同水平的要素禀赋结构。这一思想最早源于赫克歇尔—俄林理论（以下简称 H-O 理论），又称要素比例学说，该理论以总量法衡量要素丰裕程度，只考虑要素的供给，属于狭义的要素禀赋理论。萨缪尔森进一步发展了 H-O 理论，创立了要素价格均等化理论，以价格法衡量要素丰裕程度，考虑了要素的供给和需求两个方面，较为科学。基于此，要实现产业从低水平向更高水平的升级，实现经济高质量发展，就要率先升级要素禀赋结构，要素的丰裕程度成为经济高质量发展的直接动因。

在全球化产业链条中，自然资源、劳动力（数量、素质、成本）、资本（总量、质量、投向）、技术水平等要素禀赋条件影响着加工贸易产业（或企业）、制造业的产业升级（或产业结构升级）。特别是人力资本、人才结构、知识资源、IT 技术、模块技术、创新（或技术创新、自主创新、科技创新）等高级要素的供给，逐步成为影响经济高质量发展（传统产业升级、制造业高级化、产业结构升级）的关键因素。

1.3.1.2 市场资源

以上观点都是从商品供给维度考虑的，产业升级等经济高质量发展能否实现，也需要考虑市场需求维度。这是因为产业结构变化与经济高质量发展的最终目的是满足人类生产与生活需求的不断升级，市场需求升级是产业结构升级、经济高质量发展的市场原动力。需求总量的提高往往伴随着需求结构的升级，尤其是需求结构升级直接拉动生产结构、经济结构升级，由此促进相关新兴产业的兴旺发展，进而推动经济高质量发展。

从外需视角来看。在宏观层面上，中国产业结构高级化水平早已经显著超过了其需求结构所对应的发展水平，而外部市场需求在中国产业结构升级、经济高质量发展中扮演着十分重要的支撑角色，特别是出口对中国加工贸易企业产业升级意义重大，因此扩大外需，增加对外出口成为推动产业升级、实现经济高质量发展的常见手段。

从内需视角来看。在经济合作与发展组织（OECD）国家，随着经济发展、总收入的不断增加，对相关商品（如奢侈品）的需求规模会发生变化，并借助需求收入弹性的相应变化，持续促进产业结构高级化和经济高质量发展。对于中国等后发国家，国内需求、内部高层次的需求对产业结构升级、经济高质量发展具有重要作用。特别是中国这样的大国，其制造业可以依托广阔的国内市场，通过打造国家产业价值链、构建中国的全球价值链，建立以中国企业为龙头的高端价值链。

从需求结构来看。1992—2010 年，中国三次产业的演进由不同的最终需求诱导，农村居民消费对第一产业、资本投入对第二产业、政府支出对第三产业增长的贡献率最大；最终需求对产业部门不同时段的增加值诱导作用不同，进而引起产业结构的变化和经济发展，“居民消费驱动型”“出口驱动型”“政府支出驱动型”产业发展有利于产业结构的调整和经济高质量发展。

1.3.1.3 产业资源

产业升级、经济高质量发展不是一个孤立的过程，它需要其他产业的中间投入。特别是生产性服务业，可以降低制造业的生产成本、交易成本，提升制造业的产品附加值，推动资源优化配置，提升产业竞争力，从而在制造业转型升级、经济高质量发展中发挥重要作用。具体来说，相关生产性服务业主要包括金融业（降低融资成本）、物流业（降低交易成本）和文化创意产业（提升产品附加值）。

从金融业来看。在产业中观层面，金融业发展对制造业高质量发展有着显著正向影响，具有典型的因果关系。金融相关比率的持续增长大幅推动了产业结构升级、经济高质量发展，且金融存量规模增长与第二、第三产业发展能级呈倒“U”形曲线关系，各个地区的金融集聚和金融效率发展水平对产业结构升级、经济高质量发展的影响并不完全相同。高技术创新与高风险产业增长在很大程度上依赖于市场导向的金融结构，中介导向型的金融结构在促进传统型、低风险产业的增长方面更具比较优势。在企业微观层面，只要企业获得融资的可能性加大，企业所获得的收益就会增加，产品就会增多，市场就容易扩大，特别是中国制造类跨国公司，占据着国际外部融资优势，因而出口量比较多。

从物流业来看。物流状况的好坏主要体现在硬件基础设施发展水平上，比如公路、铁路、机场、港口和物流园区等，因此产业结构升级、经济高质量发展的状况也取决于一国的基础设施是否做出了相应的改进。一个地区基础设施水平的提高能够显著地降低运输成本，从而使规模报酬递增的行业更可能在该地区发生集聚，因此，在基础设施水平较高的地区，规模经济较高的行业能够得到更快的成长，更容易实现经济高质量发展。

从文化创意产业来看。通过文化产业与制造业的延伸融合、交叉融合以及关联融合，充分发挥文化产业的生产性服务业作用，提升制造业的文化附加值，从而促进制造业的文化升级和高质量发展。在后危机时代，创意产业与制造业融合发展是中国解决代工型经济瓶颈和促进产业升级的重要途径。工业设计通过造型创新、功能创新、方式创新和文化创新等方式实现产品创新，在产业升级、经济高质量发展的过程中发挥着引领和驱动作用。

1.3.1.4 制度资源

无论要素的供给还是需求，都是在一定的政策、规范、制度的影响下运行，因此，科技体制、知识产权制度和社会理念等制度资源是影响产业升级、经济高质量发展的因素。制度因素既可以影响生产要素供给的数量和质量，也可以影响生产要素组合效率和最终产出，还可以影响市场需求的规模和结构，以及生产性服务业的发展水平。因此，制度不仅影响生产成本和生产效率，也影响交易成本和交易效率，它对一国经济的总体影响超过物质资本和人力资本的总和。

从制度的积极影响来看，1978 年改革开放以来，“中国制造”的崛起和中国经济的持续高质量发展，本质上是制度和契约环境的改善释放了劳动生产率的结果。从制度的消极影响来看，我国社会信用体系缺失和知识产权保护制度或执行机制的不完善，“扭曲性”地激励企业以代工方式使其被锁定在全球商品价值链的低端环节，影响了产业的升级能力和经济高质量发展。不同制度环境下的经济效率和发展水平差异显著，从数理理论模型推演结果来看，制度促进环境下均衡状态时人均资本存量为制度抑制环境下的 3 倍，实体经济产出是制度抑制环境下的5倍。

综上所述，制度有好坏之分，对产业升级等经济高质量发展的影响也有优劣之别，制度质量与产业升级、经济增长关系密切。产业升级实际上是分工深化的过程，知识技术密集型产业本身就是分工复杂的契约密集型产业，产业链高端的技术研发环节和品牌营销环节也是分工密度高和契约相对密集的。制度质量较高的国家倾向于发展分工密度和契约密集度较高的复杂技术产业，制度质量较差的国家则倾向于发展分工密度和契约密集度较低的简单技术产业，且契约环境质量与出口产品的分布服务密集度显著正相关。

1.3.2 机制影响理论

从资源配置的角度来看，根据国内外已有研究成果，影响经济发展的三大机制分别为市场机制、政府机制和社会机制。其中，市场机制主要通过价格调节和市场竞争来发挥作用，市场主体包括企业等各类营利性组织，具有鲜明的经济性和契约性，主要提供私人品；政府机制主要通过行政法令等手段来发挥作用，政府主体包括各级行政机构，具有鲜明的强制性和层级性，主要提供公共品；社会机制主要是通过自愿参与、集体协商等手段来发挥作用，社会主体包括各类行业协会和商会，具有鲜明的非营利性和非政府性，主要提供俱乐部产品。

1.3.2.1 市场机制

以“自由市场”为中心的自由主义学说，认为市场主体（企业）是产业转型升级、经济增长的唯一治理主体。该理论最早可以追溯到亚当·斯密时代，笃信市场这只看不见的手可以促进社会整体利益的发展，政府对经济活动干预得越少，经济系统就越能更好地促进公共利益。企业是市场经济的主体，而市场机制对产业转型升级、经济高质量发展的影响，主要通过企业来实现。因此，企业是产业转型升级、经济高质量发展的核心主体，在产学研一体化中，企业发挥三个平台作用：自主创新平台、联合投资平台和成果转化平台。

从龙头企业来看。行业龙头企业作为一种榜样和推动力量，其行为对集群中其他中小企业的成长具有显著的示范和促进作用，其推动传统产业集群转型升级、经济高质量发展的典型行为包括四个方面：一是推动行业协会建立、参与政策起草和制定、建立行业新标准等组织基础设施建设；二是与其他企业共享渠道设备资源、联合各类机构投资、共同开展创新活动等企业合作；三是开发或引进新技术、推动企业之间知识扩散、出资建立行业研发中心等技术努力；四是吸引和获取客户、参与产业知名项目、扩展地区品牌等集群声誉建立。

从外资企业来看。按照边际产业扩张理论，外商直接投资（FDI）有助于开发东道国的潜在比较优势，促进东道国的产业结构调整和升级；但是，外国投资公司并不希望东道国企业成为它们的竞争对手，因此技术上的封锁、市场上的挤压通常会成为外国投资公司必然的战略选择。关于 FDI 与东道国产业升级关系的研究，学术界形成了三种主要观点：第一种是“抑制论”，从较长的周期来看，FDI 会持续影响东道国人力资本的配置结构，进而阻碍东道国中远期的经济增长绩效，外资也对后发国家企业的研发具有一定的负面影响。第二种是“促进论”，认为以跨国公司为载体的 FDI 可以通过资源、资产质量的改善，提升东道国投资结构；扩大东道国出口规模，促进东道国出口升级；能够借助技术转移和技术溢出，提升东道国产业技术水平。第三种是“双刃剑论”，即对上述两种观点的综合，既承认 FDI 改善东道国产业发展水平的积极作用，也承认 FDI 的潜在抑制作用，其作用关键在于东道国的政策设计与选择。

从企业自身升级来看。冒险精神、技术能力、营销能力成为影响发展中国家制造业上市、公司品牌升级的重要因素。在中国，自主产品开发、技术追踪、市场能力决定了高技术产业发展。海天等后发企业依靠多面手能力，推动塑料制品业从工序、产品升级到功能和产业链升级，通过与全球生产网络中的企业建立合作关系，可以获得多面手能力。在巴西，家具和鞋类产业升级经验表明，业务跨越多个价值链的企业拥有更大的升级空间。在英国，包装企业产品升级存在五个障碍，分别为处理成本、强大的买方、龙头包装企业不足、缺乏内部标杆和供应链地位。钢铁企业的案例研究表明，解决问题的能力是企业升级的关键。

1.3.2.2 政府机制

在产业升级、经济高质量发展过程中，往往会出现市场失灵现象，主要体现在两个方面：一是创新的外部性，产业升级等经济高质量发展本质上是一个创新过程，创新行为无论成功还是失败，都能提供有价值的公共信息，但由于公共信息的正外部性，往往导致市场供应不足。二是协调问题，为了给新升级的产业中的企业降低交易成本，并使其达到生产可能性边界，一个灵活、平稳的产业和技术升级过程就需要在教育、金融、法律和硬件基础设施方面同时做出相应改进。显而易见，单个企业无法有效内部化这些协调成本，而众多企业之间的自发协调往往又不可能实现，因而需要引入政府干预。“政府干预”学说最早始于凯恩斯的经济干预主义，他修正了以亚当·斯密“自由市场”为中心的自由主义学说，充分肯定了政府干预的重要作用。

国内外研究成果表明，在产业升级等经济高质量发展过程中，政府的作用主要包括以下六个方面：一是通过发挥自身比较优势，为企业提供与新兴产业相关的信息；二是制定产业政策、加大招商引资，鼓励外商直接投资来培育新产业；三是提供资金补贴等各种优惠条件，为先驱企业补偿信息外部性；四是完善铁路、公路和港口等硬件基础设施，以及法律、制度和文化等软件基础设施；五是协调职业教育、现代物流、创新金融、会计、法律等生产性服务业投资；六是通过政府采购，拉动创新企业、产业部门的高质量发展。

1.3.2.3 社会机制

当政府对产业升级、经济发展进行干预时，政府仅仅能够支持部分重点行业、创新性领域、大中型企业等，难以顾及传统领域、中小企业和非重点行业，这样一来，地方政府的有限资源和治理能力将无法满足不同产业和企业的多元化需求，从而导致政府失灵现象。这就需要引入第三部门——行业协会（或商会、联盟），降低企业一致行动的协调成本，满足企业升级所需的各种专业服务，并提升服务效率。在产业升级进程中，行业协会具有对内提供服务、对外争取资源两大职能，可以在六个基本维度（规划发展、设计研发、品牌创新、市场营销、对外交流合作、与政府部门合作）促进产业升级和经济高质量发展。

从产业集群理论视角来看，行业协会在产业升级、经济发展中扮演着重要角色，行业协会能够“提升产业竞争力……使得集体关系制度化”。对发展中国家的实证研究表明，行业协会与产业发展之间存在显著的相关性。在印度阿格拉鞋产业集群，高绩效的公司往往能更好地利用行业协会这一平台来提高公司的产出、销售和利润等。在巴西诺斯谷的鞋业企业集聚地，通过对65家鞋业制造企业的实地调查研究，认为鞋业企业的综合绩效可以借助鞋业协会来实现改善。在中国的中小企业发展过程中，嵌入行业协会网络（商会网络和技术协会网络），有助于中小企业创新活动；成为行业协会的会员，有助于提高企业效率，增加企业非营业收益，但也会带来较高的管理成本。

1.3.3 治理影响理论

在经济高质量发展过程中，除了市场失灵、政府失灵，还存在社会失灵，即市场、政府和社会都是不完美的，它们都存在一些自身难以克服的缺陷。因此，与主流经济学的“政府 or 市场”二元思维模式不同，非主流经济学（如新制度经济学等）发现①，在政府干预与自由市场之间存在第三条道路——治理。从国内外研究成果来看，绝大部分文献关注良好治理与经济增长的关系。Murrell 和 Olson（1991）最早提出，更好的治理使得后发国家能够发挥后发优势，比发达国家更快地实现经济增长。此后，国内外学者纷纷加入该议题的实证研究，从而形成了大量的研究成果。从现有文献资料来看，关于治理对产业升级等经济高质量发展的影响研究，国内外学者重点关注以下三个问题：一是治理结构，即参与产业升级等经济高质量发展的相关治理主体及其组成的治理结构对产业升级等经济高质量发展的影响；二是治理关系，即在推动产业升级等经济高质量发展过程中，各类治理主体之间的关系；三是治理的主导力量，即在推动产业升级等经济高质量发展过程中，哪一类

① 在公共部门改革的倡导者和我们的日常经验中，也认为较高的治理能力（Good Governance，也译为善治）会促进经济的高质量发展（Kaufmann and Kraay，2002）。

治理主体发挥主导作用。

1.3.3.1 治理结构

1.3.3.1.1 单维治理

（1）宏观经济层面

按照治理内涵的演进趋势，治理质量评估形成了权力纵向配置、权力横向配置、权力约束、官僚制度、官僚自主性、官僚能力和治理产出七个单维视角。部分文献采用治理质量的单维指标，研究治理质量的某一维度与经济增长、经济高质量发展的关系。

从国外研究文献来看。Olson 等（2000）采用五个 ICRG 单项指标，发现治理质量能正向解释生产率的增长率。Kaufmann 等（2004）采用城市治理质量的三个单项指标，认为城市治理质量对城市绩效具有显著的正向作用。Kurtz 和 Schrank（2007）采用 WGI 单项指标（政府效能），发现治理质量对人均 GDP 没有显著影响，但 GDP 增长率对治理质量具有显著正向作用。Ward 和 Dorussen（2015）采用五个 WGI 单项指标作为被解释变量，发现人均 GDP 与四个 WGI 单项指标（表达和问责、政府效能、法治水平、腐败控制）均存在倒“U”形关系。

从国内研究文献来看。重点关注财政分权对经济高质量发展的影响，形成了两类观点。一类观点认为财政分权体制阻碍经济高质量发展。陈诗一和陈登科（2018）选取中国 286 个地级及以上城市 2004—2013 年的面板数据进行研究，发现财政分权体制下形成的地方保护主义严重阻碍经济高质量增长。杨志安和邱国庆（2019）选用中国省级地区 2000—2017 年的面板数据，研究认为财政分权显著抑制了经济高质量发展，二者之间的关系呈现倒“U”形曲线，但存在地区差异性。另一类观点肯定了财政分权的积极作用。侯世英和宋良荣（2020）基于中国省级地区 2008—2017 年的面板数据，发现财政分权对人民生活质量、生态环保质量的提升效果明显。吴云勇和王炳峰（2021）基于中国大陆 30 个省份 2005—2018 年的面板数据，发现在全国层面，财政分权对经济高质量发展存在正向影响。

（2）产业发展层面

产业治理也叫企业间治理、价值链治理。现有关于全球价值链的文献一致认为，价值链治理是影响产业升级的因素之一。这是因为，不同的价值链治理会影响知识积累的程度、知识共享程度、编码情况以及知识的复杂程度，进而影响企业升级的能力与路径。特别是发展中国家，通过价值链分工中的“干中学”和“技术扩散效应”，可以实现产业升级。

Gereffi 和 Korzeniewicz（1994）把价值链治理划分为两类：卖方驱动型和买方驱动型。Humphrey 和 Schmitz（2000）把价值链治理划分为四类：自由市场型治理、网络型治理、准层级型治理和层级型治理。Gereffi 等（2005）根据企业间交易的复杂程度、参与企业对交易的编码能力、供应商独立满足交易需求能力三个判别条件，把价值链治理划分为五类：市场型治理、模块型治理、关系型治理、领导型治理和层级型治理。

在发展中国家，通过融入准层级治理型全球价值链，发展面向欧美发达国家的出口产业可以带来快速的工艺升级、产品升级。然而，准层级治理型全球价值链会阻碍或干扰后发企业开展功能升级的各种努力。这一现象可以从两个方面来解释：一方面，全球购买商不希望培养出未来的竞争对手；另一方面，全球购买商希望供应商仅仅专注于为他们提供最好的产品。来自巴西、中国的实证研究佐证了以上观点，后发国家容易被锁定在价值链低端环节。有学者指出，与准层级治理型价值链相比，市场治理型价值链更容易获得功能升级的机会，这是因为市场中存在大量购买商和生产商，双方都是互不依赖、彼此独立的，生产商通过创立品牌、自主设计而获得独立性，投资功能升级可以帮助生产商获得重要的发展权。

因此，大国拥有庞大的、复杂的国内市场，可以利用这一自身特殊优势，建立国家产业链，实现产业升级等经济高质量发展；小国也可以利用国内市场和周边市场（如 FTA 机制），实现类似目标。亚洲“四小龙”[①] 正是利用全球价值链提供的机会，遵循自身比较优势，充分利用内部和周边市场，走出了一条“组装—制造—研发”的功能升级之路，逐渐站到产业链的顶端。

---

① 亚洲“四小龙”是指从 20 世纪 60 年代开始，亚洲的中国香港、中国台湾、新加坡和韩国。

1.3.3.1.2　二维治理

（1）理论研究方面

从新制度经济学的维度来看，产业升级等经济高质量发展是一个深刻的制度变迁的演进历程，在转换成本、利益集团、规模报酬递增、适应性预期、协调效应等因素作用下，经济发展往往容易形成路径依赖，陷入既有发展路径而无法自拔。产业升级、经济高质量发展意味着对已有发展路径的打破，至于如何打破路径依赖，学术界强调政府与企业的作用，认为政府需要从外部提供一系列重要制度体系支持，而企业则需要从内部积极推动制度的持续创新，二者形成内外合力，共同破解影响产业升级等经济高质量发展的路径依赖问题。从新结构经济学的视角来看，在产业结构动态变化、经济高质量发展的持续过程中，既需要有效的市场机制，把资源配置到生产率最高的部门，确保经济按照比较优势发展，也需要政府积极主动发挥作用，提供有关新产业的信息，协调软硬件基础设施的改善，补偿先驱企业的外部性，通过孵化本地企业和鼓励外商直接投资来培育新产业。基于此，在产业升级等经济高质量发展的影响因素研究中，一些学者把政府机制和市场机制纳入同一个分析框架，注重同时发挥两大治理机制的作用，由此形成了二维治理分析范式。

（2）实证研究方面

二战后，能够以超过7%的增长率持续增长25年以上的经济体有13个①，这些经济体有两大特征：第一，采纳了运转良好的市场机制，坚持以市场体系来配置资源；第二，拥有守信、可靠、有能力的政府，政府在商业活动中存在干预行为。梳理美国经济高质量发展历程可以发现，当一个社会的物质资本、高素质劳动力和尖端技术不再稀缺，推动经济高质量发展的动力机制就不再是上述资源的简单叠加，而是资源配置效率的提升。什么因素可以促使资源的合理配置与优化整合？除了借助于市场的“无形之手”，美国政府也为促进本国产业结构高端化等经济高质量发展制定了一系列政策法规，注重

① 这些经济体包括博茨瓦纳、巴西、中国内地、中国香港、印度尼西亚、日本、韩国、马来西亚、马耳他、阿曼、新加坡、中国台湾和泰国。

同时发挥市场和政府的作用。芬兰是较晚但较成功的工业化国家，它的成功得益于强力政府干预和私人激励的组合。在全球价值链背景下，从日本、中国等曾经或现在的发展中国家的视角来看，按照政府和企业治理能力的强、弱，可以形成五种典型的治理模式，不同模式体现了国家和企业在其中扮演的不同角色，进而形成对产业国际竞争力的不同影响；“强政府+强企业”的共同治理主导模式是最理想的，因为产业中经济活动和决策制定的协调都是通过政府的介入和领导企业的组织能力来共同完成的，产业治理能力和公共治理能力都相当强，产业价值链是高度整合的，这一思想与新自由主义经济学不同，后者追求“小政府大市场”，认为政府管得越少越好，更青睐于市场作用。由此可见，无论发达国家还是发展中国家，其产业发展经验都支持二维治理结构。

从中国的具体实践来看，1978 年以来的改革开放告诉世人，政府治理与经济产出呈现倒“U”形关系，中国宏观经济增长过程中存在最优的人力资源治理结构和最优的经济产出结构，说明国有经济并不必然要全部走向民营化，国有经济和民营经济应该保持一个合适的比重结构，即中国宏观经济存在最优“政府+市场”治理结构和制度安排，政府和市场相机治理能够提升经济增长效率。此外，部分学者对中国一线城市的研究，也支持二维治理结构。Zheng 等（2009）通过研究上海创意产业集群指出，公共部门与私人部门建立“公—私”增长联盟，政府与房地产商共同推动创意产业集群发展，企业化城市治理模式特征明显；公共部门主要是指市政府、区政府和街道办事处，各级政府不仅推动当地的整体发展，也往往谋求部门利益，企业化政府特征或明或暗包含其中；私人部门主要是指大型专业化的房地产开发商，这与纽约公寓市场上众多小型业余投资者形成鲜明对比。Yin 等（2015）对北京产业结构升级典型案例进行剖析指出，在北京 798 文化创意产业园的发展、升级过程中，政府机制和市场机制共同发挥作用，形成了比较显著的二维治理结构。Zielke 和 Waibel（2014）选择北京、上海、广州和深圳 4 个城市，通过定性访谈和政策分析，对 8 个创意空间进行比较研究，也发现当地政府与私人企业组建“公—私”联盟（或机构），负责地块的商业开发和日常管理，这一制度创新确保二者各自目标的实现；主要城市治理模式包括顾客导向模式、社团主义模式和民粹主义模式，以及不同模式组成的混合模式，不同创意空间、不同发展阶段对应不同的治理模式。陆立军和于斌斌（2012）通过对浙江绍兴的实证研究认为，在战略性新兴产业与传统优势产业融合发展的协调发展时期，传统类企业与地方政府之间的互动模式和路径选择，往往会极大地决定和制约战略性新兴产业与传统产业在产业链上形成创新连接的内在逻辑。徐晔等（2015）借助物理学上的耦合理论，对珠三角地区的产业创新和产业升级的耦合度进行实证分析，认为政府机制和市场机制使区域产业创新与产业升级耦合关系经历从低到高的发展历程，进而推动区域产业升级、经济高质量发展。

1.3.3.1.3　三维治理

（1）理论研究方面

有学者指出，政府和市场的协作只对公共事务治理中的一小部分问题有效，故只寄希望于政府与市场的合作并不能完全避免公共事务治理的失效。在产业升级等经济高质量发展过程中，当市场、政府同时失灵时，二维治理模式会束手无策，需要引入第三部门（如行业协会、商会、联盟、中介组织等社会机制）。比如，在创新驱动传统产业向战略性新兴产业转型升级过程中，创新驱动可以划分为前端驱动、中端驱动和后端驱动三个阶段，政府、企业、社会（高校、研发机构、中介组织）三个维度的主体共同作用于科技创新路线的每个环节，从而实现以传统业务为支柱向以新兴业务为核心的重要转变。基于此，学术界逐渐把多个治理主体纳入同一个分析框架，注重同时发挥不同治理主体的积极作用，从而初步形成了三维治理分析思路。

（2）实证研究方面

从美国等国家的发展经验来看，产业集群等经济治理的形成路径有两个：一是从政府强力干预到多元化治理；二是从依靠市场自发力量、政府参与到多元治理。无论是从政府强力干预起步，还是从市场自发起步，产业集群等经济治理最终都会形成企业、社会（中介组织、市民）、政府多主体治理的基本格局。从国外的城市更新实践来看，政府、企业和市民社会发挥着重要作用。比如，在鹿特丹港（荷兰）和安特卫普港（比利时）的城市更新过程中，由于涉及多个参与方，且其期望值有所不同，导致大规模城市更新项目变得十分复杂；旧城区重建的利益相关者包括政府、企业和市民社会，其中，政府涉及地方政府、省政府、区域政府、联邦政府，企业包括建筑公司、规划公司、设计公司、咨询公司、投资银行等，市民社会包括大学、工会、协会等。在克雷塔罗和圣路易斯波托西（墨西哥）城市更新中，城市重建由地方政府发起，大部分非政府参与者来自旧贵族、商人、专业组织，然而，越来越多的街头小贩的自治组织、普通市民被排除在外，虽然他们与市中心的生活息息相关。

从中国的具体实践来看，部分学者明确“中国省域治理”概念的核心内涵为强政府、市场化、法治化，提出中国省域治理质量评估的三大主要内容为政府能力、市场能力、法治水平，并以此计算中国省域治理质量综合指数，认为良好治理的经济增长方式转型效应受到地区差异、经济发展水平的影响，良好治理的高质量经济发展效应存在边际递减现象，周边地区治理质量与本地区经济增长质量存在“U”形曲线关系。在浙江100多个制造业产业集群中，重大危机会引发地方政府、行业协会和企业的集体行动，合适的行动会促进产业集群质量的升级。在杭州女装产业的转型升级中形成了丝绸女装战略联盟，横跨政府、市场、社会多部门边界，它在结构的复合上“务虚”，在功能的复合上“务实”。在广州科学城发展过程中，政府高官、企业精英、市民社会等核心治理主体共同作用，不仅推动产业向知识密集型转变，比如科学城高技术部门的发展壮大，也通过国际气派的设计和标志性建筑，实现城市空间的创新，以适应高素质的创新人才和居民的需求，从而形成了增长导向型城市治理模式。在广州城中村改造过程中，改造内容不仅涉及产业结构升级，也涉及城市空间升级，主要利益相关者包括各级政府、城中村村民、开发商，三者利益的平衡决定了城中村改造项目是否可行，三维治理特征十分显著。在广州市中大布匹市场转型升级的五个阶段①中，关键决策者经历了从“布匹批发企业+村集体”到“政治家+商业精英”，再到“政治家+城市规

---

① 五个阶段分别为无管制增长阶段（1988—1996年）、非正式探索阶段（1996—2000年）、试点探索阶段（2000—2004年）、差异化探索阶段（2004—2010年）、成熟阶段（2010年至今）。

划者+利益集团”的多元化转变；依次形成了自由市场治理模式、政府推动发展治理模式、“社团+管理”治理模式和多元化治理模式；治理机制从最初的单一市场机制起步，逐步转变成“市场+政府”混合机制、“市场+政府+社会”混合机制，多维治理格局逐步显现。

1.3.3.2　治理关系

（1）合作伙伴关系

从国外实践来看，在鹿特丹港（荷兰）和安特卫普港（比利时）的城市更新过程中，需要在城市或区域层面构建新的治理体制，这意味着再造公私部门之间的伙伴关系，并使之成为一种政策手段。同样，在墨西哥两个州（克雷塔罗和圣路易斯波托西）的城市更新中，当地政府与市民社会相互关联，政府部门与私人部门形成本地化的重建合作伙伴关系，并努力使之正式化为新的制度体系，这对旧的国家垄断型决策制定形成挑战。此外，在荷兰的布雷达市，城市重建政策兼顾强市场导向和政府管制，地方政府和私人部门积极互动，构建本地城市重建合作伙伴关系。在西班牙，地方政府拥有高度自治权，社会组织（特别是社区组织）保持强势的传统得以延续，二者有机结合起来，在地方政策制定中扮演着非常重要的角色。从国内实践来看，随着全球一体化、政治分散化和经济市场化，中国的大都市面临着变幻莫测的社会经济态势，城市治理随之迅速变化，主管部门、经济实体和市民社会之间的关系日趋复杂。在上海创意产业集群发展过程中，政府与私人部门之间建立“公—私”增长联盟，公共部门和私人部门广泛合作，双方采用企业化的合作体制，形成“公—私”合作伙伴关系，是企业化治理的核心所在。这是容易理解的，按照西方国家的理念，发展文化产业园区，有必要推动公共部门与商业部门（私人开发商或私营企业）的合作。此外，在中国，与当地政府干部建立可靠的私人关系，是确保私人企业投资回报的重要方式，也是私人部门与公共部门形成合作关系的重要原因。在北京、上海、广州和深圳的8个创意空间的发展、成型阶段，各个主要决策者之间的治理关系存在阶段性差异；北京和上海的创意空间的发展往往存在激烈竞争，旧厂房经营者、房地产开发商和地方政府经常形成联盟关系，在这一联盟关系中，各方追求达成一致意见，遵循排他性协商条款。

（2）互助关系

在理论研究方面。从新结构经济学理论的视角来看，在产业结构动态变迁过程中，通过孵化本地企业或引进外商投资企业，以及协调法规体系等软件基础设施，政府可以培育市场竞争主体和市场机制。此外，也有学者认为，在企业技术学习过程中，有效的政府行为可以促进企业技术学习的进行，政府也得到企业提供的市场化运作平台，这是一个双赢的结果。在实证研究方面。青木昌彦（1997）在研究东亚各国经济发展中的政府作用时提出了“市场增进论”的观点，强调政府对市场的推动与培育。在增长与发展委员会2008年报告中，中国等13个经济体实现了持续的经济增长，这些国家的政府采取各种政策手段（如减税、补贴信贷、指令性贷款等）帮助私营企业进入新的产业。在英国，政府把自己定义为“市场塑造者”（market shaper），支持企业创业活动，帮助人们提高工作技能，确保市场的开放性和竞争性。从中国省级层面的实践来看，在市场机制尚不成熟和完善的条件下，提高市场化水平能够显著强化反周期性财政行为的功效，市场机制有助于政府机制的作用发挥。在上海创意产业集群发展过程中，政府简化创意企业注册登记手续，建立“购买者—提供商”伙伴关系，通过国家强制性的公开投标，政府部门选择私营开发商，合作开发某个项目，培育创意产业市场主体；私人部门提供金融支持，延伸了政府在市场中的控制力，政府机制与市场机制形成了明显的互助伙伴关系。在浙江省的地方改革中，各级政府形成了“市场增进型”角色和管理模式，中国市场化改革与地方政府管理创新之间存在互助关系。不仅政府与市场之间存在互助关系，政府与社会之间也存在互助关系。比如，在杭州丝绸女装战略联盟中，其运作轴心是政府购买服务或项目资助，并依靠购买服务制造行业认同，培育女装协会等社会主体和媒体等市场主体，促进相关主体在行动实践中的相互协作。政府购买服务的方式主要有三种：一是资助民间社团的行业服务；二是资助科研院所开展相关科学研究、技术创新及其转化；三是资助网络、报纸和电视等媒体对丝绸和女装产品的展示与推介。此外，安苑和王珺（2012）通过研究中国地方政府治理行为特征，发现市场化水平的提高，特别是行业协会等中介组织的发育以及政府对市场干预的规范化，在一定程度上缓解了财政行为波动对产业结构升级的负面影响，即市场机制、社会机制有助于政府机制作用的发挥。有学者指出，龙头企业可以推动行业协会建立、参与政策起草和制定、建立行业新标准等组织基础设施建设，故企业也可以培育行业协会。同时，来自巴西、中国的实证研究认为，行业协会有助于企业发展。

（3）互补关系①

在理论研究方面。从新结构经济学理论的视角来看，在产业结构动态变迁过程中，政府为产业升级提供各种便利，市场负责资源优化配置，二者显然形成了分工互补关系。从全球价值链理论的视角来看，市场治理、企业内治理、产业治理并列为三大治理问题。其中，市场治理是指通过政府或（和）非政府的机构来约束市场和市场行动者，可分为公共治理和私人治理，公共治理有关政府政策，如法律法规等；私人治理涉及社会中的非政府机构，通过制定可接受的市场行为、职业标准与行为规范和集体谈判协议等来定义公司应对员工和其他社会利益相关者承担的义务。也就是说，政府机制和社会机制可以弥补市场机制的缺陷，政府机制与市场机制、社会机制与市场机制存在互补关系。从复合治理理论的视角来看，政府机制、市场机制和社会机制之间不是互相削弱的关系，而是互相补充的合作伙伴关系；只有合作，三大治理机制才能有效发挥作用，并弥补相互的缺陷。在实证研究方面。从北京、杭州等城市的实践来看，通过建立多元主体互联、互补、互动机制，可以推动共同治理公共事务。从欧洲的实践来看，Haus 和 Klausen（2011）通过对布里斯托尔市（英国）、卑尔根市（挪威）、海德堡市（德国）、奇尼塞洛巴尔萨莫市（意大利）的城市更新典型案例进行研究，认为城市领导阶层与社区活动能否成功互补，决定了社区更新项目目标能否实现。

1.3.3.3 治理的主导力量

理论和实践层面都认为，经济高质量发展过程涉及多类治理主体，到底

① 约瑟夫·斯蒂格利茨指出，政府和市场应被看作互补性的，应设计一些制度使二者有效互动起来。

哪一类治理主体是治理的主导力量，现有研究成果形成了两种观点：第一种观点认为，在产业升级等经济高质量发展过程中，政府机制发挥关键作用，政府机构是主导力量；第二种观点认为，在产业升级等经济高质量发展过程中，市场机制是资源配置的基础力量，企业是主导力量。

（1）政府主导的“强制性制度变迁”①

新制度经济学认为，由于路径依赖的锁定效应，产业升级、经济发展往往面临困境，无法摆脱，要从“锁定”状态脱身而出，必须借助外部效应，引入外生变量或依靠政权的变化，简单来说就是“政府干预”或者“革命”②。因此，打破路径依赖需要外部力量的冲击，所需的外部力量来源于政府，即路径创造的制度变迁是政府主导的“强制性制度变迁”。从国外的实践来看，在芬兰，虽然工业化发生得比较晚，但取得了较大成功，政府主导了这一伟大转变；政府干预旨在快速建立产业资本，以确保有一个稳固的制造基地。在墨西哥克雷塔罗州和圣路易斯波托西州的城市更新过程中，城市重建伙伴关系由地方政府发起，并主要由地方政府资助，使得政府拥有相当大的权力，政府主导作用十分显著。在布雷达的城市重建过程中，荷兰政府发挥了核心作用，扮演了发起人和中间人的角色。从国内的实践来看，在转轨经济阶段（1978—2006 年），中国政府强势主导市场化改革，发挥市场在资源配置中的积极作用，并积极推动产权制度改革，鼓励私营企业等非国有经济发展，这种政府主导型治理结构能够实现人均产出增长。在浙江制造业产业集群发展过程中，危机往往会促成一个强制性制度变迁过程的形成。比如，在杭州丝绸女装产业复兴过程中，政府以丝绸女装领导小组为核心，构成“四位一体”的丝绸女装战略联盟复合架构，其运作轴心是政府购买服务或项目资助，显然政府发挥了主导作用。在上海创意产业集群发展过程中，增长联盟由“公—公”联盟和“公—私”联盟构成，这两种联盟成为发展创意产业集群的重要机制。“公—私”联盟是一个相对次要的联盟，私人部门治理能力较小，角色相对次要，处于从属地位，政府处于主导地位，发挥领导作用。

---

① 林毅夫（1989）将制度变迁区分为诱致性制度变迁和强制性制度变迁。

② 以 North（1990）等为代表的学者支持政府主导的“强制性制度变迁”。

除了上海，在北京、广州和深圳的创意空间开发过程中，当地政府既扮演了旧厂房拥有者与投资商之间的调停人和媒介角色，也扮演了土地使用权的转换人、投资者和资金分配人角色，还扮演了创意空间的规制者、认证者、咨询顾问、监督人和管理者等角色，从而成为最有影响力的终极决策者。

（2）企业主导的“诱致性制度变迁”

熊彼特是较早论述“路径创造”的经济学家，他提出“创造性破坏”这一概念，对路径依赖问题做了解答。“创造性破坏”意味着路径创造实际上是一个组织不断突破现有组织边界及制度、技术等约束的过程。Garud 和 Karnoe（2001）将路径依赖的突破归结为“有意识地偏移”，对于形成的路径锁定，产业组织可以通过有意识地主动偏离现有的路径进行解锁（lock-out），从而创造出新的路径。无论是“创造性破坏”，还是“有意识地偏移”，都来自产业组织自身的内部动力。因此，实现真正的持续性路径创造，摆脱路径依赖的长期束缚，更应该由产业组织自身的制度创新而引发的内部反应产生内部动力解除锁定，即一种“诱致性制度变迁”，在这个诱致性制度变迁过程中，企业发挥主导作用，政府始终处于从属地位。在全球化背景下，为了突破瀑布效应①，发展中国家应该建立自我发展的价值网络，重组价值链、供应链和产业链，深化分工并启动产业结构优化；在产业结构优化过程中，本土系统集成商发挥主导作用，筛选合适的产品，建立新的比较优势，积累资源和能力，为竞争优势的形成奠定基础；在产业结构优化、经济高质量发展过程中，政府制定相关政策，支持系统集成商的发展战略，鼓励其开展产品和技术升级；作为国际化的典型案例，在价值网络重组研究、系统集成商能力形成和产业结构优化中，华为公司扮演了关键性角色。

① 瀑布效应：为全球系统集成者提供商品和服务的一级供应商受到来自系统集成者的压力，进行购并，发展其在全球价值链中的领先地位。同时这些一级供应商通过同样的产业计划方式将这种变革的压力传递给他们自己的供应商网络。瀑布效应的结果是在全球范围内，在各个层次和领域为系统集成者提供商品和服务的诸多产业均出现了高速集中的过程。

1.4 国内外研究评述

1.4.1 主要贡献

上述三种理论虽有不同，但彼此存在密切关联，后一种理论是对前一种理论的补充、深化和扩展，从而形成了观点上的依次完善，以及逻辑上的层层递进，特别是理论体系上的不断丰富。

第一种理论从资源供给角度入手，分析了资金、劳动力、技术、需求、制度、创新等资源要素与产业升级等经济高质量发展的关系，系统回答了哪些资源直接影响经济高质量发展这一基本命题，从而在国内外形成了一大批研究成果。这些研究成果既关注宏观经济发展，比如人均GDP、劳动生产率、绿色低碳等，也关注一般性产业升级研究，比如制造业、加工贸易产业、OEM企业等，还关注具体产业升级研究，比如电子及通信设备制造业、制鞋业、家具业、汽车零部件业等制造业。这些研究成果主要关注东亚、中国、巴西、南非、印度、墨西哥等发展中国家和地区，所采用的研究方法主要包括理论分析、政策分析、个别产业案例研究、多元线性回归、面板数据计量模型、跨国/地区比较等定性和定量分析。从某种程度上来讲，资源影响理论是十分丰富的，其缺陷在于未能回答资源集聚的影响因素有哪些、如何解决资源配置效率的问题。

第二种理论从资源配置角度入手，强调市场机制对资源配置的重要作用，突出企业在产业升级等经济高质量发展中的核心地位，既分析了龙头企业推动传统产业集群转型升级的四大典型行为，也分析了外资企业与东道国产业升级的三种关系，还分析了企业升级、经济发展的主要影响因素；强调政府机制的比较优势，突出政府对市场失灵现象的积极纠正，特别是对产业升级等经济高质量发展过程中的创新外部性、协调问题的有效干预，分析了政府在产业升级等经济高质量发展中的具体作用；强调社会机制对资源的配置作用，突出行业协会对政府失灵现象的有效缓解，提出了行业协会推动产业升级、高质量发展的主要职能、基本维度，并通过发展中国家的实证研究，论证了行业协会与产业发展之间的相关性。因此，机制影响理论弥补了资源影响理论的缺陷，强调了资源配置机制的重要作用，以及对需求、制度、产业等资源的影响，大大深化了学术界对这一议题的认识，但该理论就政府而谈政府，就市场而谈市场，就社会而谈社会，把三者割裂开了，未能明确回答在推动产业升级等经济高质量发展过程中，三大机制、三类主体之间的内在关系这一问题。

第三种理论从治理角度入手，尝试把政府机制、市场机制和社会机制纳入同一个分析框架，探讨了三大治理机制之间的内在关系，初步形成了一些研究成果。这些研究成果不仅关注治理模式、治理行为与经济发展、产业升级之间的关系研究，也关注产业升级等经济高质量发展中的治理模式、治理结构研究；既关注经济增长、高质量发展、空间效应，也关注一般产业结构演变、产业升级、产业结构高端化、产业集群发展、中小企业升级、传统产业转型升级，还关注创意产业集群发展、女装产业振兴、布匹市场转型升级。这些研究成果主要关注中国问题，所采用的研究方法主要包括理论分析、个别产业案例研究、计量模型、跨阶段/地区比较等定性和定量分析。这些研究成果的主要观点包括：在经济发展、产业升级过程中，存在最优治理结构；不同地区/发展阶段对应不同的治理结构；治理主体之间形成了互补或互助的伙伴关系；治理的主导力量可以是政府，也可以是企业。

1.4.2 存在的不足

综上所述，治理分析范式的引入，深化了对经济高质量发展影响因素的理解，把学术界对相关问题的认识提升到了一个新的高度。然而，治理研究在全球尚处于初步发展阶段，关于治理对经济高质量发展的影响研究的文献资料较少，且现有研究还存在一些不足，主要体现在以下三个方面。

第一，更多侧重单维治理影响经济高质量发展的理论、案例、面板计量分析，“政府+市场”二维治理影响经济高质量发展的理论、案例和计量分析，以及“政府+市场+社会”三维治理影响经济高质量发展的典型案例分析，缺乏“政府+市场+社会”三维治理影响经济高质量发展的理论分析框架和计量分析。

第二，更多侧重政府与市场、政府与社会、社会与市场的静态互补关系，以及政府与市场、政府与社会、社会与市场的静态互助关系，缺乏经济高质量发展过程中三类治理主体之间关系的动态研究、计量分析。

第三，更多侧重“政府主导”或“企业主导”的现象分析、静态分析，缺乏经济高质量发展过程中不同发展阶段、不同类型产业和不同发展水平情况下，不同治理主导力量的变迁分析和动态比较研究。

1.5 研究内容与方法

1.5.1 研究内容

（1）中国省域治理质量的实证分析

开展治理质量对中国经济高质量发展的影响研究，需要确定合适的省域治理质量指数。本书根据治理定量评估的最新趋势，依托现有中国省域治理质量评估的指标体系，基于2001—2019年中国省域面板数据，拟采用时序全局因子分析法确定指标权重，计算中国省域治理质量综合指数，以及治理质量、政府能力、市场能力、法治水平和治理能力等分项指数，并从省域排名、改善幅度、变异水平、聚类分析四个方面进行实证分析。

（2）结构视角下治理质量对中国省域经济高质量发展的影响

现有文献提出，中国宏观经济存在最优“政府+市场”治理结构和制度安排，但这仅限于二维治理，且没有明确最优结构的具体内涵。本书将从三维治理的视角入手，纳入社会（法治）维度，尝试运用面板计量分析工具，定量研究“强政府+强市场+强法治”“弱政府+弱市场+弱法治”“强能力+强法治”“弱能力+弱法治”等不同治理结构下，良好治理的经济高质量发展效应的差异情况。

（3）关系视角下治理质量对中国省域经济高质量发展的影响

现有研究更多侧重案例分析来阐述政府、市场和社会三类治理机制之间的关系，本书借助面板计量分析工具，依次分析量化政府能力与市场能力、市场能力与法治水平、治理能力与法治水平在促进经济高质量发展中的互助关系。

（4）治理结构、治理行为与深圳服装产业发展

本书将深圳服装产业发展历程划分为OEM、ODM、OBM和时尚创意产业四个主要阶段，依次分析各个阶段的治理结构、治理行为和治理绩效，治理结构聚焦政府、市场和社会三大机制的治理能力，治理行为聚焦政府机构、企业和行业协会的治理行为，治理绩效聚焦服装产业转型升级的主要成果。

（5）治理结构、治理行为与深圳电子及通信设备制造业发展

本书将深圳电子及通信设备制造业发展历程划分为三来一补、简单产品专业化、复杂产品专业化、综合解决方案专业化和引领全球产业发展五个主要阶段，依次分析各个阶段的治理结构、治理行为和治理绩效，治理结构聚焦政府、市场和社会三大机制的治理能力，治理行为聚焦政府机构、企业和行业协会的治理行为，治理绩效聚焦电子及通信设备制造业转型升级的主要成果。

（6）经济发展水平、产业发展阶段与中国城市产业治理模式

本书将城市经济发展起点划分为低收入、中等收入和高收入三种类型，将新产业发展阶段划分为起步、追赶和领先三类情景，将产业类型划分为规模经济显著和规模经济不显著两类，依次分析治理结构、治理关系和治理的主导力量，尝试归纳总结中国城市产业治理模式的一般规律。

1.5.2　研究方法

文献分析法。通过大量阅读国内外一流文献资料，梳理有关经济高质量发展影响因素的最新进展，以及各种观点的内在关联，为构建复合治理结构影响经济高质量发展的分析框架提供依据。资料类型主要包括核心期刊论文、博士论文、书籍等，资料来源主要包括Social Science Citation Index（SSCI）、EBSCO（如ASC、BSC等）、Emerald等数据库、Google学术搜索、中国期刊网等。

定量分析法。本书根据实际研究需要，选择统计分析、空间面板计量分析等定量分析手段，运用Excel、SPSS、Matlab等定量分析工具，研究治理结构、治理行为与经济高质量发展之间的计量关系，探讨政府机制、市场机制和社会机制之间的动态关系，分析政府、企业和行业协会治理行为的阶段

特征。

案例研究法。通过搜集整理深圳产业发展的详细资料，选择两个典型产业进行深入剖析，研究每个产业发展过程中的城市治理结构、治理行为和产业升级绩效，分析政府机制、市场机制和社会机制之间的功能与关系，总结产业升级中的城市治理模式、最佳治理体系，以及三大机制发挥作用的前提条件。

比较分析法。一方面，将产业升级历程划分为若干重要阶段，比较各个阶段形成的城市治理结构、治理行为和治理绩效，研究城市治理的阶段特质；另一方面，将产业划分为规模经济显著和规模经济不显著两大类，从产业基本特征、城市治理结构、城市治理模式等方面进行比较，研究城市治理的行业特质。

访谈调研法。本书根据实际研究需要，拟对深圳服装行业协会、珠宝行业协会、高新技术行业协会等重点行业进行调研，通过对协会负责人的深度访谈，全面、准确把握行业发展的基本脉络，以及行业协会在产业发展中的积极作用。此外，本书也会对部分重点企业、相关政府部门进行访谈。

第 2 章　治理质量、结构效应与经济高质量发展的理论分析

2.1　治理质量与高质量发展的概念界定

2.1.1　与治理质量相关的概念

2.1.1.1　治理的起源、内涵与应用

（1）治理的起源

英语中的治理（governance）可以追溯到古希腊语和古典拉丁语中的“操舵”这个词，最初的意思主要包括操纵、控制和引导。有些学者把这个词追溯到 16 世纪，更多的是把它追溯到 18 世纪。当时，启蒙哲学把开明政府与对市民社会的尊重结合起来，法语 gouvernance 曾经是该哲学向往中的一个要素，后来，它被译成了英语 governance，并用于各种语境。受英语文化的影响，governance 一词普及全球，并逐步在欧洲等地的主要语言中流行。

1989 年，世界银行发布报告《撒哈拉以南非洲：从危机到可持续增长》，首次使用“治理危机”（crisis in governance）一词，此后“治理”被用来描述后殖民地和发展中国家的政治状况。到了 20 世纪 90 年代，比利时等欧洲诸国的城市发展面临空间碎片化、公益住房不足等挑战；布鲁塞尔等城市纷纷引入社区合约等城市治理新工具、新机制，努力完善社区功能，推进城市更新和增加城市吸引力，推动“治理”在实践层面的应用。

面对“治理”在全球的快速发展和生动实践，1998 年 3 月，作为学术界的标志性回应，《国际社会科学杂志》（*International Social Science Journal*）第一次刊出了以“治理”为主题的专刊，“治理”从此正式进入全球政治学研究的视野，并一直处于丰富和发展之中。

（2）治理的内涵

清晰界定治理的内涵，这是开展治理研究的起点，但是，从现有文献来看，由于研究视角的不同，治理的内涵一直处于变化之中，至今，学术界对治理的内涵并没有统一的认识。沿着研究视角的变动轨迹，通过回顾知名学者和权威专家的典型界定，有助于深化我们对治理内涵的认识。

第一种视角：权力约束。早期主流文献采用 Douglas North 的定义，他提出一个基本的治理概念——有限政府的规范表述，即保护私有产权，免遭国家的掠夺。这一界定与当时主流研究视角有关，政治学研究人员都对权力约束的政治制度感兴趣，比如民主问责、法律规则等。理性选择制度主义者大多认同关于国家是“攫取之手”的假设，认为政治演进的终极目标是构建起与法治政府和责任政府相吻合的一套制度，依此可以实现约束国家自由裁量权的重要目标。在权力约束的视角中，政府和国家掌握及行使权力，公民、企业等非政府组织对权力进行限制和监督，因此，权力约束是一种初级的权力制衡。

第二种视角：权力配置。在代表作《没有政府的治理》和《21 世纪的治理》等中，治理理论的主要创始人之一罗西瑙（1995）把治理定义为：一系列活动领域的管理机制，它们虽未得到正式授权，却能有效发挥作用；一些由共同的目标支持的活动，这些管理活动的主体未必是政府，也无须依靠国家的强制力量来实现；它既包括政府机制，也包括非正式的、非政府的机制。库伊曼和范·弗利埃特认为，治理所要创造的结构或秩序不能由外部强加；它之所以发挥作用，是要依靠多种进行统治的以及互相发生影响的行为者的互动。尽管罗西瑙和库伊曼等对于治理定义的具体表述存在一定差异，但是他们都秉承当时主流研究关于权力均衡的核心思想，即在继续强调对公共部门的高透明度和政府问责约束外，通过中央政府向地方政府下放权力来构建国家与地方互相制衡的均衡联邦体制，通过开放通路来鼓励非政府组织发展、提高公民参与水平。所以，与单纯的权力约束相比，权力配置视角侧重权力的均衡配置，强调权力下放和还权于民，是一种更高级的权力制衡。

第三种视角：官僚制度。以上两个治理定义对掌握和行使权力的机构——国家重视不足，因此在《经济与社会》中，马克斯·韦伯（Max Weber）从十个方面入手，首次对现代官僚制度的理想状态进行界定，形成了著名的“韦伯式官僚制度”，即官员聘任和提拔基于个人优点和政绩、职能化的组织架构、技能考核等，这成为在程序意义上对治理最经典的定义。马克斯·韦伯描述了现代官僚制度的核心特征：个人拥有自由，只是在特定事务上听从权威的安排；处于清晰规定的职务等级制度体系中；拥有规定的相关职务权力；建立自由合同关系；根据专业技能选拔；所有权和管理权分开。韦伯式官僚制度的不足之处在于：首先，固定薪水的界定，这与新公共管理提出的官僚激励不符；其次，官僚服从严格统一的纪律和控制，仅仅是一个忠实的执行者，这意味着实现官僚自主性是不可能的。

第四种视角：治理能力。以上界定是从官僚制度层面来审视政府或国家，而 Kurtz 和 Schrank（2007）从能力层面来审视，首次将治理界定为国家制定和执行自身发展目标的能力。Fukuyama（2013）进一步将治理界定为政府制定和执行规则并提供公共服务的能力，无论这个政府是民主还是非民主的。Fukuyama（2013）推崇迈克尔·曼所说的国家“基础权力”，而不是国家“专制权力”，故把民主责任排除在治理定义之外。显然，与单纯强调限制国家的自由裁量权的权力约束视角，以及推崇权力下放和还权于民的权力配置视角不同，Fukuyama（2013）侧重行使权力的主体，更加强调国家能力与强政府，这在其著作《政治秩序与政治衰败：从工业革命到民主全球化》中得到充分体现。

第五种视角：治理产出。随着西方公民社会的成熟、现代信息传媒技术的发展，特别是“自上而下”科层制的过时，“自下而上”思潮逐步流行，它注重有效回应公民诉求，因此治理开始强调政府绩效。政治学和治理问题专家 Rotberg（2014）指出，良好的过程和强大的能力都是治理投入，但都不是治理的终点，治理是实实在在的东西，它应该强调结果和产出。所以，他将治理定义为政府提供的公共服务，即政府绩效。这一界定强调结果导向，既是对公民需求、欲望、期望的汇总，也是一种“自下而上”的界定治理的方法。显然，与 Fukuyama 相同，Rotberg 的治理定义也关注政府机构，同样可以在不同政体下通用。不同之处在于，前者关注政府机构的能力素质，也叫治理投入；后者关注政府机构的产出绩效，也叫治理产出。

综上所述，现有文献从不同视角入手，对治理的内涵进行不同界定。其中，权力配置视角是对权力约束视角的继承与发展，二者同属于权力制衡范畴；官僚制度视角是从官僚制度层面审视政府，治理能力视角是从能力层面审视政府等主体，治理产出视角是从产出层面审视政府等主体，三者都关注权力的行使者——政府、国家或其他治理主体。由此，不同治理定义之间，形成了逐步深入、彼此互补的关系。

（3）治理的应用

起初，治理作为统治（government）的替代词出现，专用于与“国家公务”有关联的宪法或法律的实际执行议题，后来也用于协调利益关系存在差异的多种特定行业或机构。20 世纪 90 年代以来，西方国家的政治学家和经济学家赋予了治理崭新的内涵，并将其广泛运用于社会经济领域，其含义也与 government 相去甚远。

目前，在国内外学者的研究中，治理仍然是一个持续发展、不断更新的概念，这个词已被广泛运用于政治学、法学、经济学、社会学等领域，因而治理本身也被国内外研究人员描述为跨学科研究的一座桥梁。此外，治理也被用来分析全球不同维度的公共事务的管理议题，这已逐步演变为学术研究的一个普遍性发展趋势，由此衍生出社区治理、乡村治理、国家治理、全球治理、城市治理等多样化概念。

治理界定的演进历程表明，治理的定义是存在特定指向性的，是为了描述具体实践而专门设定的。这证明了罗茨的观点，他曾指出，检验任何治理定义的关键是它对理解现实（如 20 世纪 90 年代英国政府变化）的贡献。因此，未来随着治理实践的不断丰富，治理的定义仍将处于变化之中。

2.1.1.2　不同层级的治理

（1）国家治理

作为国家理论与治理理论融合的结果，“国家治理”概念的主要内容包括：解决公共问题、管理公共事务、提供公共服务；实现政府、市场、社会之间的合理分工与有效协作；推动强制力与主动性的合作、正式制度与非正式机制的合作；建设更有效率性、责任性和回应性的理性政府。

（2）地方治理

地方治理（local governance）是指地方层次的治理，处于国家层次之下（sub-national），即地方上的利益相关者（local stakeholders）通过相互作用，进而对公共政策的实际效果施加影响力的过程，它包括组织内部的相互作用、过程以及其他把利益相关者联系起来的机制，其目的不仅是提升内向型管理水平，还要获得被外部利益相关者认可的产出结果。

（3）城市治理

经济学，特别是城市经济学将地域空间引入治理中，提出了城市治理（urban governance）的概念。简单来说，城市治理就是城市中各种个人或组织管理其共同事务的诸多方式的总和，是相互冲突的或不同的利益的主体得到调和并且采取联合行动的持续过程。这一界定体现了城市治理的三大内涵：第一，城市治理是一种全新的结构体系。城市治理引入了个人、市民社会和非政府组织，治理主体呈现多元化态势，这与传统的城市管理显著不同，城市治理不仅重视发挥政府的主导作用，也重视发挥其他治理主体的积极作用。第二，城市治理是一种能力。城市治理既是整合和协调地方利益、组织社会团体的能力，又是代表地方利益、组织社会团体形成对市场、国家、城市和其他层次政府相对一致的策略的能力。第三，城市治理是一种过程。城市治理是公共行动的新形式，是以更复杂的行动者系统为特征，在新机构的构建中强调谈判、合作、自愿参与、弹性的过程，也是地方当局协同私人利益集团共同实现集体目标的过程，还是协调政治决策的过程。

2.1.1.3 复合治理理论

“复合治理”是学术界在汲取奥斯特罗姆夫妇的“多中心治理”、复合共和国（compound republic）等理论成果基础上，结合对中国行政区经济的研究，提炼出来的一个崭新的理论框架。因此，从某种程度上来讲，复合治理理论是多中心治理理论在中国城市治理实践中的灵活运用和大胆创新，是具有中国特色的多中心治理理论。

（1）多中心治理理论

20 世纪 60—70 年代，美国逐步遭遇到大城市治理的重要挑战，其中一个重要议题是各个地区如何设计大城市的治理结构。围绕这一难题，形成了两种观点：第一种观点是“一个城市，一个政府”，由城市规划者和传统城市派学者提出，他们推崇简单化的城市改革思想，要求对美国大城市地区进行合并，成立美国大城市政府来处理城市所面临的问题；第二种观点是“一个城市，多个政府”，由以 2009 年诺贝尔经济学奖获得者埃莉诺·奥斯特罗姆（Elinor Ostrom）和文森特·奥斯特罗姆（Vincent Ostrom）为代表的制度分析学者提出这一构思，他们强调不同的城市在提供不同的服务方面拥有不同的优势，应该根据公共物品和服务自身的属性来选择政府组织的模式，并没有万能的和唯一的政府组织模式。

基于以上构思，由于市场或政府在公共事务的治理过程中失灵，随着社会结构的扁平化与社会多元主体的成长及其自主能力的显著提升，在这样特定的社会背景下，奥斯特罗姆夫妇提出了大城市治理的多中心治理理论①，并成为西方最具有影响力的治理思潮。该理论认为，在私有化和国有化两个极端之间存在其他多种可能的治理方式，这些治理方式允许多个权力中心或服务中心并存，通过相互合作给予公民更多的选择权和更好的服务，以减少“搭便车”行为，避免“公地悲剧”和“集体行动的困境”，扩展治理的公共

---

① “多中心治理理论”是印第安纳学派制度分析的主要特点和核心内容，是相对于单中心而言的一种社会秩序和治理结构。多中心治理理论体系包括多中心的公共经济理论、多中心的自主治理理论、多中心的立宪秩序理论、多中心的公共行政理论。“多中心”一词是迈克尔·博兰尼（Michael Polanyi）在《自由的逻辑》一书中首次提及和阐释的。

性。也就是说，公共事务的治理应该摆脱市场或政府单中心的治理方式，建立政府、市场、社会三维框架下的多中心治理模式，从而高效率地缓解单纯依赖政府机制或市场机制的种种缺陷；多中心治理理论的关键思想是，通过实行分阶段、分级别、分层次的多元化制度安排，积极推进政府、市场、社会三大机制之间的协同与善治。

（2）不同视角下的复合治理

复合治理的表述可以追溯到杨雪冬（2004）的研究，他旗帜鲜明地提出，复合治理概念的底层逻辑在于，随着公共事务的持续扩大，面对全球化时代的各类复杂风险，任何单一治理机制都无法有效应对，因此迫切需要构建起全新的治理机制。他提出了复合治理的五个基本特征：第一，由多个治理主体组成，包括国家组织、非政府组织、企业、家庭、个人等；第二，多维度，既表现为纵向多层次，从村庄、部落到国家、区域，乃至全球范围，也表现为横向的多样性，人类活动的任何领域都需要治理；第三，合作互补关系，只有充分合作协同，三大治理机制才有可能充分发挥影响力和作用，并弥补各自的固有缺陷；第四，个人是最基本的单元，提升个人的自觉性和能动性是唯一出路；第五，目标是当场及时解决实际问题。他认为，国家、市场和公民社会是现代社会公共领域治理的三个基本机制，一套运行良好的现代治理机制，应具备三个基本特征：第一，三种治理机制保持平衡的关系，尽管国家是现代治理的核心，但不能挤占市场和公民社会的位置，应培育、监管市场机制和社会机制，后两者不应该削弱国家权威，而应该弥补国家治理能力的不足；第二，三种治理机制相互渗透，形成分布均衡的网络结构；第三，三种治理机制要能连续表现出社会行为者对其的信任。

此后，有学者从区域经济一体化的视角入手，对复合治理中的和谐关系、政治结构、角色定位的实现等议题进行系统研究，首次明确了复合治理的基本内涵，即复合治理是指在小政府的善治和大市场的自由化前提下，通过采用委托、转包、招标、定向采购等多种方式，把政府的公共服务等相关职能委托给民间社会组织，充分借助公民社会的高效率运作，有效缓解政府失灵、市场失灵等问题，最终实现政府、市场、社会三大机制的和谐与发展。复合治理的关键理念主要体现在四个维度：第一，小政府的善治，不仅意味着政府职能范围不断缩小，也包括严明的法度、清廉的官员、行政效率、良好的行政服务等要素；第二，大市场的自由化，即充分发挥市场调节和配置资源的作用；第三，公民社会的高效运作，即民间社会组织的规模逐步变大，机构正常运转所需的活动经费得到充分保障和解决等；第四，政府、市场、公民社会的和谐，这是整个复合治理理论的关键。

也有学者从杭州“社会复合主体”① 实践的视角入手，认为复合治理就是从政府单一主体的治理结构向多种社会主体协同治理结构转变过程中的一种治理形态，是在政府作为主导力量治理公共事务的过程中，强调政府与市场主体、民间社会组织形成多元复合主体，通过合作、协商等多种手段共同治理公共事务的一种城市治理新模式。它具有四个突出特征：第一，复合治理的主体是政府主导的多元复合主体，各主体在治理中的身份和职责不同，但各主体的地位是平等的；第二，复合治理的机制是“双向互动”，既通过政府与非政府主体的参与实现功能互补，也通过二者的协商与合作建立伙伴和互动关系；第三，复合治理的组织形式灵活多样，各治理主体可以组成不同类型的复合主体，在不同领域发挥不同作用；第四，复合治理的结构是网络型，政府与非政府主体在同一平台上双向互动，形成网格状关系。

此外，还有学者从社会管理的角度入手，认为复合治理是治理的一种创新形态，它在肯定多元主体即复合主体共同参与管理的条件下，强调国家的主导作用但非支配性；在认可协商、沟通的网络治理机制中，强调国家对于合作网络的指导性；在国家与各社会主体进行平等合作的横向平台中，强调国家自身权力运行的贯通性。复合治理与一般治理的根本区别不在于治理主体的多元性，而在于治理结构的对称性。国家主导是复合治理中的纵向线条，而国家与社会及其他治理主体的平等协作构成复合治理中的横向线条。纵向线条与横向线条的运行机制和发生领域存在明显差异，纵向线条遵循的是权力运行逻辑，指向政府职能并提供社会的外在秩序；横向线条遵循的是权利运行逻辑，指向政府的社会职能并产生社会的内在秩序。

---

① 所谓社会复合主体，是以推进社会性项目建设、知识创业、事业发展为目的，由党政界、知识界、行业界、媒体界等不同身份的人员共同参与、主动关联而形成多层架构、网状结构、功能融合、优势互补的新型组织体系（倪咸林，2013）。

有的学者从城市社会管理的细分领域入手，比如通过研究北京市社区管理体制改革实践，郑杭生和黄家亮（2012）发现，社区的复合治理是指社区内各个主体（如居委会、党组织、社区居民、辖区单位、服务站、社区社会组织等），在共同维护公共利益和得到社区认同的基础上，通过协调合作、专业分工、各尽所能，共同维持社区秩序，共同优化社区公共服务水平，从而尽可能地扩大社区的公共利益。顾金喜（2015）通过杭州市上城区社会治理体系建设研究，认为复合治理主要是指社会治理结构从政府作为单一主体、排斥其他主体参与向多种社会主体协同以促进治理绩效优化和提升社会整体治理能力转变过程中的一种治理形态，是在政府主导的过程中强调政府、市场、社会组织、社会权威等多元主体复合协同，通过合作、协商等多种手段共同治理公共事务的一种新型治理模式。

（3）有关复合治理的几点共识

如前文所述，从风险治理、区域一体化、城市发展、社会管理、社区养老等多个视角入手，现有文献尝试对复合治理的概念和内涵进行界定，虽然不同学者对其有不同的理解，但也达成了一些基本共识，具体体现在以下方面：

第一，复合治理强调“政府机制+市场机制+社会机制”的复合治理机制。与先前的单一治理机制不同，复合治理机制意味着政府机制、市场机制、社会机制专业分工、有效互补、共同作用，以应对全球化、信息化时代所带来的多元化、复杂化挑战。因此，复合治理机制涉及三个维度，聚合了三大治理机制的比较优势。

第二，复合治理强调“政府机构+企业+社会组织”的三维治理结构。对应三大治理机制，复合治理形成了政府机构、企业、社会组织三类治理主体。如果将治理主体的治理能力按照“强、弱”两个维度进行划分，三类治理主体之间可以组成不同的三维治理结构，成熟有效的三维治理结构应该是“强政府+强市场+强社会”。其中，政府类治理主体包括各级政府机关及其下设职能部门，市场类治理主体包括各个行业的公司、集团等营利性机构，社会类治理主体包括行业协会、商会、学会、志愿者组织等非营利性民间机构。

第三，复合治理强调三大治理机制（三类治理主体）之间的合作互补关系。政府机制、市场机制和社会机制之间不是互相削弱的关系，而是互相补充、合作的伙伴关系。只有相互合作，三大治理机制才能有效发挥作用，并相互弥补各自的缺陷，进而实现政府、市场、公民社会三者的和谐。从北京、杭州等城市的实践来看，通过建立多元主体互联、互补、互动机制，可以更好地治理公共事务。

第四，复合治理强调治理主导力量的针对性、个性化。根据治理客体的具体情况，有的学者认为国家是现代治理的核心，强调国家的主导作用但非支配性，肯定国家对于制度供应的优先性，强调政府的主导作用；有的学者强调企业、行业协会和商会等社会组织、社区党组织的主导作用，认为它们是复合治理的核心力量。

第五，复合治理强调具体组织形式的灵活性、多样化。根据治理对象的具体情况，三类治理主体可以组成不同类型的复合治理主体，比如，在杭州市的城市治理实践中，西泠印（社团主体）、西泠印社社务委员会（政府性的事业主体）、西泠集团（企业主体）组成了公共平台型的社会复合主体——西泠印社复合主体；在北京市的社区管理实践中，形成了“党组织+自治组织+服务站+社会组织+驻社区单位+居民”的复合治理主体；在城市社区养老服务中，复合治理主体包括行政机构、社区自治组织、养老服务志愿组织、准市场主体。

2.1.2 与高质量发展相关的概念

2.1.2.1 高质量发展概念的提出

“质量”一词最早源于企业界，用于描述产品或服务的适用性。1951 年，美国著名的质量管理专家、举世公认的现代质量管理的领军人物约瑟夫 · M. 朱兰出版了第一版《朱兰质量控制手册》（*Juran Quality Control Handbook*），该书被誉为“质量管理领域的圣经”，是一个全球范围内的参考标准。朱兰博士基于顾客的需求视角，认为顾客对产品的基本要求是适用，明确指出产品质量就是产品对客户需求的适用性，即产品在使用时能成功地满足用户需要的程度。

后来，“质量”一词被引入城市经济发展中，比较典型的是深圳市。1982 年 11 月至 1985 年 12 月，中建三局建设工程股份有限公司在承建深圳国际贸易中心大厦时，以“三天一层楼”的速度，在中国建筑史上创下了引以为豪的“深圳速度”。然而，经过 25 年的高速增长，深圳经济开始面临“四个难以为继”①。2005 年，深圳市公布了《深圳市落实科学发展观调控指标体系》，时任市长李鸿忠表示，改革开放以来的 27 年里，深圳走出了一条拥有鲜明时代特色的发展模式——“速度深圳”，未来将向“质量深圳”转型，从而吹响了“质量深圳”的号角。2007 年，深圳实施标准化战略，制定《深圳市标准化战略实施纲要（2006—2010）》，旨在落实科学发展观、建设国家创新型城市、增创城市发展新优势。2012 年，深圳发布《深圳市知识产权与标准化战略纲要（2011—2015 年）》，提出到 2015 年，深圳要在支柱产业、战略性新兴产业自主知识产权和技术标准创新方面取得重大突破，形成要素齐全、功能完备的知识产权和标准化公共服务平台，优化环境，把深圳打造成为全国知识产权与标准化结合的示范城市。2013 年，深圳荣获全国首个“质量强市示范市”称号，“质量成就未来”成为深圳的城市质量精神。2017 年 4 月 27 日，深圳市六届人大常委会第十六次会议审议通过《深圳经济特区质量条例》，为深圳进行质量宏观管理提供了法律制度保障。该条例明确了“深圳质量”是大质量概念，是贯穿深圳经济社会发展各领域、全过程，能满足高水平稳定增长和可持续全面发展的综合能力，包括经济质量、文化质量、社会质量、生态质量、城市建设管理质量和政府服务质量六大要素。

随着众多地方政府的积极探索，高质量发展理念逐步引起中央的关注。2012 年 11 月 8 日，党的十八大报告首次把“美丽中国”作为执政理念，提出创新驱动发展战略。2015 年 11 月 10 日，习近平主持召开中央财经领导小组第十一次会议，提出“供给侧结构性改革”。2015 年 5 月 12 日，国务院召开全国推进简政放权放管结合职能转变工作电视电话会议，首次提出“放管服”（简政放权、放管结合、优化服务）的概念。2017 年，党的十九大报告正式提出，“我国经济已由高速增长阶段转向高质量发展阶段”，并首次提出“建设现代化经济体系”。2018 年 7 月 10 日，国家发改委等 17 个部门联合发布

---

① “四个难以为继”：一是土地、空间难以为继；二是能源、水资源难以为继；三是实现万亿 GDP 需要更多劳动力投入，而城市已经不堪人口重负，难以为继；四是环境承载力难以为继。

《关于大力发展实体经济积极稳定和促进就业的指导意见》。2019 年 2 月 18 日，中共中央、国务院首次印发《粤港澳大湾区发展规划纲要》。2019 年 6 月 30 日，国家发改委、商务部首次发布《自由贸易试验区外商投资准入特别管理措施（负面清单）（2019 年版）》。2022 年 10 月 16 日，党的二十大报告明确提出，“高质量发展是全面建设社会主义现代化国家的首要任务”。2023 年，国家全面取消制造业领域外资准入限制措施，主动对照国际高标准经贸规则，建设更高水平自贸试验区。截至 2023 年底，中国先后设立 22 个自由贸易试验区，其中 2013 年 1 个、2014 年 3 个、2016 年 7 个、2018 年 1 个、2019 年 6 个、2020 年 3 个、2023 年 1 个。一系列政策红利的逐步释放，为中国经济高质量发展提供了重要的制度保障。

由此可见，高质量发展概念的提出是一个从微观到宏观的扩展过程，最初的高质量发展仅限于企业经营的微观领域，后来的高质量发展概念才逐步应用到经济发展的宏观领域。高质量发展概念的提出是一个从地方到中央的升级过程，高质量发展概念最初仅受到深圳等城市的重点关注，后来才逐步得到中央的高度重视。高质量发展概念的提出是经济发展到特定阶段的自觉行为，是符合经济发展一般规律的必然选择，是用来对比经济高速度增长阶段，具有鲜明的时代特征。2005 年深圳提出从“速度深圳”向“质量深圳”转型之际，正处于从中上等收入向高收入升级的爬坡过坎的关键时期①，且面临日益严重的“四个难以为继”，而中央在 2017 年提出高质量发展概念之时，全国也面临类似的情况②。

2.1.2.2 高质量发展内涵的界定

总体而言，对于高质量发展的内涵界定，学术界尚没有统一的标准，每个课题组都根据实际研究议题的需要，选择一个特定视角对高质量发展的内

① 2005 年，世界银行提出，中上等收入组别为 3466~10725 美元，深圳人均 GDP 约为 7547 美元，约相当于高收入组别下限的 70%。

② 2017 年，世界银行提出，中上等收入组别为 4036~12475 美元，中国人均 GDP 约为 8800 美元，约相当于高收入组别下限的 70.5%。此外，进入 21 世纪以来，中国城市土地开发强度逐步逼近极限、能源对外依存度持续提高、“民工荒”现象日益突出、环境污染问题十分严重，这些都与深圳当初的状况类似。

涵进行界定。

（1）经济学三个层面

部分文献从经济学的基本理论维度入手尝试进行概念界定，认为宏观层面的高质量发展体现为国民经济整体质量和效率的提升，中观层面的高质量发展体现为产业结构升级和区域经济发展的高质量，微观层面的高质量发展主要体现为产品或服务的高质量。比如，任保平（2018）集中梳理了马克思《资本论》中有关“质量”的论述，从马克思在微观层面的劳动价值理论、宏观层面的生产过程中的质量进行分析，以及新时代背景下的高质量发展的政治经济学逻辑，提出应该根据中国国情建立中国特色的中观层面的质量理论，从宏、中、微三个层次对高质量发展进行了经济学解读。金碚（2018）基于经济学的基本理论，深刻研究了新时代经济发展的新质态，全面揭示了经济发展的数量和质量在质态上的种种差异；系统解释了高质量发展的核心内涵，认为高质量发展可以满足人民群众基本生活的需要，可以有效缓解和应对目前社会主要矛盾，属于一种崭新的发展模式；认为高质量发展拥有动态性、多维性等突出特点。钞小静和薛志欣（2018）遵循马克思主义政治经济学的基本原理，认为经济发展质量要体现结构、动力和效率等三个维度的理论内涵，且进一步强调我国需要从这三个维度出发，通过支持科技创新、优化产业结构、提升经济效率等路径，持续推动我国区域经济的高质量发展。

（2）五大发展理念

部分文献按照五大发展理念要求，认为高质量发展要着力突出科技创新，形成协调的经济结构，考虑生态环境的绿色承载力，提升对外开放水平，共享经济发展的最终果实，是推进国家现代化的核心指标。比如，师博和张冰瑶（2018）基于五大发展理念的基本要求，深入研究了经济发展的基本面、绿色生态保护和社会共享成果等三个维度，强调经济高质量发展不仅要拥有稳定的经济增长速度，也要有比较合理的经济内在结构，属于一种崭新的经济发展模式。陈诗一和陈登科（2018）指出，经济高质量发展属于环境友好型的发展模式，我国在促进经济社会高质量发展的过程中，应充分兼顾生态环境的承载力要求，有效应对经济快速增长可能带来的各种生态破坏和污染，高质量的经济发展需要充分考虑生态环境的高水平。刘志彪（2018）提出，经济高质量发展需要充分考虑人民群众对美好生活的向往和追求，可以提升老百姓对日常生活的满意度，基于此，我国在实现经济高质量发展的过程中，务必重视若干风险和问题，如环境保护、金融风险和扶贫问题等方面。魏敏和李书昊（2018）基于中国新时代的大背景，突出经济高质量发展的核心理念，从科技创新主导、区域协调发展、共享经济成果、生态环境保护等十个维度入手，提炼总结经济高质量发展的核心内涵。史丹和李鹏（2019）以五大发展理念为导引，认为经济高质量发展要关注创新、协调、绿色、开放和共享五个维度。李书昊（2019）认为，经济高质量发展包含创新驱动、市场主导、结构均衡、绿色环保、资源高效和以人为本等方面。许永兵等（2019）强调经济高质量发展要关注创新驱动、结构优化、经济稳定、经济活力、民生改善、生态友好六个维度。

（3）供给与需求

部分文献从供求角度审视，认为高质量发展要以消费结构的升级带动供给层面的优化升级，提高产品质量、服务质量、环境质量，优化产业结构、提高全要素生产率，提高要素配置效率、实现低投入高产出。比如，李辉（2018）指出，中国进入新时代以后，经济走向高质量发展，居民的消费习惯、消费结构会相应发生巨大改变，由传统的只关注商品质量逐步升级为兼顾商品质量、服务质量和环境质量等多个要素。张永恒和郝寿义（2018）聚焦产业结构优化升级的崭新视角，系统剖析经济高质量发展的概念和外延。李伟（2018）强调，经济高质量发展就是要充分尊重市场机制配置资源的关键性角色，持续完善产权保护制度，不断理顺市场价格调节机制，大幅缓解资源配置的各种扭曲，促使资源从低效率行业逐步向高效率行业转移，改善资源的整体配置效率；就是要更加注重内涵式发展，提高产出水平，提高劳动生产率、资源集约利用率和全要素生产率。张建军和赵启兰（2019）指出，现代化的供应链体系旨在推动经济的高质量发展，具体来说，借助全球供应链体系对各类生产要素的运输和配置，可以积极影响科技创新活动、产业协调发展、营商环境提升、共享经济发展和绿色生态经济等维度，并进一步优化区域发展结构、增强经济发展动力和提高经济发展效率，从而推动区域经济的高质量发展。马茹等（2019）指出，中国区域经济高质量发展体现在高质量供给、高质量需求、发展效率、经济运行和对外开放五个维度。

2.1.2.3　产业升级

截至目前，国内外学术界对于“产业升级”的研究存在三种思路：第一种为“产业结构调整”思路，将产业升级等同于产业结构升级（或产业间升级）；第二种为“价值链”思路，将产业升级等同于价值链升级（或产业内升级）；第三种则综合了前两种思路，将产业升级等同于价值链升级或产业结构升级（产业内升级或产业间升级）。

（1）产业升级等同于产业结构升级

在“产业结构调整”思路下，产业升级被看作一个复杂的系统过程，包含着各个层次和各种范围的产业结构升级过程。这一升级过程具体体现在两个方面：一是产业之间的比例关系变化，不仅包括国民经济中的第一、第二、第三产业之间的比例变动，比如第一产业的产值等比重逐步降低，非农产业产值等比重逐步提高，也包括三次产业各自的内部比例变化，比如在制造业内部，服装、家具制造业比重降低，高科技制造业比重提高。二是产业之间的经济联系变化，经济联系可称为产业结构成长的实质内容，既意味着结构规模由小变大，即产业部门数量增加，产业关联复杂化，也意味着结构水平由低变高，即技术矩阵水平得到提升，技术集约型的产业关联逐步占据主导地位，取代了传统的劳动集约型的产业关联，还意味着结构联系由松变紧，即产业之间的联系更加紧密，产业之间的边界更加模糊化。

（2）产业升级等同于价值链升级

国外学者通过对东亚地区的服装产业进行系统分析，聚焦服装价值链上企业“简单装配—OEM—OBM”的持续升级，研究具体路径和关键前提条件，开始了正式的、非“结构思路”“价值链”思路下的产业升级研究。在“价值链”思路下，一国（地区）的产业被视作全球价值链的一部分，产业升级可以看成该国（地区）企业以及产业整体在价值链上的攀越过程，即从加工制造环节向微笑曲线两端的研发、销售升级，依次对应着 OEA、OEM、ODM、OBM 等形态。从概念界定的角度来看，部分国际贸易理论文献侧重中观维度的产业升级阐述，更多地把产业结构升级与地区资源等比较优势结合起来，有的强调产业升级的核心点是高附加值化和动态专业化。部分文献侧重微观维度的产业升级阐述，典型的常见于企业竞争力的国内外研究成果中。有的文献强调，在产业的持续升级过程中，企业更多地聚焦于资本密集型和技术密集型领域，从低附加值领域和环节逐步转向高附加值领域和环节，其整体盈利能力得到不断提高，包括工艺升级、产品升级和功能升级三种类型，不同类型对应不同的收益和复制难度。以上都是从供给者的角度来进行分析，此外，也有学者从需求者的角度分析认为，产业升级就是企业进入更高附加值的终端市场，从而获取更高的产品价格，并推动市场多元化，最终增加销量、降低风险。显然，企业要进入高端市场，势必需要在工艺升级、产品升级和功能升级方面取得成效，因此，市场升级可以看作前三种升级的自然结果或者逻辑延伸。

（3）产业升级等同于价值链升级或产业结构升级

最近，学术界的研究体现了综合“产业结构调整”及“价值链”思路。一般而言，国内外学者很少直接界定内涵和概念，绝大多数研究成果从产业升级的方式和路径维度进行概念阐述和剖析。如为便于理解概念，有学者提出了产业升级的五种路径：一是产业间升级，在产业层级中从低附加值产业（如轻工业）向高附加值产业（如重工业和高技术产业）转移；二是要素间升级，在生产要素层级中从“禀赋资产”或“自然资产”向“创造资产”，即物资资本、人力资本和社会资本转移；三是需求升级，在消费层级中从必需品向便利品，以及奢侈品转移；四是功能升级，在价值链层级中从销售、分配向最终的组装、测试、零部件制造、产品开发和系统整合转移；五是链接上的升级，在前后链接的层级中，从有形的商品类生产投入向无形的、知识密集的支持性服务转移。其中，第一种路径属于产业结构升级，后四种路径都属于价值链升级。还有学者把产业升级分为三个典型层次：第一个层次，国民经济三次产业之间的结构优化与升级；第二个层次，三次产业内部的行业结构优化与升级，本质上属于不同细分行业之间的结构调整与优化，比如从劳动密集型、加工程度较低、附加值较低的传统制造业向技术密集型、加工程度较高、附加值较高的新兴行业转型和升级；第三个层次，同一行业内部的结构优化与调整。其中，前两个层次属于产业结构升级，第三个层次属于产业内升级，也叫企业间升级、价值链升级。

（4）本书的界定：产业升级等同于价值链升级或产业结构升级

基于最新研究动态，考虑到产业升级的丰富实践，以及本书的现实需要，本书选择第三种思路，认为企业在全球价值链上的升级方式有四种类型：一是工艺流程升级，既包括价值链上单个环节中的内部流程的效率提高（如次品率降低），也包括价值链上各个环节之间的内部流程的衔接效率提高（如产品按时交付）；二是产品升级，通过价值链上单个环节改进、环节之间关系再造，优化新产品开发流程，从而引进新产品或改进旧产品；三是功能升级，包括从加工制造环节到设计、营销环节的转移或延伸；四是价值链升级，即从一条价值链转移到另一条更高级的价值链（如从劳动密集型产业链升级到资本密集型、技术密集型产业链）。前三种属于价值链升级，第四种属于产业结构升级。

2.2　治理质量与高质量发展的评价理论

2.2.1　治理质量评价

2.2.1.1　国家治理

在全球范围内，有关国家治理评估的理论探讨较多，按照治理内涵的演变轨迹，主要包括以下几种视角。

第一种视角：权力制衡。早期研究中，各种治理评估方法具有相对重视“权力制衡”、轻视“权力使用”的显著特征。近年来，学术界持续涌现出有关民主质量的评估方法，大多认同 Douglas North 关于国家是攫取者（捕食者）的假设，认为政治发展的最终目标是建立符合法治政府与责任政府的机制，从而能够限制国家的自由裁量权。显而易见，权力制衡既涉及权力的横向配置，即权力在政府、市场和社会之间的合理配置，也涉及权力的纵向配置，即权力在中央政府、地方政府之间的合理配置，还涉及对权力的规范和约束，即法治水平。

第二种视角：官僚制度。自马克斯·韦伯（Max Weber，1978）提出现代官僚制度的理想描述以来，便有学者尝试对这一概念进行“操作化”处理，但成效并不显著。迄今为止，与韦伯式官僚制度相关的评估方法相对较少，只有少数学者或研究进行尝试，比如 Peter Evans 和 James Rauch（2000）的民主多样性项目（the varieties of democracy project）等。

第三种视角：治理产出。以上各种视角都属于治理投入，受到大多数治理指数编制者的欢迎。但是，良好的程序和强大的能力本身并不是政府治理的目标，最终的目的是要政府能够提供学校教育、公共卫生、公共安全和国防建设等服务，这意味着对政府质量的另一种评估，即基于最终产出结果的评估，这有助于理解政府是如何履行职责的。

第四种视角：官僚自主性+治理能力。Fukuyama（2013）把治理评估划分为两个维度，认为政府质量（治理质量）是能力和官僚自主性互动的综合结果：首先，自主性的多或少，可能是好事，也可能是坏事，这取决于官僚机构的能力；其次，如果一个组织充满无能的人，就要限制他们的自由裁量权，相反则要给予其更多自由裁量权；最后，在一系列倒“U”形关系图中，官僚机构的能力越低，自主性的最高点越偏于左侧，相反则越偏向于右侧。

第五种视角：权力横向配置+权力约束+治理能力+治理产出。俞可平（2008）提出中国治理评估的五大原则①，强调治理评估指标体系要体现中国发展的重要战略部署②，认为中国治理评估框架主要涉及 12 个方面③，其中，公民参与、人权与公民权、党内民主、政务公开、政府责任属于权力横向配置，法治属于权力约束，行政效益、廉政属于治理能力，合法性、社会公正、社会稳定、公共服务属于治理产出。然而，这个框架仅仅是一个原则性的纲要，离具体的测评指标还有较大距离。

第六种视角：权力横向配置+权力约束+官僚制度+治理能力+治理产出。陈志勇和卓越（2015）提出一个具有时代特色的中国治理评估的战略框架，

---

① 第一，指标体系必须具有简便性、实用性和操作性，数据材料容易获得，评估活动也切实可行；第二，多数指标应直接反映现存的治理状态，应有适当数量的指标体现治理的前景；第三，既有反映治理状态的客观数据，又有公民和官员对治理状况的主观评价；第四，既立足中国改革开放的实践，又充分借鉴国际上的治理评估经验；第五，既突出政府治理的重点，又兼及治理的基本内容。

② 与公共治理密切相关的国家重要发展战略包括科学发展、政治文明、和谐社会、小康社会、新农村建设、服务型政府、创新型国家和生态文明等。

③ 即公民参与、人权与公民权、党内民主、法治、合法性、社会公正、社会稳定、政务公开、行政效益、政府责任、公共服务、廉政。

其中，现代化是治理评估的目标靶向，治理体系[①]和治理能力[②]分别作为治理评估的宽度界标和深度蕴藉，整个框架形成“一靶两翼”[③] 的格局。他们认为，在具体指标设计方面应体现时代感、时代发展的特征，比如，治理主体方面通常包含法治、参与、责任等要素，治理客体方面可以用经济水平、科技文化水平、基础设施水平等来体现。

2.2.1.2　地方治理

第一种视角：权力制衡+治理能力+治理产出。José Antonio Puppim de Oliveira（2013）提出，在城市绿色经济领域，可以从过程维度（决策过程）、能力维度（执行能力）、绿色经济维度（经济系统）、社会生态维度（社会生态系统）四个维度对善治（good governance）进行评估，其中，后两个维度属于结果（outcome），也叫治理产出；此外，这是一个一般性的指标体系，可以用于不同背景、不同发展水平的城市。

第二种视角：权力制衡+官僚制度+治理产出。Hendriks（2014）认为，良好城市治理（good urban governance）的价值标准包括三个方面：第一，输入价值，即哪些要素进入系统？第二，输出价值，即哪些要素离开系统？第三，系统价值，即哪些要素构成系统？基于此，良好城市治理的五个核心价值包括回应、效能、程序正义、弹性、均衡，其中，回应、效能、弹性属于民主范畴，程序正义、均衡属于法律规则/法治国家范畴。

第三种视角：治理能力+权力配置+权力约束。刘建党和唐杰（2019）提出中国地方（省域）治理质量评估的三大主要内容：政府能力、市场能力、法治水平。其中，政府能力、市场能力不仅体现了行使权力的能力，也体现

---

① 习近平总书记指出，“国家治理体系是在党领导下管理国家的制度体系，包括经济、政治、文化、社会、生态文明和党的建设等各领域体制机制、法律法规安排，也就是一整套紧密相连、相互协调的国家制度”。

② 按照联合国开发计划署（UNDP）的定义，能力是指组织或者个体有效地、持续地和高效地执行其既定职能，达到既定目的的本领。就内涵而言，国家治理能力就是实现国家治理目标的能力。

③ 习近平总书记明确指出：“国家治理体系和治理能力是一个国家制度和制度执行能力的集中体现。”“国家治理体系和治理能力是一个有机整体，相辅相成，有了好的国家治理体系才能提高治理能力，提高国家治理能力才能充分发挥国家治理体系的效能。”

了权力的横向配置；法治水平不仅体现了对权力行使行为的有效约束，也体现了对权力行使能力的充分强化。

2.2.2 高质量发展评价

2.2.2.1 经济高质量发展

学术界对经济高质量发展的指标研究尚处于探索之中，主要做法可以划分为两类：第一类采用单个指标替代经济高质量发展，比如人均实际 GDP、劳动生产率、单位 GDP 废水排放量、单位 GDP 能耗、绿色全要素生产率等；第二类尝试构建经济高质量发展的综合指数，比如中国城市经济增长质量、区域城市经济增长质量、中国各省份经济高质量发展水平等。

从经济高质量发展的综合指数来看，绝大多数文献关注中国省域经济高质量发展评估。魏敏和李书昊（2018）综合考虑现阶段中国经济建设存在的实际问题，并结合新时代中国经济高质量发展的指导思想与理念，从经济结构优化、创新驱动发展、资源配置高效、市场机制完善、经济增长稳定、区域协调共享、产品服务优质、基础设施完善、生态文明建设和经济成果惠民十个方面归纳经济高质量发展特征，以此来评估中国省级地区的经济发展质量。师博和任保平（2018）聚焦经济增长的基本面和社会成果的共享分享等两个维度，系统描述经济高质量发展的评价内容，并对中国省级地区的经济高质量发展水平进行实证分析。马茹等（2019）指出，中国区域经济高质量发展体现在高质量供给、高质量需求、发展效率、经济运行和对外开放五个维度，并以此来评估中国省级地区的经济发展质量。李书昊（2019）认为，经济高质量发展包含创新驱动、市场主导、结构均衡、绿色环保、资源高效和以人为本六个方面，并对中国省级城市经济高质量发展进行评估。张蕴萍等（2021）基于五大发展理念和中国发展实际，从经济发展效率、创新驱动发展、协调发展、绿色低碳发展、开放合作发展、共享发展六个方面入手，选择 24 个指标建立经济高质量发展评价指标体系，并对 2008—2019 年中国 30 个省级地区进行实证分析。薛秋童和封思贤（2022）基于五大发展理念，构建了创新发展、产业结构、提质增效、生态环境和居民生活等 5 个一级指标、16 个二级指标，对 2011—2019 年中国 31 个省份的经济高质量发展指数进行测算。王思薇和陈西坤（2023）关注五大发展理念，实证分析中国 30 个省份 2011—2020 年的经济高质量发展水平。

此外，也有部分文献关注其他层面的经济高质量发展。一是国家层面，史丹和李鹏（2019）以五大发展理念为导引，认为经济高质量发展评估要关注创新、协调、绿色、开放和共享五个维度，以此来评估中国经济高质量发展。刘文革和何斐然（2023）以五大发展理念为指引，扩充构建了涵盖宏观、中观和微观三个层面的综合指标体系，共涉及 10 个二级指标、35 个三级指标，对中国 2001—2019 年数据进行实证分析，并与金砖国家、英美日韩等发达国家进行比较。二是城市层面，张震和刘雪梦（2019）从经济发展动力、新型产业结构、交通信息基础设施、经济发展开放性、经济发展协调性、绿色发展、经济发展共享性七个维度入手，构建了中国副省级城市经济高质量发展评价体系，并对中国 15 个副省级城市经济高质量发展水平进行测度。李文梅等（2022）关注协调、绿色、开放和共享四个维度，构建了区域经济高质量发展评价指标体系，并对福州、厦门、泉州等城市 2016—2020 年数据进行分析。刘明洋（2023）从创新、协调、绿色、开放和共享五个维度入手，构建了长江经济带经济高质量发展评价指标体系，并对 108 个城市 2007—2020 年面板数据进行实证分析。

2.2.2.2　产业升级

关于产业升级的指标选择及度量，学术界已经开展了卓有成效的探索，形成了一批极具价值的研究成果，主要划分为以下三类。

第一类，从产业内升级角度来考察。Pavlinek 和 Zenka（2010）从企业层面入手，采用四个主要指标①和五个辅助指标②来刻画工艺升级、产品升级和

① 营业收入/从业人数（工艺升级+产品升级）、（增加值/从业人数+增加值/固定资产）/2（工艺升级+产业内升级）、人均每月工资薪金（产业内升级）、研发支出/增加值（功能升级）。

② 有形资产/从业人数（主要是工艺升级）、增加值/总收入（主要是功能升级）、增加值/从业人数（工艺升级，产业内升级）、增加值/固定资产（工艺升级，产业内升级）、研发人员数/从业人数（功能升级）。

功能升级，但只有工艺升级、功能升级指标是明确的，其他指标不是那么精确。安苑和王珺（2012）丰富了功能升级指标，指标计算采用组成各二位数产业的四位数产业的平均技术复杂度（1-赫芬达尔指数）或技术复杂程度的中位数、产业研发投入占总增加值的比重、具有高级技术职称人员占总劳动力的比重，显然后两个指标侧重于高级要素投入。此外，在产品升级指标度量方面，目前而言，主要有以下四种方法：第一种方法侧重新产品的测度，比如宋耘等（2013）采用新产品数量、新产品销售额占比、新产品附加值增长幅度和新产品技术含量来衡量产品升级。第二种方法是从出口产品结构变化的角度进行测度，比如根据联合国国际贸易标准分类法（Standard International Trade Classification，SITC），考察在中国出口商品结构中，初级产品、资本密集型产品、技术密集型以及其他未分类商品的比重变化。有学者采用中国高新技术产品加工贸易出口比重、机电产品加工贸易出口比重来计算产品升级指标。第三种方法是测度出口商品技术含量，这一方法更为具体，且能够在整体水平上反映出口产品升级的变化情况，测度方法借鉴出口产品技术含量指数（Export Sophistication Index，ESI）。第四种方法是测度出口产品相对价格和市场份额，Kaplinsky 和 Readman（2005）明确提出，考察某一行业和商品是否实现了升级，需要同时分析其商品相对价格和市场份额等两大维度的变动情况，只有当产品价格及产品的市场份额均得到提高时，才能得到该产业或商品成功实现升级的结论；其中，一个地区某个产品“相对出口份额”=一个地区某个产品出口额/某个产品全球出口总额，一个地区某个产品“相对出口单价”=一个地区某个产品出口单价/某个产品全球平均出口单价，二者共同构成 Kaplinsky 升级指数。

第二类，从产业间升级角度来考察。有的学者从各个产业比重角度来考察，比如，陈时兴（2011）采用第二、第三产业增加值之和与当年 GDP 之比描述产业升级；安苑和王珺（2012）采用总产值份额、增加值份额、销售收入份额、投资份额来刻画产业结构；李伟庆和聂献忠（2015）采用第二产业比重和第三产业比重来表示产业升级。有的学者从产业的相对结构角度来考察，比如，朱玉杰和倪骁然（2014）采用第三产业与第二产业产值之比代表产业升级；高波等（2012）不仅采用产出结构，也采用就业结构指标，侧重关注高附加值产业与低附加值产业的相对比值、非农产业与第一产业的相对比值。有的学者从产业结构合理化和高级化角度来考察，比如，朱玉杰和倪骁然（2014）从三次产业结构的合理化和高级化两个角度入手，采用泰尔指数和高级化指标（第三产业与第二产业产值之比）表示产业升级；徐晔等（2015）提出了区域产业升级系统评价指标体系，主要涉及产业结构高度化、产业结构合理化两个方面，总共包括 10 个三级指标[①]。有的学者从产业结构升级综合评价指数角度来考察，比如，李邃和江可申（2011）从因子分析方法入手，采用工业加工程度等 7 个指标[②]，计算产业结构优化升级综合得分；徐晔等（2015）从熵值法入手，提出了区域产业升级评价指标体系，涵盖了产业结构高级化、产业结构合理化；徐德云（2008）通过给三大产业赋值，设计了产业结构升级指数，计算公式为：

$$R = \sum_{i=1}^{3} y_i i = y_1 \times 1 + y_2 \times 2 + y_3 \times 3(1 \leqslant R \leqslant 3)$$

其中，y_i表示第 i 产业的收入所占比例，模型中用第 i 产业增加值在整个 GDP 中所占的比重表示，R 表示描述产业结构升级水平的指标，取值范围为 1～3。如果 $R=1$ 或者越近似于 1，则产业结构升级的层次或高度就越低，这一时期的经济发展总体水平较低，宏观层面体现为以农业经济为主的经济结构，第二、第三产业增加值占 GDP 比重较小；如果 $R=3$ 或者越近似于 3，则产业结构升级的高度或层次就越高，这一时期为后工业化、创新驱动型经济社会，高技术制造业和高技术服务业在国民经济中发挥主要作用，处于主导地位，第三产业增加值在国民经济中所占比重远高于第一、第二产业增加值所占比重；如果 $R=2$ 或者越近似于 2，则产业结构升级的层次或高度处于以上二者之间，这一时期为漫长的工业化经济加速阶段，以制造业为核心的第二产业在国民经济中发挥关键作用并占据主导地位，工业增加值在 60%以上，部分城市工业占比甚至可以达到 70%乃至 80%左右。

---

① 高度化指标包括霍夫曼比例指数、基础产业超前系数、第三产业产值比重、智力技术密集型集约化程度、信息产业产值比重、工业加工程度。合理化指标包括产业结构比例、产业开放性、产业可持续发展能力、产业结构协调化程度。

② 7 个指标分别为工业加工程度、技术集约化程度、高技术产业成长程度、生产性服务业发展程度、第三产业比重、制造业能耗水平、劳动密集型产业就业弹性系数。

第三类，从其他升级角度来考察。有的学者从出口市场结构升级角度来考察，通过分析出口增加值和出口结构变化（从欠发达国家到发达国家），探讨每个国家在出口中扮演的角色。Pavlinek 和 Zenka（2010）用汽车出口结构变化来代替汽车产业升级指标。也有学者从出口市场多元化角度来刻画，采用赫芬达尔指数（HI）作为出口市场多元化的测度指标。有的学者从产业升级的产出效应角度来考察，比如，曲建忠和吴宗杰（2013）在研究山东省加工贸易转型升级绩效时，采用加工贸易增值率来评价价值链升级；孙早和席建成（2015）采用全要素生产率来衡量产业升级；陈超凡和王赟（2015）采用净附加值比重来衡量产业升级。有的学者从企业品牌升级的视角来考察，比如，陈明森等（2012）采用企业品牌区域影响力来给产业升级指标打分，其中，国际品牌 4 分，全国品牌 3 分，省级品牌 2 分，杂牌、无品牌或贴牌 1 分。

2.3 制度结构与经济增长

根据制度经济学的分析框架，制度对经济增长十分重要。制度有不同的结构，而制度结构不同，其对经济增长的作用也不同。

2.3.1 基于系统论的分析

从系统论的视角来看，不同的制度结构具有不同的功能，因而不同的制度结构对经济增长的作用是不一样的。一个系统功能的大小与该系统的内在结构密切相关，一般而言，系统的内在结构决定系统的整体功能。制度在经济增长中发挥重要作用，其中一个途径是通过制度结构影响人们的经济行为，进而影响最终经济绩效。制度结构不同，对人们行为的调节作用就不同，最终的经济绩效就会有差异。基于此，有学者把“制度结构、行为努力、经济绩效”纳入一个分析框架，构建了一个经济组织的制度结构影响其经济绩效的分析模型，即“制度结构—行为努力—经济绩效”理论模型：

$$Q = F_R[C(T, K_1, S_1, S_2, A, I)/L, K_2, M]$$

$$R = f[r, m, e(e_1, e_2)]$$

其中，Q 表示一个经济组织的产出，是劳动（L）、资本（K）和原材料

(M) 投入的函数。C 表示可采用的组织形式的选择集，它由组织内部的技术知识 (T)、资产特性 (A)、产业特性 (I) 等决定。F 表示所有生产函数的总称，它能按照产权制度分割。F_R表示对应于产权结构（广义地说是制度结构）R 的一个生产函数，制度结构 R 由产权结构 (r)、内含的计量能力或者考核能力 (m)、制度环境（e，其中 e_1为外在制度环境，e_2为内在制度环境）共同构成。

显而易见，制度结构 R 决定着组织形式的选择集 C（决定何种组织形式被允许或被反对），一个约束较多的 R 会决定一个较小选择空间的 C。C 必须与 R 相容，否则会带来较高的运行成本。具体来说，组织形式 C 的选择会影响劳动、资本等生产要素的投入情况，从而影响经济组织的绩效高低（生产可能性边界）。

2.3.2　基于制度效率视角的分析

所有制度结构均由多个不同的制度安排耦合而成，各个制度安排之间往往存在多样化的依存性和关联性，这意味着制度结构的效率无法通过单项制度安排效率的简单加总来解释。与单项制度安排效率决定因素不同的是，制度结构的效率决定还受到制度配置水平的作用，这与经济效率受资源配置水平的影响类似。制度优化配置，即在一个制度系统中，各项制度安排之间应当相互协调和匹配，以使整个制度结构系统可以释放最大的功效。通过研究各项制度安排之间的层次、关系、影响以及协调等问题，可以确定制度的最佳结构。制度结构之所以需要优化配置，主要在于制度结构中各项制度安排之间并不总是能够相互协调和匹配，即制度结构中各种制度安排之间并不一定总是耦合得很好。制度结构中单个制度安排的结合状态有三种情形，即制度耦合、制度冲突与制度真空。所谓制度耦合，是指制度结构内的各项制度安排为了实现其核心功能而有机地组合在一起，从不同角度来激励与约束人们的行为。在制度耦合的情况下，制度结构内的各项制度安排之间不存在结构性矛盾，没有互相冲突和抵制的部分，从而能最大限度地发挥现有制度结构的整体功能。所谓制度冲突，是指制度结构内部不同制度安排之间的作用方向不一致，在行为规范上存在互相矛盾和抵触之处，对于同一行为某些制度给予鼓励，而另一些制度则加以限制。这将造成人们无所适从、行为紊乱，使制度结构系统不能发挥其应有的整体功能。制度真空则是指对于某些行为没有相应的制度安排予以规范，形成制度结构中的“漏洞”，造成制度功能的缺失，从而使人们的某些行为得不到有效的约束和规范，给社会经济带来危害。

2.4 新结构经济学理论

2.4.1 新结构经济学的前生今世

二战后，发展中国家纷纷实现了民族大解放和政治上的初步独立，并逐步考虑开展和推动本地区的经济现代化，发展中国家纷纷渴望尽快摘掉贫穷、落后的旧帽子，争取早日实现与发达国家一样的世界强国蓝图。在这样的历史大背景下，Rosenstein-Rodan（1943）首次把“发展”这个重要议题引入经济学前沿的研究与思考当中，由此衍生出了一个崭新的经济学研究分支——发展经济学，并先后经历了三个阶段的理论体系演变，分别为结构主义、新自由主义和新结构经济学。

2.4.1.1 发展经济学 1.0 版（结构主义）

Rosenstein-Rodan（1943）认为，从根本上来说，一个地区的经济发展要取得良性循环，主要是由单个企业的规模经济水平和市场需求规模之间的密切作用决定的。这一框架引发了一系列类似的想法和观点出现，它们被统称为研究经济发展的结构主义方法。因此，发展经济学 1.0 版被称为结构主义理论。结构主义理论尝试向贫困议题宣战，这套理论的诞生有着深刻的时代背景：一是 1929 年之后的经济“大萧条”事件；二是苏联快速、成功实现了工业化、现代化的典型事实；三是凯恩斯经济学理论强调市场失灵和政府作用，并成为那一时期的主流思潮。

结构主义理论的基本逻辑起点在于，广大发展中国家与各个发达国家存在显著不同，在经济发展过程中往往遭遇大量结构性难题。结构主义发展经济学家强调，发展中国家陷入贫穷和落后的困境，其表征性原因在于发展中国家缺乏先进的资本密集型、技术密集型现代化大产业；追根溯源，其根源是市场失灵、市场体系不完善，仅仅借助市场机制的自发力量，很难把各类要素资源高效率配置到现代化的大产业中。基于此，相关经济学家提出，通过实施进口替代的重大战略，充分发挥政府的主导作用，各级政府直接动员要素资源，配置各类资源来发展资本密集型、技术密集型的现代化大产业，积极服务于“抢占战略制高点”，在大机器工业部门设立央企等各类国有企业，从而努力克服市场机制失灵的难题。

然而，无论是从拉丁美洲到亚洲地区，还是从非洲到东欧地区的具体实践案例来看，以上理论设想和政策措施基本没有发挥实际作用。这是因为在这一波的发展理论指导下，发展中国家虽然取得了初期的投资拉动型快速增长，但之后普遍遭遇了增长停滞和频频发生的危机。20 世纪 70 年代末，从大部分发展中国家来看，包括计划经济时代的中国在内，经济发展水平与发达国家的差距非但没有缩小，反而进一步扩大了。换句话说，以结构主义为基础的发展经济学，既导致了一些发展中国家的危机，也促成了计划经济的建立和失败。这一困境产生的根本原因在于，生产要素资源没有得到优化配置，个人发展的积极性没有得到激励，国有企业面临预算软约束和寻租腐败等问题，这些均会降低经济发展效率、耗尽经济剩余价值，进一步造成投资活动受到抑制。

需要指出的是，在经济发展方面取得巨大成就的东亚经济体（如日本、韩国、中国香港、新加坡等），二战以后其经济发展水平普遍不如拉美和非洲地区国家。东亚经济体最初也强烈希望发展先进的资本密集型、技术密集型产业，但是，其各类要素资源比较匮乏，常住人口规模都相对不太大，在当时被视作最没有希望实现经济发展的地区，极大地制约了它们在发展初期动员资源以对资本密集型产业中没有自生能力的企业实施补贴的能力。在付出一定代价之后，日本、韩国等东亚经济体被迫放弃了重工业优先的发展战略，转而支持劳动密集型初级制造业的发展，在 20 世纪五六十年代采取“出口导向”战略，充分发挥劳动力资源相对丰富的比较优势，从发展附加值低、技术含量低的劳动密集型中小规模的传统产业入手来逐步推动经济增长。从该时期的主流发展经济学理论来审视，以上做法属于错误的发展战略选择，但实际上取得了经济快速发展的巨大成功。20 世纪 80 年代，日本等亚洲“四小龙”的经济产业结构和人均收入水平均已相当接近甚至达到了美国、欧洲等发达工业化国家的发展水平。

2.4.1.2 发展经济学 2.0 版（新自由主义）

随着第一波政府干预实践的逐步破产，发展经济学结构主义理论面临巨大挑战，特别是在 1973 年之后，在全球石油危机的持续冲击下，美国、欧洲等西方国家出现了前所未有的滞胀问题，这表明了西方国家政府自二战以来所遵循的凯恩斯主义理论逐步面临新问题、新挑战。到了 20 世纪 70 年代末，经济学界反思结构主义政策的失败，自由市场的思潮开始在理论界和政策界中抬头，这个发展趋势因宏观经济学领域的理性预期革命而得到进一步加强，尤其是 20 世纪 80 年代初“休克疗法”的改革在委内瑞拉取得一定成效之后，以新自由主义为中心思想的华盛顿共识成为发展经济学的第二波主流思潮。

当时理论界和政策制定部门的主流观点强调，发展中国家深陷经济增长缓慢、社会危机重重等困境，其根源是缺乏类似发达国家的完善的市场经济体制，政府部门对市场主体干预过多，往往导致要素资源错配，以及各类寻租腐败活动盛行。大多数主流经济学家坚持认为，政府部门干预经济活动，一定会走向失败，因为政府干预不仅会降低资源配置效率，明显扭曲供给规模和市场价格，也使得经济主体追求发展的积极性无法得到有效激励；他们强调，中东欧国家和苏联的经济走向崩溃，拉美和其他地区发展中国家的经济出现停滞和危机频发均说明，政府部门永远不要尝试去主导和推进工业化发展进程。因此，新自由主义强调政府失灵的问题，强调市场机制在配置生产资源和提供经济发展激励方面的关键性作用，坚持强力推行“休克疗法”，即实行私有化、市场化、自由化等激进政策，以华盛顿共识统领全局，致力于构建完善的市场经济体制。

然而，推行华盛顿共识一揽子政策，进一步导致发展中国家经济增长的绩效大幅下滑，造成 20 世纪八九十年代的经济增长率普遍低于 20 世纪六七十年代，经济社会危机发生的频次也明显高于前一个阶段，新自由主义理论和政策没有推动发展中国家走向可持续的、包容性的经济增长，也不能帮助发展中国家摆脱贫困，因此，部分经济学家把力推华盛顿共识的 20 世纪八九十年代称为全球发展中国家“遗失的二十年”。显然，新自由主义依据新古典经济学，从政府失灵出发，反对政府干预，主张自由市场经济，也没有使发展中国家获得成功的经济发展。

需要指出的是，在 20 世纪 80 年代，各个发展中国家先后加入改革的浪潮中，包括中国、越南、柬埔寨和自 20 世纪 70 年代就开始改革的毛里求斯，这些国家采用的是渐进式的“双轨制”改革，努力有序地逐步向市场经济体制过渡，这在当时的主流理论家看来，甚至比原先政府干预的计划经济体制还要糟糕。但是，从实际情况来看，选择“休克疗法”的国家经济崩溃了（如俄罗斯等），社会、经济、政治等各类危机连续不断；选择渐进式“双轨制”改革的国家（如中国、越南等）先后实现了经济快速发展和社会政治稳定的双重目标。

2.4.1.3　发展经济学 3.0 版（新结构经济学）

在上述重重矛盾的理论和政策实践面前，经济学界不得不对华盛顿共识进行反思，由一些经济学家如 Dani Rodrik、Philippe Aghion、Michael Spence、Ann Harrison、Celestin Monga、林毅夫等推动的第三波经济发展思潮正在形成中。通过反思发展经济学第一波和第二波思潮，以及总结发展中、转型中国家经济发展和转型成败的经验教训，林毅夫认为现代经济发展的主要特征是持续的技术革新和结构变化，并首次提出新结构经济学，主张以要素禀赋结构为出发点，该理论的要点如下。

第一，经济体的要素禀赋包括资本、劳动、自然资源和基础设施。除资本、劳动和自然资源外，林毅夫（2012）还将基础设施引进一个经济体的要素禀赋结构之中。按照林毅夫的观点，基础设施包括硬性（有形的）基础设施（如高速公路、港口、机场、电信系统、电力设施和其他公共设施等）和软性（无形的）基础设施（如制度体系、价值观体系、规则、社会资本和其他经济社会政策安排等）。

第二，要素禀赋结构升级的最佳途径是服从比较优势。当一个企业选择的目标产业和技术均与经济体的相对比较优势一致时，产业经济的市场竞争力将会最强。伴随以上充满市场竞争力的优势企业和产业持续发展壮大，它们会逐步争取到更多的国内和国际市场份额，也将最大限度地创造经济剩余（表现为工资和利润）。此外，由于产业结构在特定要素禀赋结构下是最优的组合，如果把这些创造的经济剩余重新投资，其收益回报也会达到最大化；随着时间的推移，实物和人力资本不断积累，要素禀赋结构持续升级。

第三，最优产业结构、技术结构内生于要素禀赋结构。一个经济体在任何时点上的最优产业结构、技术结构，是能够让其经济在国内外市场上实现最强竞争力的产业结构、技术结构，而这一产业结构、技术结构是由该经济的比较优势决定的，后者又由该时点上经济的要素禀赋结构决定。即一个经济体任一时点上最优的产业结构、技术结构是由其当时的要素禀赋结构决定的，一个经济体如果想在产业发展、技术发展的阶梯上持续爬升、不断升级，第一要务是持续升级其要素禀赋的内在结构。

第四，基础设施、金融结构等相关领域内生于潜在最优产业结构。不同的产业结构不仅对应着不同的产业资本的密集程度，还对应着不同的最优企业规模、最优生产规模、最优市场范围、最优交易复杂程度和种类繁多的风险类型，而这些又进一步决定了当期的最优金融结构。基于此，每一种产业结构都要求有与其特征相匹配的特定基础设施（包括硬性基础设施和软性基础设施），以及特定的金融结构等，从而尽可能降低运行和交易费用。

第五，市场是配置资源最有效率的基本机制。为了拥有发达国家的产业结构，发展中国家必须缩小与发达国家的要素禀赋差距，而实现缩小这一差距的战略是在其发展的每个阶段都遵循自身的比较优势。然而，企业的目标是利润最大化，而不是发挥本国经济的比较优势。在其发展壮大的过程中，只有在要素相对价格可以充分反映要素的相对充裕程度的前提下，企业才会自然而然地遵循本国的比较优势，科学选择合适的产业结构和技术结构，但类似的要素相对价格只有在竞争性市场经济体制中才会产生。基于此，在经济动态发展的过程中，高效的市场体制是企业和产业按其比较优势选择发展路径的制度保障前提。

第六，应充分重视政府在发展中的积极作用。政府必须干预经济以使市场正常运转，具体措施如下：一是提供涉及新兴技术和产业的相关信息，让企业便利地知道哪些技术和产业与要素资源禀赋结构决定的新的比较优势是一致的；二是协调物流等相关产业的投资和园区、道路等配套的基础设施建设；三是对工业化和产业结构优化升级过程中带有外部性的创新活动予以资金等多种补贴；四是通过孵化本地企业或者吸引外商直接投资企业，高效催化新兴产业的快速发展，从而消除社会资本的匮乏和其他的无形约束影响。而且，政府的作用也仅限于以上四个方面。

2.4.2　新结构经济学的进一步讨论

2.4.2.1　“产业结构内生于要素禀赋结构”的内涵理解

按照新结构经济学，最优产业结构、技术结构内生于要素禀赋结构，基础设施、金融结构等相关领域内生于潜在最优产业结构。这就引出一个疑问：劳动力丰富的国家，是不是就只能发展劳动密集型产业了？或者说，劳动力丰富的国家，是不是国内每个地区、每个行业都只能发展劳动密集型产业？答案显然不是这样的，这可以从以下三个方面来理解：

首先，空间不均衡性。要素的分布在空间上是不均衡的，一个劳动力丰富的国家，在某些地区可能存在资本、技术丰富的现象，在这些少数特殊地区，最优的产业结构可能就是资本、技术密集型产业。以中国为例，20 世纪 90 年代，甚至在 21 世纪初之前，中国是一个典型的劳动密集型国家，而同时期，在深圳、北京、上海、广州等少数发达城市，资本、技术密集型产业已得到良好发展，VC、PE 等创新金融不断涌现，软硬件基础设施快速升级，虽然同期中国大部分地区依然呈现劳动密集型特征，但金融结构、基础设施发展水平依然滞后。因此，在劳动密集型特征突出的后发国家，尤其是土地面积广阔、资源丰富、人口众多的大国，也可以利用要素分布的空间不均衡性，率先在少数城市实现产业升级，以及对基础设施、金融结构等相关领域的更新换代。

其次，行业不均衡性。要素的分布在行业间也是不均衡的，一个劳动力丰富的国家，在某些行业可能存在资本、技术丰富的现象，在这些少数特殊行业，最优的产业结构可能就是资本、技术密集型产业。以中国为例，虽然在 2020 年以前，与美国、日本等发达国家相比，中国不是一个典型的技术密集型国家，但是，在通信设备制造业、高铁、核电、航天、电动汽车、基因等少数行业，中国已经可以与西方发达国家并驾齐驱，甚至在某些关键领域引领全球产业发展，尽管中国大部分产业依然呈现浓厚的劳动密集型特征。因此，在劳动密集型等后发国家，也可以利用要素分布的行业不均衡性，率先在少数领域实现产业升级。

最后，汇率的影响。在国际贸易中，一国可以通过货币大幅贬值，迅速降低出口产品价格，提升出口产品的国际竞争力，使得原本不具备比较优势的产业拥有比较优势，或使得原本不具备绝对优势的产业拥有绝对优势，从而在一定时期内改变或放大要素禀赋结构所带来的现实产业竞争力，给一国的出口贸易带来积极影响；反之，货币估值过高，则会降低要素禀赋结构所带来的现实产业竞争力，给一国的出口贸易带来负面影响。以中国为例，1985—1989 年，美元兑人民币汇率一直维持在 3~4，中国劳动密集型产业优势难以发挥，导致出口规模小于进口规模；1990 年，人民币开启了快速贬值之路，中国劳动密集型产业优势得到放大，当年首次实现对外贸易顺差（411 亿元），2014 年顺差增至 23489 亿元（汇率为 6. 15），成功实现了工业化和产业结构升级。

综上所述，在一个劳动密集型特征突出的后发国家，尤其是大国，大部分地区、行业会呈现劳动密集型特征，但由于空间不均衡性和行业不均衡性，少数地区、行业会呈现资本、技术密集型特征，从而可以率先实现产业升级的重大突破。如果货币大幅贬值，则会在一定时期内改变或放大要素禀赋结构带来的现实产业竞争力，进而为国内产业升级带来重要推动作用。

2. 4. 2. 2 “产业结构内生于要素禀赋结构”的假定前提

最优产业结构、技术结构内生于要素禀赋结构，这是新结构经济学的核心观点之一，虽然没有明确提出来，但其隐含着三大假定前提：第一，假定各国的议价能力相同，不存在不平等市场地位或市场势力；第二，假定各国都有交易意愿，不存在“禁运、封锁、制裁”等现象；第三，假定各国均遵守市场规则，国家安全等关键领域得到保障。具体内容如下：

第一，假定各国的议价能力相同。假定存在两个国家 A 国和 B 国，A 国劳动力比较丰富，B 国资本比较丰富。按照新结构经济学，A 国在劳动密集型产业拥有比较优势，A 国应该专注于服装等产业；B 国在资本密集型产业拥有比较优势，B 国应该专注于钢铁等产业；二者专业化分工，通过国际贸易，实现帕累托改进，增加彼此的福利。然而，钢铁产业规模经济比较显著，容易诞生巨型企业集团，在全球形成寡头垄断的格局；服装产业规模经济不太显著，以中小企业为主，企业间的竞争比较激烈；产业组织结构的差异，使得 A 国和 B 国的议价能力相差较大。在国际贸易中，如果 A 国用服装去交换 B 国的钢铁，B 国很容易利用自身的垄断地位，尽可能压低服装产品的价格。而 A 国因为很难找到替代品，使得自身处于不利的贸易地位，最终所付出的贸易成本往往会高于自身钢铁产业的生产成本。在这种情况下，对 A 国来说，最优的选择就是同时生产服装和钢铁。因此，关于产业结构内生于要素禀赋结构，新结构经济学隐含了第一个假定前提，即假定各国的议价能力相同，不存在不平等市场地位或市场势力。

第二，假定各国都有交易意愿。按照上文的分析，A 国和 B 国的议价能力相同，就万事大吉了吗？那也不见得。按照新结构经济学，各国专注于自身比较优势，这仅仅是第一步。要获得专业化分工的红利，最终的关键是国际贸易，通过交换互通有无，才能实现国民福利的改善。如果 B 国联合其他国家，仅对 A 国实施“禁运、封锁、制裁”，拒绝向 A 国出口关键产品和技术，则会给 A 国带来重大负面影响，轻则迟滞产业升级、经济发展（如 1949 年以来，西方对中国的技术封锁，尤其是 2019 年以来美国对华为等中国高科技企业的制裁），重则影响社会稳定、政权更替（如冷战中西方对苏联、东欧国家的封锁）。因此，关于产业结构内生于要素禀赋结构，新结构经济学隐含了第二个假定前提，即假定各国都有交易意愿，不存在“禁运、封锁、制裁”等现象。

第三，假定各国均遵守市场规则。A 国与 B 国开展国际贸易，需要一定的市场规则来保障，并有效解决可能出现的贸易争端。如果 A 国只专注于服装等比较优势产业，忽略了军工等关乎国家安全的关键领域发展，一旦 B 国不遵守市场规则，通过售卖鸦片、毒品等掠夺 A 国的财富，毒害 A 国的民众，或者 B 国通过武力威胁、恐吓等方式，胁迫 A 国签订不平等贸易协定，从而源源不断地攫取巨大财富（如英国强加给中国的鸦片战争），最终会给 A 国福利带来重大的负面冲击。因此，关于产业结构内生于要素禀赋结构，新结构经济学隐含了第三个假定前提，即假定各国均遵守市场规则，国家安全等关键领域得到保障。

2.4.2.3 产业结构与要素禀赋结构的关系

按照新结构经济学理论，最优产业结构内生于要素禀赋结构，即要素禀赋结构决定产业结构。在产业结构服从要素禀赋结构的过程中，比较优势得到最大限度的发挥，产业结构的竞争力越来越强，实物和人力资本不断积累，会导致要素禀赋结构升级。为了保持国内外竞争力，最优产业结构必须与要素禀赋结构相适应，产业结构又开始新一轮转型升级，实物和人力资本不断积累，又推动要素禀赋结构升级，如此反复不止。综上所述，可以得到以下结论：

第一，产业结构与要素禀赋结构之间存在互相作用关系，可以形成良性循环。即要素禀赋结构决定产业结构，最优产业结构必须与要素禀赋结构相适应；与此同时，在一定条件下，产业结构也可以反作用于要素禀赋结构，产业结构升级可以推动要素禀赋结构升级。由此可见，要素禀赋结构拉动产业结构升级，产业结构升级推动要素禀赋结构升级，如此往复不断，二者形成良性循环，对一国产业升级、经济发展大有裨益。

第二，发挥市场和政府的作用，推动要素禀赋结构升级，这是城市产业结构与要素禀赋结构形成良性循环的关键。虽然产业结构与要素禀赋结构存在双向作用关系，但这两种作用关系的地位是不一样的，产业结构内生于要素禀赋结构是主要关系。然而，对于城市要素禀赋结构升级，既可以通过企业服从比较优势，发挥市场机制的作用，逐步积累资本、知识来实现，也可以发挥城市政府作用，通过引资、引智，吸引外部资源来实现。因此，要素禀赋结构升级成为实现良性循环的关键所在。

第三，当下的产业结构永远滞后于当下的要素禀赋结构。起初，产业结构滞后于要素禀赋结构，产业结构适应要素禀赋结构的过程，会伴随实物、人力资本的积累，从而带来要素禀赋结构的升级；结果，当产业结构完全适应旧的要素禀赋结构时，新的要素禀赋结构已经形成，从而导致当下的实际产业结构再次落后于当下的要素禀赋结构，如此反复不止，这是常态。

2.4.2.4　产业升级中的国家（地区）治理模式

新结构经济学以国家为研究单位，强调“政府+市场”的二维治理结构；认为政府与企业共同推动产业升级，二者存在互补关系；强调政府对市场发育的积极作用，认为政府可以帮助企业克服产业升级瓶颈；强调政府在产业升级中的主导作用。基于此，本部分将围绕治理结构、治理关系和治理的主导力量展开讨论。

首先，治理结构。新结构经济学提出，经济发展是一个动态的长期的结构演进过程，需要借助“有效市场”来构建可以体现要素稀缺性的价格体系，进而引导企业按照比较优势来选择技术结构和产业结构。而发挥比较优势、取得竞争优势，也需要借助“有为政府”来应对产业结构升级过程中大概率产生的外部性问题、相关产业协调问题和软硬件基础设施完善的配套建设，当一个国家可以同时用好市场“无形之手”和政府“有形之手”时，就可以实现地区快速、包容、可持续的经济增长，从而形成了“政府+市场”的二维治理结构。然而，在产业升级过程中，除了政府和市场，行业协会（商会）的作用也不容忽视，特别是在维护行业利益、应对国际贸易争端、提高政企沟通效率、招商引资等方面，行业协会都发挥着积极作用。此外，在为会员企业提供专业服务、推动行业自律等方面，行业协会扮演着俱乐部产品提供者的角色。

其次，治理关系。新结构经济学认为，产业升级和技术升级过程需要公私部门的合作，这种合作伙伴关系体现在两个方面：第一，政府与市场的优势互补。产业升级的成功实现，既需要市场机制发挥资源配置的自身优势，为企业提供符合比较优势的价格信号，也需要政府在提供产业信息、解决协调问题和外部性方面发挥积极作用，为产业升级和多样化提供便利。第二，政府对市场的培育。政府通过孵化或者引进外商直接投资，培育市场主体，激活市场机制。然而，政府与市场之间的关系，不仅限于市场被动地接受政府的培育，特别是当市场机制发育成熟之后，市场机制也可以帮助强化政府机制，从而形成互助格局，还可以提供新产业信息、承担孵化新企业和创新的外部性。此外，社会机制与政府机制、市场机制之间也存在互助、互补的合作伙伴关系。

最后，治理的主导力量。正如发展经济学家、诺贝尔经济学奖获得者 Lewis Arthur（1955）所言："离开一个高明政府的正面激励，没有一个国家能取得经济进步；政府采取有效的主导作用的国家取得快速增长的例子很多，而政府采取自由放任而不去解决市场失灵问题的国家却很少获得成功。"新结构经济学认为，在经济发展、产业升级过程中，政府需要发挥积极作用，但不是充当永久性保姆，而应充当健康的新兴产业的"助产士"，发挥因势利导的作用，为企业升级提供各种便利，鼓励一些一经建立便能有效利用该国当前比较优势的企业、产业和部门的出现。2015 年诺贝尔经济学奖获得者安格斯·迪顿（Angus Stewart Deaton）也支持政府的主导作用，他认为，对于低收入国家或地区，贫困是需要面对的重要挑战，缓解贫困在最大限度上要依靠政府的力量，仅靠市场调节是不够的。诚然，对于低收入国家和地区，或者产业起步阶段，需要政府发挥主导作用，培育市场机制和社会机制；但对于中等收入及以上经济体，或者产业发展中高级阶段，或者规模经济比较显著的产业，可能会形成"政府和市场共同主导""市场主导"等多种治理模式，这也是新结构经济学的不足之处。

2.5 治理质量、结构效应与经济高质量发展

2.5.1 复合治理结构、治理行为与经济高质量发展

2.5.1.1 "结构—行为—绩效"（SCP）理论演进

20 世纪 30 年代后期，哈佛大学经济学家 E. S. 梅森提出假设：市场结构（Structure）决定企业的市场竞争行为（Conduct），企业竞争行为又决定了经济发展绩效（Performance），简称 SCP 分析范式，即市场结构—企业行为—市场绩效。以梅森等为代表的哈佛学派认为，在这三者中，市场结构居于支配地位，有什么样的市场结构就有什么样的企业行为，有什么样的企业行为就

有什么样的市场绩效。其中，市场结构是外生变量，由市场供给和需求方的基本条件决定。由于哈佛学派强调市场结构对市场绩效的决定性作用，认为市场结构、企业行为、市场绩效之间是一种单向决定的关系，因此又被称为“结构主义学派”。然而，自 20 世纪 60 年代以来，SCP 分析范式成为理论界讨论与批评的热点，这些批评主要来自芝加哥大学的经济学家，包括施蒂格勒、德姆塞兹、波斯纳等，形成了所谓“芝加哥学派”，并逐渐取得了主流学派地位。芝加哥学派认为，市场结构、企业行为和市场绩效之间不是一种简单的单向因果关系，而是双向的、相互作用的多重复杂关系；在结构、行为、绩效的关系链中，市场发展绩效发挥着关键性的作用，不同的企业发展效率形成了不同的市场结构。由于芝加哥学派强调市场绩效对市场结构的决定性作用，因此又被称为效率主义学派。

2.5.1.2　经济高质量发展中主要利益相关者分析

在危机应对、区域一体化、城市发展等方面，政府、市场、社会三大治理机制共同发挥作用，形成了各种类型的复合治理模式。因此，按照三大治理机制划分，地区经济高质量发展（体现为人均 GDP 增长、单位 GDP 能耗下降、产业升级等）的利益相关者可以分为三大类：政府类、市场类、社会类。按照地区内外部划分，地区治理可以分为两个方面：内部治理和外部治理。所以，从地区外部治理的视角来看，政府类利益相关者包括其他地区政府、中央及其职能部门、国外各级政府机构，市场类利益相关者包括地区外部的各类企业及其分支机构等营利性机构，社会类利益相关者包括地区外部的各类行业协会、商会、社会团体及其分支机构等非政府非营利机构。从地区内部治理的视角来看，政府类利益相关者包括地区政府、区/县政府（如有）、街道/镇/乡及其职能部门，市场类利益相关者包括龙头企业、中小企业及其分支机构，社会类利益相关者包括行业协会、商会、社会团体及其分支机构等非政府非营利机构。对于地区内部治理而言，政府类主要利益相关者是地区政府，因为地区政府对整个地区经济高质量发展负责，是最大的受益者和责任者；市场类主要利益相关者是该地区的龙头企业，因为龙头企业处于行业发展的前沿，最先感受到高质量发展的迫切性，加之其实力雄厚、竞争力强、抗风险能力强，最有能力引领行业转型升级和地区经济高质量发展；社会类主要利益相关者是各产业的行业协会，因为行业协会直接代表所在行业利益，直接服务于所在行业各类企业，并直接获得会员企业的支持。

2.5.1.3 经济高质量发展中治理主体的功能与关系

根据新结构经济学理论，最优产业结构内生于要素禀赋结构，因此，一个地区要想实现产业升级和经济高质量发展，最先要升级要素禀赋结构，其最佳途径是服从比较优势，把要素价格的潜在优势转化为最终商品的竞争优势；要想企业心甘情愿地按照比较优势组织生产，价格信号需要体现出要素之间的相对丰裕程度，能够实现这一目标的唯有市场机制，故市场机制影响要素禀赋结构升级和经济高质量发展。在中国一国范围内，要素禀赋结构短期内是给定的，虽然存在生产要素的国际流动，但并不实质性影响这一基本特征。然而，在一个地区范围内，要素禀赋结构短期内是可以显著变化的，特别是在地区政府有关优惠政策的吸引下，可以迅速集聚全国范围内的优势资源，故政府机制也能影响要素禀赋结构升级和经济高质量发展。

要素禀赋结构升级，并不意味着产业升级的自动实现，要把潜在比较优势转换为现实的产业竞争力，不仅需要市场机制发挥作用，推动要素资源的优化配置，提供经济高质量发展的部分便利（提供有关新产业的信息、孵化新企业、承担创新的外部性），还需要政府机制发挥积极作用，为经济高质量发展提供各种便利，主要包括提供有关新产业的信息、招商引资或孵化新企业、完善软硬件基础设施、协调教育等相关领域发展、补偿先驱企业创新的外部性，特别是在产业发展早期，或者规模经济不显著的产业，或者经济欠发达地区。然而，在中国的后发地区，市场缺损是一种普遍现象，需要政府发挥积极作用，培育市场机制，弥补市场缺损。随着产业的不断发展，企业数量增多，也需要政府支持建立行业协会，为会员企业提供专业服务，为政企沟通提供高效通道，并维护行业整体利益。随着行业协会的发展壮大，行业协会也可以提供产业升级的部分便利，比如招商引资、服务会员企业、协调企业的集体行为。

综上所述，根据新结构经济学理论推演可知，要实现产业的转型升级和经济高质量发展，必须满足的前提条件包括要素禀赋结构升级、要素资源优化配置、提供经济高质量发展便利。同时，在地区产业升级和经济高质量发展过程中，存在政府类、企业类和行业协会类三大类治理主体。其中，政府的主要职能是培育、监管和服务市场机制、社会机制、企业、行业协会，推动要素禀赋结构优化升级，为产业升级和经济高质量发展提供各种便利。企业的主要职能是推动要素禀赋结构优化升级，实现要素资源优化配置，提供经济高质量发展所需的部分便利，支持和倒逼政府、行业协会改革。行业协会的主要职能是为产业升级提供部分便利，服务、规范会员企业，倒逼政府改革。显然，政府、企业和行业协会之间形成了互助、互补、局部替代的合作伙伴关系（见图 2-1）。

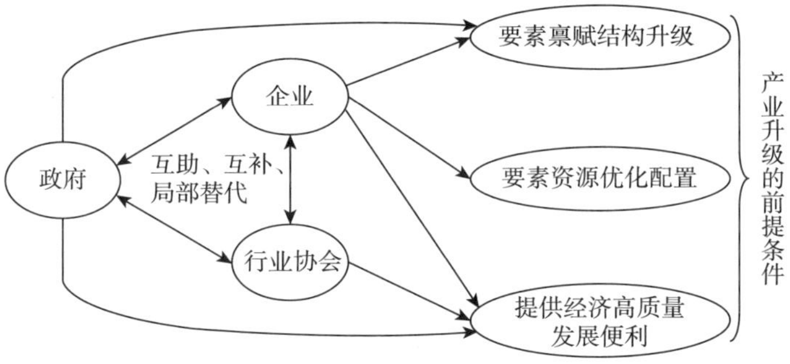

图 2-1　地区产业升级中治理主体的功能与关系

2.5.1.4　治理结构与经济高质量发展之间的关系

与本地区产业升级、经济高质量发展关系最密切的是本地区的政府、企业、行业协会和法治水平，周边地区的政府、企业、行业协会和法治水平则是间接产生影响力，故本地区的治理主体是影响本地区产业升级、经济高质量发展的主要因素，周边地区的治理主体是影响本地区产业升级、经济高质量发展的次要因素。按照地区治理理论，政府、企业、行业协会属于治理主体，产业升级及经济高质量发展属于治理客体。需要指出的是，在地区产业升级、经济高质量发展过程中，治理主体影响治理客体，这是主要关系；治理客体反作用于治理主体，这是次要关系。所以，地区复合治理结构与产业升级、经济高质量发展存在双向作用关系，但地区复合治理结构对经济高质量发展的影响属于主要关系，即地区复合治理结构处于核心地位。

从本地区经济发展视角来看，Tang 等（2018）提出中国省域治理质量评估的三大主要内容：政府能力、市场能力、法治水平，按照三个分项指数高低可以划分为强、弱两个维度，理论上也可以形成 8 种治理结构。其中，“强政府+强市场+强法治”是最佳的治理结构，“弱政府+弱市场+弱法治”是最差的治理结构。从本地区产业升级视角来看，对于政府、市场和社会三大治理机制，按照其治理能力划分为强、弱两个维度，理论上来讲，可以形成 8 种复合治理结构。其中，“强政府+弱市场+弱社会”“强政府+强市场+弱社会”“强政府+强市场+强社会”在中国、日本、韩国等东亚国家经济的发展历史上比较普遍。

关于复合治理结构与中国地方产业升级之间的关系，可以从以下三个方面来理解：首先，在不同的治理能力水平下，三类治理主体彼此组合，构建成不同的复合治理结构，实施具体治理行为，形成不同的治理关系，推动要素禀赋结构升级，实现要素资源的优化配置，提供产业升级的各种便利，从而影响地方产业升级绩效，这是“复合治理结构—治理行为—产业升级绩效”。其次，根据产业升级绩效的实际情况，三类治理主体会有意识地强化某些治理行为，也会动态调整某些治理行为。而无论哪一种治理主体的治理行为，都会强化对应治理机制的治理能力，从而影响最终的复合治理结构，这是“产业升级绩效—治理行为—复合治理结构”。最后，产业升级绩效也会直接影响三大治理机制的权威性，以及三大治理机制的治理能力，从而影响最终的复合治理结构，这是“产业升级绩效—复合治理结构”。此外，打造良好的法治环境是规范治理主体之间的关系，维持三大治理机制高效运转，以及确保复合治理结构积极推动产业升级的基本保障。治理结构与经济高质量发展的关系类似。

同时，作为统一的经济整体，中国各个地区之间的经济联系十分紧密，某一地区的产业升级、经济高质量发展也会间接影响其他地区的产业升级、经济高质量发展。考虑到地理空间上的邻近，本地区的复合治理结构、治理行为也会给周边地区带来空间溢出效应。比如，本地区的复合治理结构不仅会影响本地区的治理行为、产业升级和经济高质量发展绩效，也会给周边地区的治理行为、产业升级和经济高质量发展绩效带来空间溢出效应。需要指出的是，空间溢出效应是双向存在的，即不仅本地区可以给周边地区带来空间溢出效应，周边地区也可以给本地区带来空间溢出效应。

此外，各个地区在发展水平、综合实力上的差距，也会带来各个地区之间的竞争与合作，由此产生相互作用关系，这种关系超越了传统的物理空间，因此，这就引出了一个区别于物理空间的概念——发展空间。特别是在网络经济发达的今天，一个城市、一个企业的竞争对手也许不在周边地区，而在遥远的大洋彼岸。一般而言，发展水平、综合实力相近的城市，彼此之间更多的是竞争，由此更多地带来负的空间溢出效应；随着物理空间距离的扩大，这种负的空间溢出效应会减弱；随着城市发展水平、综合实力的提升，物理空间距离的调节作用将降低。同时，发展水平、综合实力差距较大的城市，分工合作的可能性更大，由此更多地带来正的空间溢出效应；随着物理空间距离的缩小，这种正的空间溢出效应将增强；随着城市发展水平、综合实力差距扩大，这种正的空间溢出效应也将增强。

2.5.2　从复合治理结构到经济高质量发展

从经济发展视角来看，在“强政府+强市场+强法治”的情况下，政府有能力弥补市场缺损和市场失灵，有能力培育、监管和服务市场主体，政府公权力的“扶持之手”作用得以充分发挥；市场有能力弥补政府失灵，促进资源的优化配置，市场私权力的“扶持之手”作用得以充分发挥；政府行为、市场行为的法治化，以及政府和市场之间关系的规范化，从制度上鼓励公权力和私权力的“扶持之手”，或抑制公权力和私权力的“掠夺之手”，将政府治理能力、市场治理能力转化为实际产出，从而促进地区经济高质量发展。相反，在“弱政府+弱市场+弱法治”的情况下，很难实现地区经济高质量发展。

从产业升级视角来看，依次考虑三种治理结构，具体如下。

2.5.2.1　“强政府+弱市场+弱社会”的治理结构

在这种复合治理结构中，市场机制和社会机制比较弱，政府机制比较强，复合治理结构对产业升级的影响主要通过政府的治理行为来实现。

政府的治理行为主要体现在以下方面：第一，政府孵化本土企业或引进外资企业，消除阻碍劳动力等生产要素自由流动的各种障碍，逐步建立要素市场和产品市场体系，积极地培育市场主体、市场机制；第二，政府逐步颁布有关市场经济的法规，通过提供特定软硬件基础设施，降低市场交易成本；第三，政府通过协调教育、科技、金融等相关领域发展，降低产业协调成本，将潜在比较优势转化为现实产业竞争力；第四，政府组织专业人士提供新产业信息，为企业提供指引；第五，政府颁布特定财税优惠政策，为先驱企业提供各种补贴，降低创新的风险。

此外，随着企业的发展壮大，企业的治理行为主要体现在以下方面：第一，服从潜在比较优势，推动资源优化配置；第二，向政府缴纳税收，倒逼政府提高效率。

最终体现在产业发展绩效上，主要是产业开始起步，劳动、资源密集型比较优势得以发挥，市场竞争主体快速增多，企业和产业规模迅速扩大。

2.5.2.2 “强政府+强市场+弱社会”的治理结构

在这种复合治理结构中，由于社会机制比较薄弱，复合治理结构对产业升级的影响主要通过政府和企业的治理行为来实现。

政府的治理行为主要体现在以下方面：第一，资助大学、研究机构的基础研究工作，培育和引进高水平专业人才、领军人才，鼓励科技知识、人力资本的积累，推动要素禀赋结构升级；第二，提供有关新产业的信息，引进国内外知名企业，提供特定软硬件基础设施，协调金融、教育等相关领域发展，补贴企业的研发行为；第三，培育社会机制，扶持行业协会、商会发展，鼓励行业自治、自律；第四，强化市场体系建设，加强对市场依法监管，为企业提供优质公共服务。

企业的治理行为主要体现在以下方面：第一，服从潜在比较优势，推动资源优化配置；第二，将经济剩余转化为再投资，进行专业化分工，开展研发活动，推动物质资本、人力资本和科技知识的积累，实现要素禀赋结构升级；第三，支持行业协会发展，支持和倒逼服务型政府建设。

随着行业协会的发展壮大，其治理行为主要体现在以下方面：第一，参与相关行业标准制定，协调会员企业集体行动，提供产业升级部分便利；第二，服务、规范会员企业，提升政企沟通水平，倒逼政府深化改革。

最终体现在产业发展绩效上，主要是产业规模飞速扩大，资本密集型及中、低技术密集型企业出现，龙头企业转型升级取得突破。

2.5.2.3　“强政府+强市场+强社会”的治理结构

在这种复合治理结构中，复合治理结构对产业升级的影响是通过政府、企业和行业协会的治理行为实现的。

政府的治理行为主要体现在以下方面：第一，资助大学、研究机构的基础研究工作，培育和引进高水平人才，鼓励科技知识、人力资本的积累，推动城市要素禀赋结构升级；第二，提供有关新产业的信息，引进国内外知名企业，提供特定软硬件基础设施，协调金融、教育、物流等相关领域发展规划，补贴企业的创新行为；第三，加强对行业协会、企业的监管和服务。

企业的治理行为主要体现在以下方面：第一，服从潜在比较优势，推动资源优化配置；第二，推动物质资本、人力资本和科技知识的积累，实现要素禀赋结构升级；第三，根据自身治理能力，参与新产业信息提供、行业相关标准制定，承担创新活动的外部性，提供产业升级部分便利；第四，支持行业协会扩大影响力，倒逼政府进一步深化改革。

行业协会的治理行为主要体现在以下方面：第一，参与产业信息提供、相关行业标准制定，协调会员企业集体行动，协调产业特色人才教育等相关领域发展，提供产业升级部分便利；第二，服务、规范会员企业，提升政企沟通水平，倒逼政府提高公共服务水平。

最终体现在产业发展绩效上，主要是产业持续发展，创新、创意、知识、高技术密集型企业涌现，龙头企业有望引领全球产业发展，产业转型升级实现重大突破。

2.5.3　从经济高质量发展到复合治理结构

一般而言，产业升级、经济发展的实际绩效对复合治理结构的影响主要是通过“三个主体、两种方式”来实现的。“三个主体”是指产业升级、经济发展绩效对复合治理结构的作用是通过影响政府、企业、行业协会三大治理主体来实现的。“两种方式”：第一，间接影响方式，即产业升级、经济发展绩效首先影响要素禀赋结构，以及各个治理主体的治理行为，其次借助治理行为影响治理主体的治理能力强弱，从而影响复合治理结构。第二，直接影响方式，即产业升级、经济发展绩效直接影响各个治理主体的治理能力强弱，从而直接影响到复合治理结构。

2.5.3.1 政府视角

按照新结构经济学理论，基础设施、金融结构等相关领域内生于潜在最优产业结构，产业结构内生于要素禀赋结构，也就是说，基础设施、金融结构等相关领域内生于要素禀赋结构。由于产业升级、经济发展会对要素禀赋结构升级产生影响，随着产业升级、经济发展的稳步进行，要素禀赋结构发生变化，相对应的软硬件基础设施、金融结构等相关领域都得进行调整，这些都需要政府发挥重要作用。与此同时，在中国地方治理中，基于地方竞争锦标赛带来的升迁压力，政府部门会根据产业升级、经济发展的实际绩效及要素禀赋结构升级需求来主动调整自身治理行为，要么强化一些成功经验类的治理行为，要么调整一些失败教训类的治理行为。而无论哪一种政府治理行为，都会提升政府机制的有效性，进而增强政府部门的权威性和影响力，最终改善政府部门的治理能力，这属于“产业升级、经济发展绩效—政府治理行为—政府治理能力（复合治理结构）”的间接影响方式。此外，产业升级、经济发展的成败也会影响地方财税收入的规模，最终对地方政府的治理能力产生影响，这属于“产业升级、经济发展绩效—政府治理能力（复合治理结构）”的直接影响方式。

2.5.3.2 企业视角

从某种程度上来讲，产业升级、经济发展其实就是企业的升级和发展，或者更准确地说，是龙头企业的升级和发展。因此，随着企业升级和发展绩效的变化，企业的要素禀赋结构也会发生变化，在这种情况下，要想保持在国内外市场上的竞争力，企业需要相应调整自身技术结构，从而充分服从要素禀赋结构。与此同时，基于生存与竞争的压力，企业会根据升级和发展的实际效果来调整自身的治理行为，要么强化一些成功经验类的治理行为，要么调整一些失败教训类的治理行为。而无论哪一种企业治理行为，都会提升市场机制的有效性，进而增强企业的竞争力，从而改善企业的治理能力，这属于“产业升级、经济发展绩效—企业治理行为—企业治理能力（复合治理结构）”的间接影响方式。此外，产业升级和经济发展的成败，直接意味着产业龙头企业的命运，进而波及该产业的中小企业，最终对所有企业的治理能力产生影响，这属于“产业升级、经济发展绩效—企业治理能力（复合治理结构）”的直接影响方式。

2.5.3.3　行业协会视角

按照新结构经济学理论，软件基础设施等相关领域内生于潜在最优产业结构，产业结构内生于要素禀赋结构，也就是说，软件基础设施等相关领域内生于要素禀赋结构。随着产业升级、经济发展的稳步进行，要素禀赋结构会发生变化，相对应的软件基础设施等相关领域都得进行调整，这些也需要行业协会发挥一定作用，特别是在协调会员企业的集体行动方面。与此同时，基于维护自身合法性的需要，根据产业升级的实际效果，城市行业协会将有针对性地调整自身的治理行为，要么强化一些成功经验类的治理行为，要么调整一些失败教训类的治理行为，以此为会员企业提供专业化服务，协调产业集群内各个企业的治理行为，提高政企沟通效率。而无论哪一种行业协会治理行为，都会提升社会机制的有效性，进而增强行业协会的代表性和影响力，最终改善行业协会的治理能力，这属于“产业升级、经济发展绩效—行业协会治理行为—行业协会治理能力（复合治理结构）”的间接影响方式。此外，某一具体产业升级的成败可直接影响该产业的企业数量和经济效益，对行业协会的会员数量和经费规模，乃至行业协会的生存带来冲击，最终影响行业协会的治理能力，这属于“产业升级、经济发展绩效—行业协会治理能力（复合治理结构）”的直接影响方式。

2.6 本章小结

本章系统梳理了与治理质量、高质量发展等相关的概念和评价理论，分析了制度结构与经济增长的关系，以及对新结构经济学理论若干要点的理解，提出了治理质量、结构效应与经济高质量发展的理论框架，主要结论如下。

第一，治理结构影响经济高质量发展绩效。从经济发展视角来看，在“强政府+强市场+强法治”的情况下，政府有能力弥补市场缺损和市场失灵，有能力培育、监管和服务市场主体，政府公权力的“扶持之手”作用得以充分发挥；市场有能力弥补政府失灵，促进资源的优化配置，市场私权力的“扶持之手”作用得以充分发挥；政府行为、市场行为的法治化，以及政府和市场之间关系的规范化，从制度上鼓励公权力和私权力的“扶持之手”，或抑制公权力和私权力的“掠夺之手”，将政府治理能力、市场治理能力转化为实际产出，从而促进地区经济高质量发展。相反，在“弱政府+弱市场+弱法治”的情况下，很难实现地区经济高质量发展。从产业升级视角来看，“强政府+弱市场+弱社会”“强政府+强市场+弱社会”“强政府+强市场+强社会”依次对应中国语境下产业的起步期、发展期、成熟期，产业转型升级绩效体现在规模由小变大，技术含量由少变多，附加值由低变高，全球方位由跟跑变为并跑、领跑。

第二，经济高质量发展绩效影响治理结构。一般而言，经济高质量发展的实际绩效对复合治理结构的影响主要是通过“三个主体、两种方式”来实现的。“三个主体”是指产业升级、经济发展绩效对复合治理结构的作用是通过影响政府、企业、行业协会三大治理主体来实现的。“两种方式”：第一，间接影响方式，即产业升级、经济发展绩效首先影响要素禀赋结构，以及各个治理主体的治理行为，其次借助治理行为影响治理主体的治理能力强弱，从而影响复合治理结构。第二，直接影响方式，即产业升级、经济发展绩效直接影响各个治理主体的治理能力强弱，从而直接影响复合治理结构。

第3章　中国省域治理质量的实证分析（2001—2019年）

3.1　指标和方法

3.1.1　指标体系

根据治理定量评估的最新趋势，治理质量的多维视角和综合性备受关注，现有学者提出了中国省域治理质量评估的指标体系，该指标体系强调强政府、市场化和法治化，体现了“权力横向配置+治理能力+权力约束”的多维治理视角。本书采用该指标体系，强调政府能力、市场能力和法治水平等三个维度，政府能力体现了公权力的行使能力，市场能力体现了私权力的行使能力，二者都属于治理能力的范畴。中国省域治理质量评估的指标体系如表3-1所示。

表3-1　中国省域治理质量评估的指标体系

评估内容	主要指标（单位）	计算方法
政府能力	财力资源（元/人）	地方公共财政预算收入/常住人口
	补贴创新（元/人）	科技经费中的政府资金/常住人口
	教育事业（元/人）	财政支出中的教育经费/常住人口
	基础设施[①]（米/平方千米）	标准公路里程/地区面积
	医疗卫生（人/千人）	卫生技术人员数/常住人口

续表

评估内容	主要指标（单位）	计算方法
市场能力	非国有产出（千元/平方千米）	非国有工业总产值/地区面积
	非国有就业（人/10平方千米）	私营企业和个体从业人员数/地区面积
	非国有投资（万元/平方千米）	非国有经济固定资产投资/地区面积
	技术市场（元/10人）	技术市场交易额/常住人口
	外商投资（百元/平方千米）	外商实际直接投资/地区面积
法治水平	律师人才（人/千人）	律师人数/常住人口
	律师事务所（个/百万人）	律师事务所数/常住人口
	诉讼业务（件/万人）	诉讼代理件数/常住人口
	知识产权保护（件/10万人）	专利申请量/常住人口

注：本书先对原始数据取自然对数，然后进行无量纲化。为了确保无量纲化结果大于零，本书调整有关指标单位，确保自然对数值大于零，其他类似。

3.1.2 样本数据

（1）样本说明

本书样本为中国大陆省级地区，因无法获得内蒙古、广西、西藏、甘肃法治水平指标的数据，且河北部分年份（2005—2014年）、海南部分年份（2001—2004年）、云南部分年份（2001—2004年）的三大法治水平指标（律师人才、诉讼业务、律师事务所）的基础数据缺失，故有效地区为其他24个省份，其中，东部地区包括9个省份，中部地区包括8个省份，西部地区包括7个省份①。考虑到数据口径的一致性、数据本身的可得性，以及2020年以来的经济数据受疫情影响较大，数据期限为19年（2001—2019年），最终有效样本为456个。本书所采用的数据来源于《中国统计年鉴》（2002—2020年）、《中国科技统计年鉴》（2002—2020年）、各省份统计年鉴（2002—2020年）、各省级地区统计部门政府网站。

① 根据《中国统计年鉴》的划分标准，东部地区包括辽宁、广东、上海、北京、山东、浙江、江苏、福建、天津9个样本省级地区，中部地区包括河南、吉林、湖北、安徽、江西、湖南、黑龙江、山西8个样本省级地区，西部地区包括四川、贵州、陕西、青海、宁夏、新疆、重庆7个样本省级地区。

（2）数据处理

在政府能力方面，对于常住人口指标，2010 年数据为当年人口普查数据推算数，其余年份数据为年度人口抽样调查推算数据；其中，河南、广东部分数据（2001—2004 年）缺失，本书采用线性估算法得到。对于补贴创新指标，各个省份部分数据（2009—2016 年）只有“R&D 经费中的政府资金”，本书根据 2006—2008 年“R&D 经费中的政府资金/科技经费中的政府资金”指标的平均值，估算 2009—2016 年的“科技经费中的政府资金”指标，进而计算补贴创新指标。在市场能力方面，对于非国有产出指标（非国有工业总产值/地区面积），非国有工业总产值等于全部工业总产值减去国有工业总产值，全部工业总产值采用全部国有及规模以上非国有工业企业总产值，国有工业总产值采用国有及国有控股工业企业总产值；2012 年开始，《中国统计年鉴》只提供各地区规模以上工业企业主营业务收入、国有及国有控股工业企业主营业务收入的数据，故本书采用这两个数据替代。对于外商投资指标（外商实际直接投资/地区面积），福建省 2013—2016 年的外商和港澳台商实际直接投资指标没有历史可比口径数据，“历史可比口径/全口径”在过去 5 年（2008—2012 年）稳定增长，故本书以 2012 年的“历史可比口径/全口径”来估算 2013—2016 年的历史可比口径数据。在法治水平方面，对于诉讼业务指标，山东省 2001—2016 年数据缺失，本书采用东部地区各省份的均值替代。

3.1.3　计算方法

（1）各个指数的计算方法

对于综合指数的形成，主要方法包括多准则决策分析法（Multicriteria Decision Analysis，MCDA）、加权平均法、算术平均法等[①]。考虑到本研究的实际需要，本书采用加权平均法，具体参见表 3-2。需要指出的是，这里的治理质量综合指数、政府能力分项指数、市场能力分项指数、法治水平分项指数、治理能力分项指数，都仅仅是相对于基期的一个数值，即描述治理质量

① 王小鲁等（2017）认为，当一个指标体系由较多的有用变量构成、所包含的信息量比较充分时，不同变量之间有一定程度的可替代性，可以采用算术平均法。

指数的相对水平。

表 3-2　治理质量各个指数的计算方法

主要指标	计算方法
治理质量	综合指数得分 G＝所有单项指标的加权平均和
政府能力	分项指数得分 G1＝对应单项指标的加权平均和
市场能力	分项指数得分 G2＝对应单项指标的加权平均和
法治水平	分项指数得分 G3＝对应单项指标的加权平均和
治理能力	分项指数得分 G4＝对应单项指标的加权平均和

（2）单项指标的无量纲化

本书选择的评价指标都是绝对数据，数据单位各不相同，数据绝对值之间相差很大，因此需要对数据进行无量纲化处理。从现有文献资料来看，常用的线性无量纲化方法包括六种：一是标准化处理法，无量纲化值＝（实际值-均值）/标准差；二是极值处理法，无量纲化值＝（实际值-最小值）/（最大值-最小值）；三是线性比例法，无量纲化值＝实际值/参照值，参照值可以是最大值、最小值或均值；四是归一化处理法，无量纲化值＝实际值/各样本实际值之和；五是向量规范法，无量纲化值＝实际值/各样本实际值平方和的平方根；六是功效系数法，无量纲化值＝正常数 c+正常数 d×（实际值-最小值）/（最大值-最小值）。

从具体文献来看，樊纲等（2003）采用的是修正后的极值法，指标新的取值最大为 10；Bontis（2004）的处理方法是每项指标新的取值为其原始取值与当期最高值之比，属于线性比例法。本书为了更准确、动态地反映原始数据，采用修正后的线性比例法对原始数据进行无量纲化，设定 2001 年为单项指标基期年份，基期各单项指标评分的最大值为 100。对于基期年份的其他数据，以此为基准进行无量纲化处理，故其得分大于 0，且在 0 和 100 之间。为了使指标跨年度可比，借鉴樊纲等（2003）有关中国市场化指数的无量纲化思路，对于基期之后各个年份，也以基期年份的最大值为基准进行无量纲化处理，故其得分有可能超过或小于 100。指标得分的计算公式如下：

$$i\text{ 省份的 }j\text{ 指标得分}=\frac{100\times X_{ij}}{M_j} \tag{3-1}$$

其中，X_{ij} 表示原始数据，M_j 表示 j 指标在 2001 年的最大值。

（3）指标权重的计算方法

关于评价指标权重的确定，根据计算权重时原始数据的不同来源，现有研究成果主要采用了两大类①方法。樊纲等（2003）在构建中国省域市场化指数时，采用了主成分分析法来确定权重，该方法具有应用广泛、全面和客观的优势，体现了截面数据的简化和综合。然而，该方法属于静态综合评估的范畴，仅能用于某些特定年份的样本研究。验证性因子分析是结构方程模型的一种简单形式，也被一些学者用来确定指标权重，如果数据满足正态性检验，可以采用最大似然估计法；如果不满足，可以采用渐进自由分配法，但必须是大样本，即 1000 个以上。经 Amos 软件检验，在本书的 14 个指标中，8 个指标不满足正态性要求，且样本量只有 456 个，远低于 1000，故无法采用验证性因子分析。时序全局因子分析法通过全局主成分公因子，可以将面板数据变换到统一平面上，并进行变换、组合和排序，反映分析系统的动态性，故本书选用时序全局因子分析法来确定权重。

3.1.4　时序全局因子分析法

（1）分析方法介绍

“因子分析”由 Thurstone 于 1931 年首次提出，其概念源于 1904 年 Karl Pearson 和 Charles Spearmen 等对智力的研究。在多元统计分析中，主成分分析和因子分析都是处理降维的统计方法，主成分分析是因子分析的一个特例，因子分析是主成分分析的推广和发展，二者既存在联系，又存在区别。一方面，主成分分析不能作为一个完整的模型进行描述，它只是变量的线性变换，而因子分析需要构造因子分析模型；另一方面，在主成分分析中，主成分的个数和变量个数相同，但因子分析要构造尽可能少的因子。

主成分分析（Principle Component Analysis，PCA）的基本思想：在众多存在相关性的指标之间，肯定有一些共同因子在发挥关键作用。根据这一重

---

① 一是客观赋值法，即评估者通过采集实际数据来确定权重，如验证性因子分析、时序全局因子分析法、均方差法、变异系数法和熵值法等；二是主观赋值法，即评估者借助经验主观判断来确定权重，如专家调查法、主观加权法、比较加权法、层次分析法、模糊统计法和多元分析法等。

要特性，通过研究原始指标相关矩阵，分析其内部结构关系，对原始指标进行归类，识别影响某一经济过程的不同类别，形成几个互不相关的综合指标。这样一来，既确保指标之间没有关联，也尽可能提取了原始指标的关键信息，这就使指标具有了更好的特性，有助于抓住复杂问题的关键方面。然而，经典主成分分析（或因子分析）只关注某一时间截面上的指标和数据，属于静态综合评价，并未考虑到时间的动态变化。省域治理质量是具有显著动态特性的多维复杂系统，在政府、市场和法治的影响下，治理质量随着时间的推移呈现动态的演进趋势，数据样本按时间纵向顺序构成平面数据表序列，可以称为时序立体数据表；若对立体数据表内每一张平面数据表单独进行主成分分析，就会形成差异明显的简化空间，也就难以确保时序分析省域治理质量最终结论的可比性。

时序全局主成分分析（或因子分析）以经典主成分为基础，是时序分析和主成分分析（或因子分析）的结合，可以用来了解系统的总体水平随时间的变化轨迹，涉及的数据类型包括时间序列数据、面板数据。时序全局因子分析通过构造时序全局主公因子，将多维动态系统的时序立体数据变换到统一平面上，使得各年份的主公因子具有相同的结构，并将统一平面上的数据进行变换、计算，根据时序对因子得分进行排列，这就体现出系统的动态特性。

（2）时序全局立体数据表

假定 u 个地区作为治理质量的样本，单个地区包含 m 个指标，对于每一个年份，都会形成一个 $u \times m$ 阶的矩阵，时间跨度为 s 年，整体而言，构建了一个时序全局立体数据表 R（$u \times m \times s$），具体如式（3-2）所示：

$$R = \{X_t,\ t=1,\ 2,\ \cdots,\ s\} \tag{3-2}$$

以 X_1，X_2，…，X_m 为变量的指标，在 t 时刻的数据表中，X_t 可表示为

$$X_t = \begin{bmatrix} xt_{11} & xt_{12} & \cdots & xt_{1m} \\ xt_{21} & xt_{22} & \cdots & xt_{2m} \\ \vdots & \vdots & \ddots & \vdots \\ xt_{u1} & xt_{u2} & \cdots & xt_{um} \end{bmatrix} \quad t=1,\ 2,\ \cdots,\ s \tag{3-3}$$

本书的数据类型为面板数据，包括 24 个省级地区、14 个指标变量、19 个年份，对于每一年而言，都会形成一个截面数据表（24×14），19 个年份的截面数据表顺次排列，就形成了一个时序全局立体数据表（24×14×19），采用该立体数据表，对中国省域治理质量进行分析。

（3）权重的计算步骤

采用时序全局因子分析法，确定指标变量的权重，主要步骤如下。

第一步，求得全局主公因子表达式，具体如式（3-4）至式（3-6）所示：

$$F_1 = K_{11} \times X_1 + K_{21} \times X_2 + \cdots + K_{m1} \times X_m \tag{3-4}$$

$$F_2 = K_{12} \times X_1 + K_{22} \times X_2 + \cdots + K_{m2} \times X_m \tag{3-5}$$

$$\vdots$$

$$F_n = K_{1n} \times X_1 + K_{2n} \times X_2 + \cdots + K_{mn} \times X_m \tag{3-6}$$

其中，F_n表示第 n 个全局主公因子，X_m表示第 m 个观测变量的无量纲化值①，K_{mn}表示第 m 个观测变量在第 n 个全局主公因子中的得分系数；一般而言，$n< m$，即体现了因子分析的降维思想。

第二步，构造综合评价得分表达式，具体如式（3-7）所示：

$$\begin{aligned} ZF &= (\lambda_1 \times F_1 + \lambda_2 \times F_2 + \cdots + \lambda_n \times F_n) / (\lambda_1 + \lambda_2 + \cdots + \lambda_n) \\ &= \beta_1 \times X_1 + \beta_2 \times X_2 + \cdots + \beta_m \times X_m \end{aligned} \tag{3-7}$$

其中，ZF 表示治理质量综合评价得分，λ_n表示第 n 个全局主公因子的方差贡献率，$\beta_m = (\lambda_1 \times K_{m1} + \lambda_2 \times K_{m2} + \cdots + \lambda_n \times K_{mn}) / (\lambda_1 + \lambda_2 + \cdots + \lambda_n)$。

第三步，计算指标变量 X_i的权重，具体如式（3-8）所示：

$$W_i = |\beta_i| / (|\beta_1| + |\beta_2| + \cdots + |\beta_m|) \tag{3-8}$$

① 考虑到原始数据不服从正态分布，而取自然对数之后的数值服从正态分布，故本书对取自然对数之后的数值进行无量纲化操作。

3.2 治理质量

3.2.1 省域排名

一方面，从中国省域治理质量综合指数（见附表1）的静态排名来看。2019年，在排名前50%的省级地区样本中，北京、上海、天津、江苏、浙江、广东、山东、福建属于东部地区，占本地区被考察省级地区的8/9；安徽、湖北属于中部地区，占本地区被考察省级地区的1/4；重庆、陕西属于西部地区，占本地区被考察省级地区的2/7。显而易见，东部地区被考察样本的治理质量普遍较高，中西部地区被考察样本的治理质量普遍较低，治理质量存在一定的区域差异性。可以这样来理解治理质量的区域差异性：中国的改革开放以及市场经济体制建设均始于东部沿海地区，随着时间的推移，逐步向内陆中西部地区省份梯度推进。这种改革次序的空间梯度安排，在一定程度上影响了地区市场化水平、法治化水平和政府能力，进而形成了中国省域治理质量的空间梯度分布。

另一方面，从中国省域治理质量综合指数的动态排名来看。2001—2019年，11个省级地区排名上升，10个省级地区排名下降，3个省级地区排名不变，分别占比45.8%、41.7%、12.5%。其中，在东部地区，2个样本排名不变，3个样本排名上升，4个样本（辽宁、上海、浙江、福建）排名下降；在中部地区，4个样本排名上升，4个样本（湖北、吉林、黑龙江、山西）排名下降；在西部地区，4个样本排名上升，2个样本排名下降，1个样本排名不变。由此可见，西部地区大部分样本排名上升，中部地区次之，东部地区较多样本排名下降，省级地区治理质量的动态排名存在一定的区域差异性。可以这样来理解该区域差异性：随着西部大开发战略（2000年）、东北振兴战略（2003年）、中部崛起战略（2004年）的持续推进，以及中国各个省级地区逐步全面融入WTO经济制度体系，中西部地区样本省份市场化改革深入推进、法治化建设加速开展、服务型政府转型加速进行，市场化水平、法治化水平和政府能力得到较大提升，从而带来样本省级地区的治理质量综合指数排名的较大幅度上升。

治理质量综合指数省际排名的变化情况见表 3-3。

表 3-3　治理质量综合指数省际排名的变化情况

省级地区	2001 年	2006 年	2011 年	2016 年	2019 年	排名变化
上海	1	2	2	2	2	−1
北京	2	1	1	1	1	1
天津	3	3	3	3	3	0
浙江	4	4	5	5	5	−1
江苏	5	5	4	4	4	1
广东	6	6	6	6	6	0
辽宁	7	7	7	13	13	−6
山东	8	8	8	7	7	1
福建	9	9	10	9	10	−1
重庆	10	10	9	8	8	2
湖北	11	11	12	10	12	−1
吉林	12	13	20	20	21	−9
黑龙江	13	18	18	21	22	−9
陕西	14	12	11	11	9	5
山西	15	14	15	19	19	−4
宁夏	16	20	19	16	18	−2
湖南	17	16	17	17	16	1
河南	18	15	14	14	15	3
安徽	19	17	13	12	11	8
四川	20	19	16	15	14	6
江西	21	21	21	18	17	4
新疆	22	22	23	23	24	−2
青海	23	23	24	24	23	0
贵州	24	24	22	22	20	4

3.2.2 改善幅度

一方面，从治理质量综合指数的绝对改善幅度来看。绝对改善幅度=2019年治理质量综合指数-2001年治理质量综合指数，在排名前50%的省级样本地区中，贵州、陕西、四川、重庆属于西部地区，占本地区被考察省级地区的4/7；安徽、江西、河南、湖北、湖南属于中部地区，占本地区被考察省级地区的5/8；江苏、山东、广东属于东部地区，占本地区被考察省级地区的1/3。由此可见，相较于东部地区，中西部地区大部分样本治理质量的绝对改善幅度较大，治理质量的绝对改善幅度存在一定的区域差异性。可以这样来理解该区域差异性：2001年，中西部地区样本的初始法治化水平、市场化水平和政府能力均较低，治理质量改进的空间相对较大，拥有较大的后发优势，随着全面融入WTO经济制度体系，中西部地区的后发优势得以释放，治理质量得到较大幅度提升。

另一方面，从治理质量综合指数的相对改善幅度来看。相对改善幅度=绝对改善幅度/2001年治理质量综合指数，在排名前50%的省级样本地区中，贵州、四川、青海、陕西、重庆、宁夏属于西部地区，占本地区被考察省级地区的6/7；安徽、江西、河南、湖南、湖北属于中部地区，占本地区被考察省级地区的5/8；山东属于东部地区，占本地区被考察省级地区的1/9。由此可见，相较于东部地区，中西部地区大部分样本治理质量的相对改善幅度较大，治理质量的相对改善幅度存在一定的区域差异性。可以这样来理解该区域差异性：相较于东部地区样本，中西部地区样本初始治理质量普遍较低，治理质量相同水平的绝对改善幅度对应的相对改善幅度往往会更高一些，加之大部分中西部地区样本治理质量的绝对改善幅度较高，故治理质量的相对改善幅度排名更容易靠前一些。

治理质量综合指数改善幅度的排名情况见表3-4。

表3-4 治理质量综合指数改善幅度的排名情况

省级地区	绝对改善	排名	相对改善	排名
贵州	48.15	1	122.07	1

续表

省级地区	绝对改善	排名	相对改善	排名
安徽	44.96	2	83.54	2
陕西	42.47	3	74.36	6
重庆	41.83	4	69.08	8
四川	41.65	5	78.78	3
江苏	40.60	6	57.68	14
江西	39.12	7	75.56	5
河南	38.93	8	71.24	7
山东	38.83	9	60.28	12
广东	37.14	10	53.78	16
湖北	36.98	11	61.52	10
湖南	36.90	12	66.86	9
浙江	36.23	13	50.06	18
福建	34.57	14	53.76	17
宁夏	34.16	15	60.87	11
山西	33.78	16	59.85	13
青海	33.74	17	75.87	4
北京	33.25	18	36.18	22
天津	29.65	19	35.90	23
新疆	27.63	20	55.67	15
吉林	27.42	21	46.32	20
黑龙江	27.32	22	46.86	19
辽宁	26.82	23	39.12	21
上海	25.20	24	26.45	24

3.2.3　变异水平

从绝对变异水平来看。中国省级地区样本治理质量的标准差可以划分为三个阶段：第一阶段（2001—2005 年），中国省际治理质量的标准差从 13.43 上升到 14.10，说明中国省级地区样本治理质量的绝对差异逐步扩大；第二阶段（2006—2014 年），中国省际治理质量的标准差振荡下降，2014 年降至 11.93，说明中国省级地区样本治理质量的绝对差异逐步缩小；第三阶段（2015—2019 年），中国省际治理质量的标准差基本保持在 12 左右，说明中国省级地区样本治理质量的绝对差异趋于稳定。可以这样来理解以上三个阶段：第一阶段（2001—2005 年），中国 2001 年加入 WTO，部分样本省级地区率先对接 WTO 经济制度体系，推进市场化、法治化改革和服务型政府转型，实现了治理质量的提升，造成中国省际治理质量绝对差异扩大；第二阶段（2006—2014 年），随着西部大开发战略（2000 年）、东北振兴战略（2003 年）、中部崛起战略（2004 年）的持续深入推进，以及中国各个省级地区逐步全面融入 WTO 经济制度体系，市场化、法治化和服务型政府改革均取得了较大成效，中西部地区各个样本的治理质量均得到较大幅度提升，中国省际治理质量的绝对差异逐步缩小；第三阶段（2015—2019 年），随着中国经济体制改革进入纵深阶段，市场化、法治化和服务型政府改革呈现百花齐放的态势，中国省际治理质量的绝对差距趋于稳定。

从相对变异水平来看。2001—2019 年，中国省级地区样本治理质量的变异系数持续下降，从 0.22 逐步降至 0.12，表明中国省际治理质量的差异性越来越小。中国省级地区样本治理质量的变异系数可以划分为两个阶段：第一阶段（2001—2006 年），中国省际治理质量的变异系数从 0.22 下降到 0.20，说明省际治理质量的相对差距在逐步缩小，且存在一定的省际差异性；第二阶段（2007—2019 年），中国省际治理质量的变异系数从 2006 年的 0.20 下降到 0.12，说明省际治理质量的相对差距在逐步缩小，且不存在显著的省际差异性。以上两个阶段可以这样来理解：第一阶段（2001—2006 年），西部大开发战略（2000 年）、东北振兴战略（2003 年）、中部崛起战略（2004 年）刚刚启动不久，中西部地区样本市场化、法治化和服务型政府转型相对滞后；与此同时，东部沿海地区发挥区位优势、先发优势，率先对接 WTO 经济制度体系，实现法治化、市场化和服务型政府转型，进而实现治理质量的显著提升，导致省际治理质量的相对差距逐步缩小，但依然存在一定的省际差异性。

第二阶段（2007—2019 年），随着中国区域协调发展战略的深入实施，以及各个样本省份全面系统对接 WTO 经济制度体系，中西部地区样本市场化、法治化和服务型政府转型取得了较大成效，治理质量的省际差异性逐渐消失。

2001—2019 年中国省际治理质量的变异水平如图 3-1 所示。

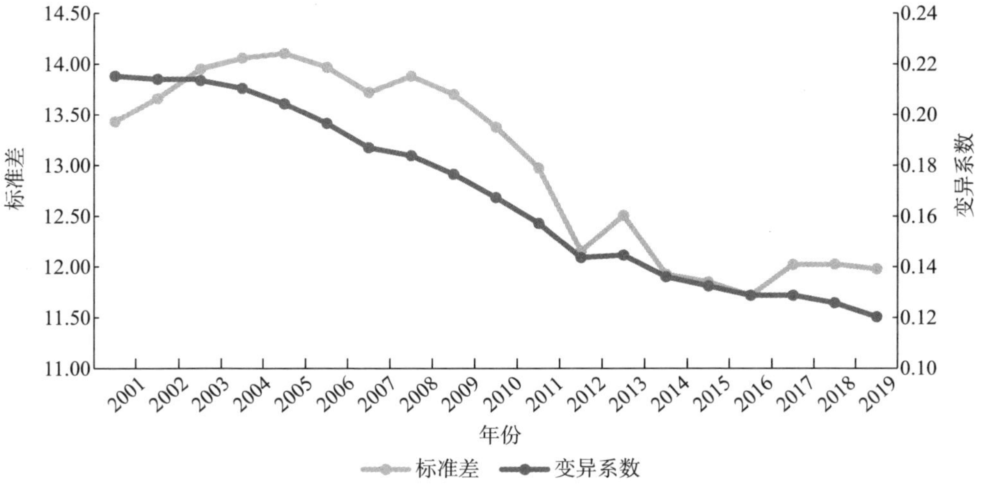

图 3-1　2001—2019 年中国省际治理质量的变异水平

3.2.4　聚类分析

运用组间平均数联结法生成的聚类树状族谱（层次聚类法），选取 2001 年、2006 年、2011 年、2016 年、2019 年等关键节点，将中国省际治理质量划分为高、中、低 3 个层次或高、中高、中、中低、低 5 个层次，依次刻画各省份治理质量由大到小的种群特征。

以 3 个层次划分为例，2001—2006 年，相较于北京、上海，天津治理质量提升较慢，从第一层次下降到第二层次；相较于浙江、江苏、辽宁、广东、山东，新疆、山西、吉林、陕西、黑龙江、湖北、福建、宁夏、四川、湖南、重庆、安徽、江西、河南等治理质量提升较慢，从第二层次下降到第三层次。2006—2011 年，重庆治理质量提升较快，从第三层次上升到第二层次。2011—2016 年，相较于辽宁、山东、重庆，天津、浙江、江苏、广东治理质量提升显著，从第二层次上升到第一层次；相较于青海、新疆，山西、吉林、陕西、黑龙江、湖北、福建、宁夏、四川、湖南、安徽、江西、河南、贵州治理质量提升显著，从第三层次上升到第二层次。2016—2019 年，相较于北京、上海，天津、浙江、江苏、广东治理质量提升较慢，从第一层次下降到第二层次；相较于山东、重庆、安徽、福建、陕西、湖北，辽宁、山西、吉林、黑龙江、宁夏、四川、湖南、江西、河南、贵州治理质量提升较慢，从第二层次下降到第三层次（见表 3-5）。

表 3-5　中国省际治理质量的聚类分析结果（3 个聚类）

年份	省级地区
2001	第一层次（3 个）：北京、天津、上海 第二层次（19 个）：浙江、新疆、山西、吉林、陕西、广东、黑龙江、湖北、江苏、辽宁、福建、山东、宁夏、四川、湖南、重庆、安徽、江西、河南 第三层次（2 个）：贵州、青海
2006	第一层次（2 个）：北京、上海 第二层次（6 个）：天津、浙江、江苏、辽宁、广东、山东 第三层次（16 个）：新疆、山西、吉林、陕西、黑龙江、湖北、福建、宁夏、四川、湖南、重庆、安徽、江西、河南、贵州、青海
2011	第一层次（2 个）：北京、上海 第二层次（7 个）：天津、浙江、江苏、辽宁、广东、山东、重庆 第三层次（15 个）：新疆、山西、吉林、陕西、黑龙江、湖北、福建、宁夏、四川、湖南、安徽、江西、河南、贵州、青海
2016	第一层次（6 个）：北京、上海、天津、浙江、江苏、广东 第二层次（16 个）：辽宁、山东、重庆、山西、吉林、陕西、黑龙江、湖北、福建、宁夏、四川、湖南、安徽、江西、河南、贵州 第三层次（2 个）：青海、新疆
2019	第一层次：（2 个）：北京、上海 第二层次（10 个）：天津、浙江、江苏、广东、山东、重庆、安徽、福建、陕西、湖北 第三层次（12 个）：辽宁、山西、吉林、黑龙江、宁夏、四川、湖南、江西、河南、贵州、青海、新疆

中国省际治理质量的聚类分析结果（5 个聚类）如表 3-6 所示。

综上所述，2001—2019 年，中国省际治理质量变迁具有以下特征：第一，省际治理质量整体呈现菱形分布，高层次和低层次样本较少，中层次样本较多；第二，北京、上海等大部分沿海省级样本的治理质量水平较高，而大部分中西部地区省级样本的治理质量水平较低。

表 3-6　中国省际治理质量的聚类分析结果（5 个聚类）

年份	省级地区
2001	第一层次（2 个）：北京、上海 第二层次（1 个）：天津 第三层次（6 个）：浙江、江苏、辽宁、广东、山东、福建 第四层次（13 个）：新疆、山西、吉林、陕西、黑龙江、湖北、宁夏、四川、湖南、重庆、安徽、江西、河南 第五层次（2 个）：贵州、青海
2006	第一层次（2 个）：北京、上海 第二层次（1 个）：天津 第三层次（5 个）：浙江、江苏、辽宁、广东、山东 第四层次（13 个）：福建、山西、吉林、陕西、黑龙江、湖北、宁夏、四川、湖南、重庆、安徽、江西、河南 第五层次（3 个）：新疆、贵州、青海
2011	第一层次（2 个）：北京、上海 第二层次（3 个）：天津、浙江、江苏 第三层次（4 个）：辽宁、广东、山东、重庆 第四层次（12 个）：山西、吉林、陕西、黑龙江、湖北、福建、宁夏、四川、湖南、安徽、江西、河南 第五层次（3 个）：新疆、贵州、青海
2016	第一层次（2 个）：北京、上海 第二层次（4 个）：天津、浙江、江苏、广东 第三层次（6 个）：湖北、陕西、安徽、福建、重庆、山东 第四层次（10 个）：辽宁、山西、吉林、黑龙江、宁夏、四川、湖南、江西、河南、贵州 第五层次（2 个）：青海、新疆
2019	第一层次（2 个）：北京、上海 第二层次（4 个）：天津、浙江、江苏、广东 第三层次（6 个）：湖北、陕西、安徽、福建、重庆、山东 第四层次（10 个）：辽宁、山西、吉林、黑龙江、宁夏、四川、湖南、江西、河南、贵州 第五层次（2 个）：青海、新疆

3.3　政府能力

3.3.1　省域排名

一方面，从中国省域政府能力分项指数（见附表 2）的静态排名来看。

2019年，在排名前50%的省级地区中，宁夏、重庆、陕西属于西部地区，占本地区被考察省级地区的3/7；湖北属于中部地区，占本地区被考察省级地区的1/8；其余8个省级地区属于东部地区，占本地区被考察省级地区的8/9。显而易见，东部地区被考察样本的政府能力普遍较强，西部地区被考察样本次之，中部地区被考察样本的政府能力普遍较弱，政府能力存在一定的区域差异性。可以这样来理解政府能力的区域差异性：东部地区样本普遍经济实力较强，有足够的财力来支撑一流的教育、医疗、基础设施和创新补贴，故其政府能力普遍较强；西部地区部分样本财力不弱，且享受西部大开发的政策红利，持续得到国家层面的转移支付和基础设施建设项目支持，故其政府能力显得也比较高；中部地区大部分样本既没有较强的经济实力，也无法享受国家层面的大规模转移支付，故其政府能力显得比较弱。

另一方面，从中国省域政府能力分项指数的动态排名来看。2001—2019年，13个省级地区排名上升，6个省级地区排名下降，5个省级地区排名不变，分别占比54%、25%、21%。其中，在东部地区，4个样本排名不变，3个样本排名上升，2个样本（辽宁和天津）排名下降；在中部地区，1个样本排名不变，4个样本排名上升，3个样本（吉林、山西和黑龙江）排名下降；在西部地区，6个样本排名上升，1个样本（新疆）排名下降。这说明东部地区样本政府能力比较稳定，中部地区样本政府能力分化较大，西部地区样本政府能力稳定提升，政府能力动态排名存在一定的区域差异性。可以这样来理解政府能力动态排名的区域差异性：2001年以来，东部地区样本的财力一直比较雄厚，能够持续支撑政府能力的提升，故政府能力稳定性较强；西部地区样本得到国家层面的转移支付和基础设施建设项目支持较多，政府能力持续得到提升，推动大部分样本排名上升；中部地区部分样本财力比较可观，而部分样本财力显得不足，造成中部地区样本政府能力分化情况较明显。

政府能力省际排名的变化情况见表3-7。

表 3–7　政府能力省际排名的变化情况

省级地区	2001 年	2006 年	2011 年	2016 年	2019 年	排名变化
北京	1	1	1	1	1	0
上海	2	2	2	2	2	0
天津	3	3	3	3	4	-1
辽宁	4	5	5	23	18	-14
江苏	5	6	7	5	5	0
浙江	6	4	4	4	3	3
广东	7	8	8	7	7	0
吉林	8	10	11	21	21	-13
山西	9	9	14	20	20	-11
陕西	10	7	6	6	6	4
湖北	11	11	13	8	11	0
黑龙江	12	13	15	24	24	-12
宁夏	13	14	12	12	12	1
山东	14	12	9	9	8	6
福建	15	15	16	11	10	5
新疆	16	18	21	19	23	-7
四川	17	17	17	16	13	4
重庆	18	16	10	10	9	9
湖南	19	21	18	22	16	3
青海	20	22	19	15	17	3
安徽	21	20	20	18	14	7
江西	22	23	22	13	19	3
河南	23	19	23	17	22	1
贵州	24	24	24	14	15	9

3.3.2 改善幅度

一方面，从政府能力的绝对改善幅度来看。绝对改善幅度=2019 年政府能力分项指数-2001 年政府能力分项指数，在排名前 50%的省级样本地区中，贵州、重庆、陕西、青海属于西部地区，占本地区被考察省级地区的 4/7；安徽、江西、河南、湖南属于中部地区，占本地区被考察省级地区的 1/2；山东、浙江、江苏、福建属于东部地区，占本地区被考察省级地区的 4/9。另一方面，从政府能力的相对改善幅度来看。相对改善幅度=绝对改善幅度/2001 年政府能力分项指数，在排名前 50%的省级样本地区中，贵州、重庆、青海、四川、陕西、宁夏属于西部地区，占本地区被考察省级地区的 6/7；安徽、江西、河南、湖南属于中部地区，占本地区被考察省级地区的 1/2；山东、福建属于东部地区，占本地区被考察省级地区的 2/9。由此可见，西部地区大部分样本政府能力的绝对改善幅度和相对改善幅度均比较大，中部地区次之，东部地区最小，政府能力的改善幅度存在一定的区域差异性。可以这样来理解政府能力改善幅度的区域差异性：2001 年，西部地区样本的政府能力普遍较低，之后在西部大开发战略（2000 年）持续多年的牵引下，中央政府通过大规模转移支付，在基础设施、医疗、教育等方面，推动西部地区样本的政府能力实现大幅度改善；2001 年，中部地区样本的政府能力也较低，之后在中部崛起战略（2004 年）的积极支撑下，中部地区部分样本抓住机遇，在医疗、教育、基础设施等方面实现了政府能力的较大改善；2001 年，东部地区样本的政府能力普遍较高，医疗、教育、基础设施等方面发展水平较高，进一步改善的空间并不大，故大部分样本政府能力的改善幅度较小。需要指出的是，黑龙江、吉林、辽宁的初始政府能力较强，加之自 2001 年以来，受制于“朝核问题”的地缘政治影响，东北亚地区外部安全环境不容乐观，东北振兴政策的实际效果大打折扣，导致其政府能力改善不大。

政府能力改善幅度的排名情况见表 3-8。

表 3-8　政府能力改善幅度的排名情况

省级地区	绝对改善	排名	相对改善	排名
贵州	45. 55	1	80. 38	1
重庆	43. 44	2	67. 28	2
山东	40. 21	3	59. 25	7
安徽	39. 86	4	63. 67	3
陕西	39. 49	5	55. 45	10
江西	39. 14	6	62. 78	4
浙江	38. 69	7	52. 87	13
河南	38. 34	8	61. 99	5
青海	38. 19	9	59. 80	6
湖南	37. 86	10	58. 86	8
江苏	37. 37	11	50. 82	15
福建	37. 34	12	55. 06	11
广东	37. 25	13	51. 82	14
四川	36. 60	14	55. 51	9
宁夏	36. 43	15	53. 30	12
湖北	34. 53	16	48. 98	16
新疆	32. 46	17	48. 55	17
山西	28. 96	18	40. 48	18
吉林	28. 78	19	40. 23	19
黑龙江	27. 12	20	38. 77	20
北京	26. 77	21	27. 13	24
上海	26. 31	22	28. 29	23
天津	25. 79	23	30. 04	22
辽宁	25. 26	24	33. 03	21

3.3.3 变异水平

从相对变异水平来看。2001—2019 年，中国省级地区样本政府能力的变异系数保持在 0.06~0.14，不仅小于邹燕（2012）提出的 0.3，而且小于谢威等（2013）提出的临界值 0.2，表明中国省际政府能力不存在显著的差异性。同期，中国省级地区样本政府能力的变异系数可以划分为三个阶段：第一阶段（2001—2005 年），中国省际政府能力的变异系数从 0.14 缓慢降到 0.13，说明中国省际政府能力的相对差距缓慢缩小；第二阶段（2006—2014 年），中国省际政府能力的变异系数由 2005 年的 0.13 快速下降到 2014 年的 0.07；第三阶段（2015—2019 年），中国省际政府能力的变异系数从 2014 年的 0.07 缓慢下降到 0.06。可以这样来理解以上三个阶段：第一阶段（2001—2005 年），随着西部大开发战略（2000 年）的逐步展开，西部地区省级样本的政府能力快速上升，导致中国省际政府能力的相对差距缓慢缩小；第二阶段（2006—2014 年），随着西部大开发战略（2000 年）、东北振兴战略（2003 年）、中部崛起战略（2004 年）的持续推进，中西部地区省级样本的政府能力持续提升，导致中国省际政府能力的相对差距快速缩小；第三阶段（2015—2019 年），随着中西部地区省级样本政府能力的改善空间下降，中国省际政府能力的相对差距缩小势头减缓。

从绝对变异水平来看。2001—2019 年，中国省级地区样本政府能力的标准差可以划分为三个阶段：第一阶段（2001—2005 年），中国省际政府能力的标准差从 9.68 缓慢上升到 9.72，说明中国省际政府能力的绝对差距在逐步拉大；第二阶段（2006—2014 年），中国省际政府能力的标准差由 2005 年的 9.72 振荡下降到 2014 年的 6.72，说明中国省际政府能力的绝对差距在逐步缩小；第三阶段（2015—2019 年），中国省际政府能力的标准差稳定在 6.58~6.79，说明中国省际政府能力的绝对差距趋于稳定。可以这样来理解以上三个阶段：第一阶段（2001—2005 年），随着中国加入 WTO，沿海地区充分利用区位优势，率先融入全球产业链分工体系，对接国际一流政府，实现政府能力的显著提升，导致中国省际政府能力的标准差逐渐上升；第二阶段（2006—2014 年），随着西部大开发战略（2000 年）、东北振兴战略（2003

年）、中部崛起战略（2004 年）的持续深入推进，以及中西部地区逐步融入全球产业链分工体系、逐步对接国际一流政府，中西部地区省级样本的政府能力大幅提升，导致中国省际政府能力的标准差振荡下降；第三阶段（2015—2019 年），随着中国全域持续深入融入全球产业链分工体系、对接国际一流政府，中西部地区省级样本的政府能力与东部地区的差距逐步稳定，导致中国省际政府能力的标准差变化不大。

2001—2019 年中国省际政府能力的变异水平如图 3-2 所示。

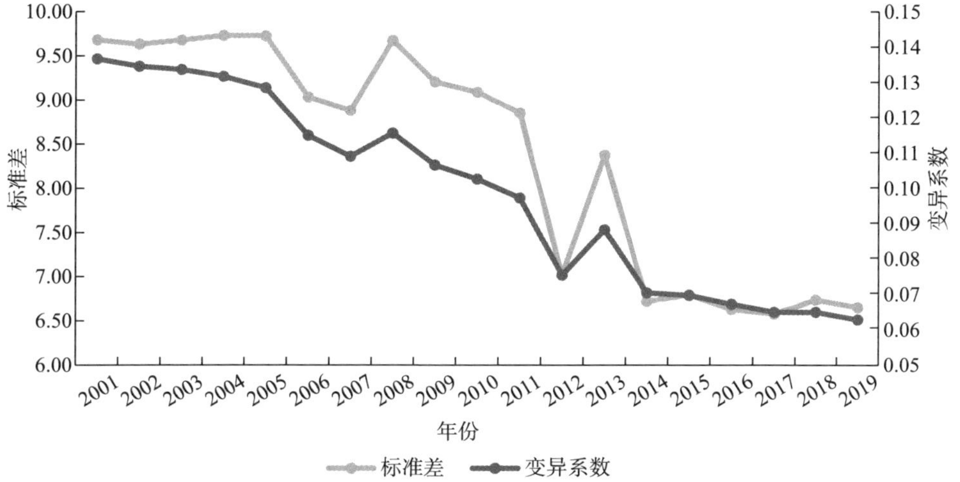

图 3-2　2001—2019 年中国省际政府能力的变异水平

3. 3. 4　聚类分析

运用组间平均数联结法生成的聚类树状族谱（层次聚类法），选取 2001 年、2006 年、2011 年、2016 年、2019 年等关键节点，将中国省际政府能力划分为高、中、低 3 个层次或高、中高、中、中低、低 5 个层次，依次刻画各省份政府能力由大到小的种群特征。

以 3 个层次划分为例，2001—2006 年，北京、上海、天津政府能力始终较高，位居第一层次；河南、新疆、四川、安徽、湖南、福建、宁夏、重庆、黑龙江、江西、青海等省级地区政府能力提升相对较慢，从第二层次跌落至第三层次。2006—2011 年，北京、上海、天津政府能力始终较高，位居第一层次；河南、新疆、四川、安徽、湖南、福建、宁夏、重庆、黑龙江、江西、青海等省级地区政府能力提升相对较快，从第三层次升至第二层次。2011—2016 年，天津政府能力提升相对较慢，从第一层次跌落至第二层次，北京、上海政府能力始终较高，位居第一层次；江西、青海、安徽、新疆、河南、四川、吉林、湖南、山西、辽宁、黑龙江等省级地区政府能力提升相对较慢，从第二层次跌落至第三层次。2016—2019 年，北京、上海政府能力始终较高，位居第一层次；福建、湖北、宁夏政府能力提升相对较慢，从第二层次跌落至第三层次（见表 3-9）。

表 3-9　中国省际政府能力的聚类分析结果（3 个聚类）

年份	省级地区
2001	第一层次（3 个）：北京、上海、天津 第二层次（20 个）：山西、吉林、陕西、广东、黑龙江、湖北、江苏、浙江、辽宁、福建、山东、宁夏、四川、新疆、湖南、重庆、青海、安徽、江西、河南 第三层次（1 个）：贵州
2006	第一层次（3 个）：北京、上海、天津 第二层次（9 个）：吉林、湖北、山东、陕西、广东、山西、江苏、浙江、辽宁 第三层次（12 个）：河南、新疆、四川、安徽、湖南、福建、宁夏、重庆、黑龙江、江西、青海、贵州
2011	第一层次（3 个）：北京、上海、天津 第二层次（20 个）：山西、吉林、陕西、广东、黑龙江、湖北、江苏、浙江、辽宁、福建、山东、宁夏、四川、新疆、湖南、重庆、青海、安徽、江西、河南 第三层次（1 个）：贵州
2016	第一层次（2 个）：北京、上海 第二层次（10 个）：福建、宁夏、重庆、山东、湖北、广东、陕西、江苏、浙江、天津 第三层次（12 个）：江西、贵州、青海、安徽、新疆、河南、四川、吉林、湖南、山西、辽宁、黑龙江
2019	第一层次（2 个）：北京、上海 第二层次（7 个）：江苏、陕西、天津、浙江、山东、重庆、广东 第三层次（15 个）：湖南、贵州、青海、安徽、四川、辽宁、江西、吉林、河南、山西、新疆、福建、湖北、宁夏、黑龙江

中国省际政府能力的聚类分析结果（5 个聚类）如表 3-10 所示。

综上所述，2001—2019 年，中国省际政府能力变化具有以下特征：第一，省际政府能力逐步从菱形结构转变为金字塔结构，层次越高省级地区越少，层次越低则省级地区越多；第二，东部地区样本省份的政府能力优势越来越突出，而中西部地区样本省份则相对表现不佳。

表 3–10　中国省际政府能力的聚类分析结果（5 个聚类）

年份	省级地区
2001	第一层次（2 个）：北京、上海 第二层次（1 个）：天津 第三层次（9 个）：山西、吉林、陕西、广东、黑龙江、湖北、江苏、浙江、辽宁 第四层次（11 个）：福建、山东、宁夏、四川、新疆、湖南、重庆、青海、安徽、江西、河南 第五层次（1 个）：贵州
2006	第一层次（1 个）：北京 第二层次（2 个）：上海、天津 第三层次（9 个）：辽宁、浙江、江苏、山西、广东、陕西、山东、湖北、吉林 第四层次（11 个）：黑龙江、福建、宁夏、四川、新疆、湖南、重庆、青海、安徽、江西、河南 第五层次（1 个）：贵州
2011	第一层次（2 个）：北京、上海 第二层次（1 个）：天津 第三层次（5 个）：江苏、辽宁、浙江、陕西、广东 第四层次（15 个）：吉林、湖北、山东、山西、河南、新疆、四川、安徽、湖南、福建、宁夏、重庆、黑龙江、江西、青海 第五层次（1 个）：贵州
2016	第一层次（1 个）：北京 第二层次（1 个）：上海 第三层次（3 个）：江苏、浙江、天津 第四层次（7 个）：福建、宁夏、重庆、山东、湖北、广东、陕西 第五层次（12 个）：江西、贵州、青海、安徽、新疆、河南、四川、吉林、湖南、山西、辽宁、黑龙江
2019	第一层次（1 个）：北京 第二层次（1 个）：上海 第三层次（7 个）：江苏、陕西、天津、浙江、山东、重庆、广东 第四层次（14 个）：湖南、贵州、青海、安徽、四川、辽宁、江西、吉林、河南、山西、新疆、福建、湖北、宁夏 第五层次（1 个）：黑龙江

3.4 市场能力

3.4.1 省域排名

一方面，从中国省域市场能力分项指数（见附表3）的静态排名来看。2019年，在排名前50%的省级地区样本中，上海、北京、天津、江苏、广东、山东、浙江、福建属于东部地区，占本地区被考察省级地区的8/9；安徽、湖北、河南属于中部地区，占本地区被考察省级地区的3/8；重庆属于西部地区，占本地区被考察省级地区的1/7。显而易见，东部地区被考察样本的市场能力普遍较强，中部地区被考察样本次之，西部地区被考察样本的市场能力普遍较弱，市场能力存在一定的区域差异性。可以这样来理解市场能力的区域差异性：第一，中国经济的市场化改革始于东部沿海地区，中西部地区在市场经济体制改革中存在后发劣势，故东部地区的市场化水平最高、市场能力最强；第二，中国东部沿海地区的市场能力存在溢出效应，首先受益的是毗邻东部地区的中部省级地区样本，如安徽、湖北、河南等，其次受益的才是距离较远的西部地区的省级样本，如重庆等。

另一方面，从中国省域市场能力分项指数的动态排名来看。2001—2019年，12个省级地区排名上升，9个省级地区排名下降，3个省级地区排名不变，分别占比50%、37.5%、12.5%。其中，在东部地区，2个样本排名不变，3个样本排名上升，4个样本（辽宁、福建、天津、浙江）排名下降；在中部地区，5个样本排名上升，3个样本（湖南、吉林、黑龙江）排名下降；在西部地区，1个样本排名不变，4个样本排名上升，2个样本（宁夏、新疆）排名下降。显然，无论是从总体来看，还是分三大地区来看，市场化水平的提升是中国省级地区的一个普遍现象，这是容易理解的：1978年改革开放以来，市场化改革是中国各项改革中的排头兵和重头戏，也是中国经济体制改革的关键所在，几乎所有经济体制改革都是围绕市场化展开的，或者是配套市场化改革、服务市场化改革的。

市场能力省际排名的变化情况见表3-11。

表 3-11　市场能力省际排名的变化情况

省级地区	2001 年	2006 年	2011 年	2016 年	2019 年	排名变化
上海	1	1	1	1	1	0
天津	2	3	3	3	3	-1
北京	3	2	2	2	2	1
江苏	4	4	4	4	4	0
浙江	5	5	5	7	8	-3
广东	6	6	6	5	5	1
山东	7	7	7	6	6	1
辽宁	8	8	8	13	14	-6
福建	9	9	10	10	12	-3
重庆	10	10	9	12	10	0
湖北	11	13	13	8	9	2
河南	12	11	11	11	11	1
湖南	13	14	15	15	16	-3
安徽	14	12	12	9	7	7
吉林	15	16	17	19	19	-4
陕西	16	17	16	16	15	1
江西	17	15	14	14	13	4
四川	18	19	19	17	17	1
黑龙江	19	20	20	21	21	-2
山西	20	18	18	18	18	2
宁夏	21	21	21	22	22	-1
贵州	22	22	22	20	20	2
新疆	23	24	24	24	24	-1
青海	24	23	23	23	23	1

3.4.2 改善幅度

一方面，从市场能力的绝对改善幅度来看。绝对改善幅度=2019年市场能力分项指数-2001年市场能力分项指数，在排名前50%的省级样本地区中，贵州、陕西、四川、青海、重庆、宁夏属于西部地区，占本地区被考察省级地区的6/7；安徽、江西、山西、河南、湖北、湖南属于中部地区，占本地区被考察省级地区的3/4；东部地区没有入围省级地区。另一方面，从市场能力的相对改善幅度来看。相对改善幅度=绝对改善幅度/2001年市场能力分项指数，在排名前50%的省级样本地区中，青海、贵州、新疆、陕西、四川、宁夏属于西部地区，占本地区被考察省级地区的6/7；江西、山西、安徽、河南、吉林、黑龙江属于中部地区，占本地区被考察省级地区的3/4；东部地区没有入围省级地区。由此可见，中西部地区大部分样本市场能力的绝对改善幅度和相对改善幅度均较大，东部地区样本市场能力的绝对改善幅度和相对改善幅度普遍较小，市场能力的改善幅度存在一定的区域差异性。可以这样来理解市场能力改善幅度的区域差异性：2001年，相较于东部地区样本，中西部地区样本的市场能力普遍较低，市场化改革的潜力较大，随着对接WTO各项制度安排和国际准则，中西部地区样本的市场化水平显著提升，市场化的绝对改善幅度和相对改善幅度均较大。

市场能力改善幅度的排名情况见表3-12。

表3-12　市场能力改善幅度的排名情况

省级地区	绝对改善	排名	相对改善	排名
贵州	48.97	1	168.05	2
安徽	43.73	2	81.70	9
江西	42.81	3	88.41	4
陕西	41.41	4	84.96	6
四川	39.20	5	84.82	7
山西	38.06	6	85.37	5
河南	37.09	7	65.84	10

续表

省级地区	绝对改善	排名	相对改善	排名
湖北	36. 28	8	61. 83	14
青海	35. 41	9	183. 76	1
重庆	35. 29	10	59. 82	15
湖南	34. 42	11	63. 44	13
宁夏	33. 09	12	82. 07	8
江苏	32. 49	13	43. 47	18
北京	32. 16	14	38. 94	21
吉林	31. 75	15	64. 62	11
山东	31. 49	16	46. 90	16
广东	30. 27	17	42. 09	19
天津	29. 99	18	35. 64	22
黑龙江	29. 14	19	63. 99	12
福建	28. 52	20	45. 03	17
辽宁	25. 62	21	39. 34	20
新疆	24. 27	22	103. 61	3
浙江	23. 97	23	32. 98	23
上海	20. 36	24	20. 71	24

3. 4. 3　变异水平

从相对变异水平来看。2001—2019 年，中国省级地区样本市场能力的变异系数保持在 0. 19~0. 34，表明中国省际市场能力存在一定的差异性。同期，中国省级地区样本市场能力的变异系数可以划分为三个阶段：第一阶段（2001—2004 年），中国省际市场能力的变异系数从 0. 34 缓慢降到 0. 30，说明中国省际市场能力的相对差距在逐渐缩小，但依然存在显著的省际差异性；第二阶段（2005—2017 年），中国省际市场能力的变异系数从 2004 年的 0. 30 缓慢降到 0. 20，说明中国省际市场能力的相对差距在逐渐缩小，但依然存在一定的省际差异性；第三阶段（2018—2019 年），中国省际市场能力的变异系数从 2017 年的 0.20 降到 0.19，中国省际市场能力的相对差距进一步缩小，省际差异性可以忽略不计。可以这样来理解以上三个阶段：第一阶段（2001—2004 年），中国加入 WTO 时间不久，西部大开发战略（2000 年）、东北振兴战略（2003 年）、中部崛起战略（2004 年）也刚刚逐步展开，围绕市场经济体制构建的各项改革刚刚起步，导致中国省际市场化水平相对差异依然比较显著；第二阶段（2005—2017 年），中国逐步完成了与 WTO 各项经济制度的全面对接，区域协调发展战略逐步深入，中西部样本省份的市场化水平均得到显著提升，故中国省际市场化水平的相对差距逐步缩小；第三阶段（2018—2019 年），随着中国进一步深化改革开放，围绕自贸经济制度推进市场化，中西部等欠发达省份市场化改革成效持续显现，故中国省际市场化水平的相对差距进一步缩小。

从绝对变异水平来看。中国省级地区样本市场能力的标准差可以划分为三个阶段：第一阶段（2001—2006 年），中国省际市场能力的标准差从 19.02 缓慢下降到 18.61，说明中国省级地区样本市场能力的绝对差异在缓慢缩小；第二阶段（2007—2012 年），中国省际市场能力的标准差从 2006 年的 18.61 快速下降到 16.85，说明中国省级地区样本市场能力的绝对差异在加速缩小；第三阶段（2013—2019 年），中国省际市场能力的标准差在 17 上下振荡，说明中国省级地区样本市场能力的绝对差异趋于稳定。可以这样来理解以上三个阶段：第一阶段（2001—2006 年），中国刚刚加入 WTO，各项主要经济制度与世界接轨尚未完成，故市场化水平的省际绝对差异虽然逐步缩小，但比较缓慢；第二阶段（2007—2012 年），随着中国与 WTO 各项主要经济制度逐步完成接轨，中国的市场化改革快速向纵深发展，促使中国省际市场化水平的绝对差异快速缩小；第三阶段（2013—2019 年），随着中国完全融入 WTO 经贸体系，中国省际市场化水平的改进空间已经不太大了，故中国省际市场化水平的绝对差异趋于稳定。

2001—2019 年中国省际市场能力的变异水平如图 3-3 所示。

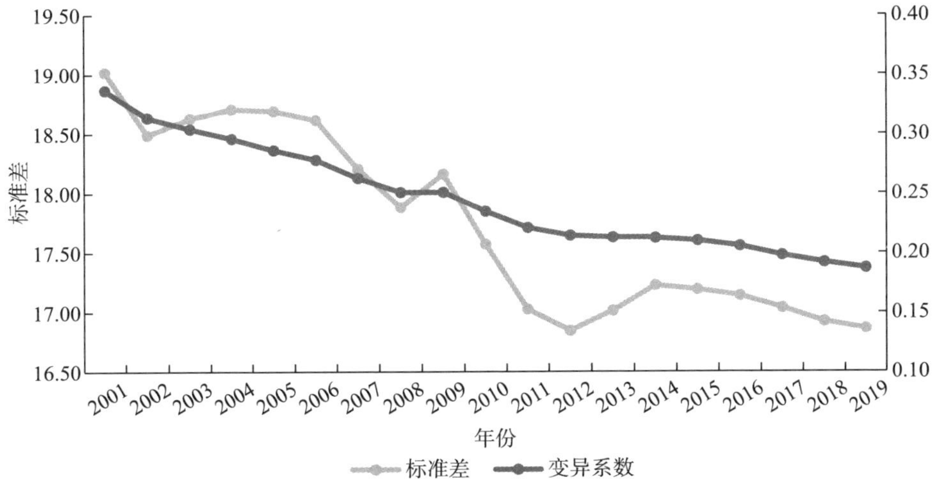

图 3-3　2001—2019 年中国省际市场能力的变异水平

3.4.4　聚类分析

运用组间平均数联结法生成的聚类树状族谱（层次聚类法），选取 2001 年、2006 年、2011 年、2016 年、2019 年等关键节点，将中国省际市场能力划分为高、中、低 3 个层次或高、中高、中、中低、低 5 个层次，依次刻画各省份市场能力由大到小的种群特征。

以 3 个层次划分为例，2001—2006 年，北京、天津市场化改革迅速推进，市场能力从第二层次跃升至第一层次；黑龙江、宁夏市场化改革相对滞后，市场能力从第二层次下降到第三层次。2006—2011 年，江苏市场化改革成效显著，市场能力从第二层次上升到第一层次；黑龙江、贵州、宁夏市场化改革也取得了较大进展，市场能力从第三层次上升到第二层次。2011—2016 年，相较于北京、天津、上海，江苏市场化改革略显滞后，从第一层次下降到第二层次。2016—2019 年，江苏、广东市场化改革成效比较显著，从第二层次上升到第一层次（见表 3-13）。

表 3-13　中国省际市场能力的聚类分析结果（3 个聚类）

年份	省级地区
2001	第一层次（1 个）：上海 第二层次（20 个）：北京、天津、山西、吉林、陕西、广东、黑龙江、湖北、江苏、浙江、辽宁、福建、山东、宁夏、四川、湖南、重庆、安徽、江西、河南 第三层次（3 个）：青海、新疆、贵州
2006	第一层次（3 个）：北京、上海、天津 第二层次（16 个）：山西、吉林、陕西、广东、湖北、江苏、浙江、辽宁、福建、山东、四川、湖南、重庆、安徽、江西、河南 第三层次（5 个）：青海、新疆、黑龙江、贵州、宁夏
2011	第一层次（4 个）：北京、上海、天津、江苏 第二层次（18 个）：山西、吉林、陕西、广东、湖北、浙江、辽宁、福建、山东、四川、湖南、重庆、安徽、江西、河南、黑龙江、贵州、宁夏 第三层次（2 个）：青海、新疆
2016	第一层次（3 个）：北京、天津、上海 第二层次（19 个）：山西、江苏、吉林、陕西、广东、湖北、浙江、辽宁、福建、山东、四川、湖南、重庆、安徽、江西、河南、黑龙江、贵州、宁夏 第三层次（2 个）：青海、新疆
2019	第一层次（5 个）：北京、天津、上海、江苏、广东 第二层次（17 个）：山西、吉林、陕西、湖北、浙江、辽宁、福建、山东、四川、湖南、重庆、安徽、江西、河南、黑龙江、贵州、宁夏 第三层次（2 个）：青海、新疆

中国省际市场能力的聚类分析结果（5 个聚类）如表 3-14 所示。

综上所述，2001—2019 年，中国省际市场能力变迁具有以下特征：第一，省际市场能力基本呈现菱形结构，大部分样本省级地区位于中间层次，小部分样本省级地区位于较高、较低层次；第二，较高层次的样本省级地区越来越多，较低层次的样本省级地区越来越少；第三，东部沿海地区样本的市场能力普遍较强，中西部地区样本的市场能力普遍较弱。

表 3-14　中国省际市场能力的聚类分析结果（5 个聚类）

年份	省级地区
2001	第一层次（1 个）：上海 第二层次（2 个）：北京、天津 第三层次（6 个）：浙江、江苏、广东、福建、辽宁、山东 第四层次（12 个）：山西、吉林、陕西、黑龙江、湖北、宁夏、四川、湖南、重庆、安徽、江西、河南 第五层次（3 个）：青海、新疆、贵州

续表

年份	省级地区
2006	第一层次（3个）：北京、上海、天津 第二层次（5个）：辽宁、山东、浙江、广东、江苏 第三层次（11个）：山西、吉林、陕西、湖北、福建、四川、湖南、重庆、安徽、江西、河南 第四层次（3个）：黑龙江、贵州、宁夏 第五层次（2个）：青海、新疆
2011	第一层次（1个）：上海 第二层次（3个）：北京、天津、江苏 第三层次（9个）：辽宁、山东、浙江、广东、安徽、河南、湖北、福建、重庆 第四层次（9个）：山西、吉林、陕西、四川、湖南、江西、黑龙江、贵州、宁夏 第五层次（2个）：青海、新疆
2016	第一层次（3个）：北京、天津、上海 第二层次（6个）：浙江、山东、安徽、广东、湖北、江苏 第三层次（7个）：河南、重庆、江西、福建、湖南、辽宁、陕西 第四层次（6个）：山西、吉林、四川、黑龙江、贵州、宁夏 第五层次（2个）：青海、新疆
2019	第一层次（3个）：北京、天津、上海 第二层次（2个）：江苏、广东 第三层次（11个）：辽宁、江西、陕西、福建、湖南、湖北、重庆、河南、浙江、安徽、山东 第四层次（6个）：山西、吉林、四川、黑龙江、贵州、宁夏 第五层次（2个）：青海、新疆

3.5　法治水平

3.5.1　省域排名

一方面，从中国省域法治水平分项指数（见附表4）的静态排名来看。2019年，在排名前50%的省级地区样本中，上海、北京、浙江、江苏、天津、广东、山东、福建属于东部地区，占本地区被考察省级地区的8/9；重庆、陕西、四川属于西部地区，占本地区被考察省级地区的3/7；安徽属于中部地区，占本地区被考察省级地区的1/8。显而易见，东部地区被考察样本的法治水平普遍较高，中西部地区被考察样本的法治水平普遍较低，法治水平存在一定的区域差异性。可以这样来理解法治水平的区域差异性：市场经济是法治经济，相较于中西部地区，东部地区率先开启改革开放，引进市场经济体制，对接国际通行市场经济制度体系，故而东部地区的企业、居民、政府的法治意识率先启蒙，法治建设和法治资源更丰富，经济社会的法治化水平相对较高。

另一方面，从中国省域法治水平分项指数的动态排名来看。2001—2019年，10个省级地区排名上升，10个省级地区排名下降，4个省级地区排名不变，分别占比41.7%、41.7%、16.6%。其中，在东部地区，3个样本排名不变，3个样本排名上升，3个样本（辽宁、福建、天津）排名下降；在中部地区，1个样本排名不变，3个样本排名上升，4个样本（黑龙江、吉林、山西、湖南）排名下降；在西部地区，4个样本排名上升，3个样本（新疆、宁夏、青海）排名下降。显而易见，部分省级地区法治水平排名上升幅度较大，如陕西、四川、安徽，部分省级地区法治水平排名下降幅度较大，如辽宁、新疆、吉林、黑龙江，法治水平排名变化存在一定的省际差异性。可以这样来理解法治水平排名变化的省际差异性：陕西、四川、安徽等省份初始法治水平排名相对不高，但这些样本省份积极抢抓国家重大发展战略机遇，积极推进对内改革、对外开放，积极融入WTO法治经济制度体系，增强本地法治意识、强化法治社会建设，法治建设取得了相对显著的成效，带来了法治水平排名上升幅度较大的良好绩效。

法治水平省际排名的变化情况如表3-15所示。

表3-15　法治水平省际排名的变化情况

省级地区	2001年	2006年	2011年	2016年	2019年	排名变化
北京	1	1	1	1	1	0
上海	2	2	2	2	2	0
天津	3	3	4	4	5	-2
浙江	4	4	3	3	3	1
辽宁	5	7	10	12	13	-8
广东	6	5	6	6	6	0

续表

省级地区	2001 年	2006 年	2011 年	2016 年	2019 年	排名变化
江苏	7	6	5	5	4	3
福建	8	9	9	8	9	-1
新疆	9	12	14	16	17	-8
宁夏	10	13	15	10	14	-4
黑龙江	11	11	12	18	19	-8
重庆	12	10	7	7	7	5
山东	13	8	8	9	8	5
吉林	14	15	21	23	24	-10
山西	15	17	18	17	16	-1
青海	16	20	23	21	22	-6
陕西	17	16	11	11	10	7
湖北	18	14	17	15	15	3
湖南	19	18	19	20	20	-1
四川	20	19	13	13	12	8
河南	21	21	20	19	18	3
安徽	22	22	16	14	11	11
江西	23	23	22	22	23	0
贵州	24	24	24	24	21	3

3.5.2　改善幅度

一方面，从法治水平的绝对改善幅度来看。绝对改善幅度=2019 年法治水平分项指数-2001 年法治水平分项指数，在排名前 50%的省级样本地区中，四川、贵州、重庆、陕西属于西部地区，占本地区被考察省级地区的 4/7；安徽、河南、湖北属于中部地区，占本地区被考察省级地区的 3/8；江苏、浙江、山东、广东、北京属于东部地区，占本地区被考察省级地区的 5/9。由此可见，在法治水平的绝对改善幅度方面，中国省级样本存在一定的省际差异性。可以这样来理解：在法治化建设过程中，江苏、重庆、安徽等部分省份重视程度高，各项政策措施全面系统，企业和居民的法治意识比较坚定，依法经营、依法行政理念贯彻到位，法治化各项指标提升较快，故法治水平的绝对改善幅度较高。

另一方面，从法治水平的相对改善幅度来看。相对改善幅度=绝对改善幅度/2001 年法治水平分项指数，在排名前 50%的省级样本地区中，贵州、四川、陕西、重庆属于西部地区，占本地区被考察省级地区的 4/7；安徽、河南、湖南、湖北、江西属于中部地区，占本地区被考察省级地区的 5/8；江苏、山东、广东属于东部地区，占本地区被考察省级地区的 1/3。由此可见，大部分中西部地区样本省份法治水平的相对改善幅度较大，而大部分东部地区样本省份法治水平的相对改善幅度较小，法治水平的相对改善幅度存在一定的区域差异性。关于法治水平相对改善幅度的区域差异性，可以这样来理解：相较于东部地区样本省份，中西部地区样本省份的初始法治水平普遍较低，自加入 WTO 以来，中西部地区法治水平有了明显改善，故相对改善幅度往往会显得较大。

法治水平改善幅度的排名情况如表 3-16 所示。

表 3-16　法治水平改善幅度的排名情况

省级地区	绝对改善	排名	相对改善	排名
江苏	53. 98	1	87. 66	6
安徽	52. 38	2	119. 30	2
四川	50. 44	3	110. 94	3
贵州	50. 24	4	159. 27	1
浙江	47. 89	5	67. 40	13
重庆	47. 68	6	82. 62	8
陕西	47. 20	7	93. 38	5
山东	45. 92	8	80. 34	10
广东	45. 13	9	72. 38	12
北京	42. 12	10	44. 33	19

续表

省级地区	绝对改善	排名	相对改善	排名
河南	41. 81	11	94. 47	4
湖北	40. 69	12	81. 84	9
湖南	38. 71	13	84. 87	7
福建	38. 50	14	62. 76	15
江西	34. 72	15	80. 01	11
山西	34. 35	16	64. 95	14
天津	33. 77	17	43. 85	20
宁夏	32. 79	18	54. 14	16
辽宁	30. 08	19	47. 44	18
上海	29. 64	20	31. 39	24
青海	26. 58	21	51. 42	17
新疆	25. 98	22	42. 89	21
黑龙江	25. 42	23	42. 47	22
吉林	20. 69	24	36. 51	23

3. 5. 3　变异水平

从绝对变异水平来看。中国省级地区样本法治水平的标准差可以划分为三个阶段：第一阶段（2001—2008 年），中国省际法治水平的标准差从 14. 92 上升到 17. 09，说明中国省级地区样本法治水平的绝对差异在逐步扩大；第二阶段（2009—2016 年），中国省际法治水平的标准差持续下降至 14. 49，说明中国省级地区样本法治水平的绝对差异在逐渐缩小；第三阶段（2017—2019 年），中国省际法治水平的标准差有所反弹，2019 年达到 15. 61，说明中国省级地区样本法治水平的绝对差异在逐步扩大。可以这样来理解以上三个阶段：第一阶段（2001—2008 年），随着中国加入 WTO 经济制度体系，部分省级地区率先扩大对外开放，大力普及政府依法行政、企业依法经营的理念意识，居民依法维权的意识逐步增强、需求逐步增加，从而推动部分省级地区法治水平显著提高；与此同时，部分省级地区政府依法行政、企业依法经营的意识淡漠，居民依法维权的意识和需求滞后，导致这些省级地区法治水平的提升滞后，从而导致中国省级地区样本法治水平的绝对差异逐步扩大。第二阶段（2009—2016年），随着中国进一步融入WTO经济制度体系，越来越多的省级地区强化政府依法行政、企业依法经营的理念，更多省级地区实现了法治水平的显著提升，导致中国省级地区样本法治水平的绝对差异逐渐缩小。第三阶段（2017—2019年），随着中国开启自由贸易园区试点战略，上海等部分试点省份率先建立自由贸易园区，率先开启新一轮对内改革、对外开放，法治意识和法治水平进一步提升，导致中国省级地区样本法治水平的绝对差异逐步扩大。

从相对变异水平来看。2001—2019年，中国省级地区样本法治水平的变异系数保持在0.16~0.27，表明中国省际法治水平存在一定的差异性。同期，中国省级地区样本法治水平的变异系数可以划分为三个阶段：第一阶段（2001—2003年），中国省际法治水平的变异系数从0.26上升到0.27，说明省际法治水平的相对差距在逐步扩大，且存在一定的省际差异性；第二阶段（2004—2015年），中国省际法治水平的变异系数持续下降，2015年降至0.16，说明省际法治水平的相对差距在逐步缩小，省际差异性也逐步消失；第三阶段（2016—2019年），中国省际法治水平的变异系数基本稳定在0.16左右，说明省际法治水平不存在显著的差异性。可以这样来理解以上三个阶段：第一阶段（2001—2003年），正如上文所言，部分省级地区法治水平率先大幅提升，从而带动省际法治水平的绝对差异扩大，进而推动省际法治水平的相对差异扩大；第二阶段（2004—2015年），随着更多省份加入法治化改革队伍，更多省份法治水平得以提升，从而导致省际法治水平的绝对差异缩小，进而推动省际法治水平的相对差异缩小；第三阶段（2016—2019年），随着各个省份持续提升法治水平，中国省际法治水平已不存在显著的差异性。

2001—2019年中国省际法治水平的变异水平如图3-4所示。

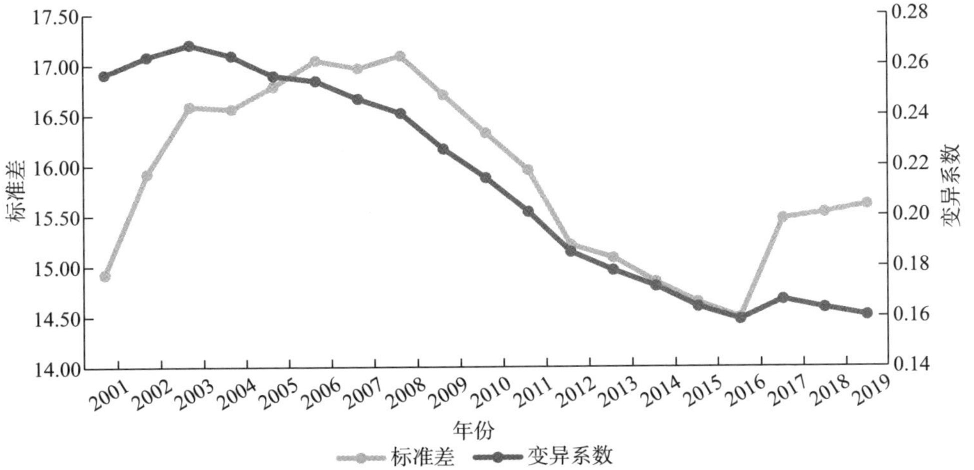

图 3-4 2001—2019 年中国省际法治水平的变异水平

3. 5. 4 聚类分析

运用组间平均数联结法生成的聚类树状族谱（层次聚类法），选取 2001 年、2006 年、2011 年、2016 年、2019 年等关键节点，将中国省际法治水平划分为高、中、低 3 个层次或高、中高、中、中低、低 5 个层次，依次刻画各省份法治水平由大到小的种群特征。

以 3 个层次划分为例，2001—2006 年，相较于北京、上海，天津、浙江的法治化进程相对滞后，从第一层次下降到第二层次；相较于福建、重庆、山东、辽宁、广东、江苏，青海、新疆、黑龙江、宁夏、山西、吉林、陕西、湖北、四川、湖南、安徽、江西、河南法治化进程相对滞后，从第二层次下降到第三层次。2006—2011 年，相较于江苏、天津、浙江，福建、重庆、山东、辽宁、广东法治化相对滞后，从第二层次下降到第三层次。2011—2016 年，相较于辽宁、青海、新疆、黑龙江、贵州、宁夏、山西、吉林、陕西、湖北、四川、湖南、安徽、江西、河南，福建、山东、广东、重庆法治化建设相对较快，从第三层次上升到第二层次。2016—2019 年，江苏、浙江法治化进程相对较快，从第二层次跃升至第一层次；辽宁、宁夏、湖北、安徽、四川、陕西法治化建设相对较快，从第三层次上升到第二层次（见表 3-17）。

表 3-17 中国省际法治水平的聚类分析结果（3 个聚类）

年份	省级地区
2001	第一层次（4 个）：北京、天津、上海、浙江 第二层次（19 个）：青海、新疆、山西、吉林、陕西、广东、黑龙江、湖北、江苏、辽宁、福建、山东、宁夏、四川、湖南、重庆、安徽、江西、河南 第三层次（1 个）：贵州
2006	第一层次（2 个）：北京、上海 第二层次（8 个）：福建、重庆、山东、辽宁、广东、江苏、浙江、天津 第三层次（14 个）：青海、新疆、黑龙江、贵州、宁夏、山西、吉林、陕西、湖北、四川、湖南、安徽、江西、河南
2011	第一层次（2 个）：北京、上海 第二层次（3 个）：江苏、天津、浙江 第三层次（19 个）：福建、重庆、山东、辽宁、广东、青海、新疆、黑龙江、贵州、宁夏、山西、吉林、陕西、湖北、四川、湖南、安徽、江西、河南
2016	第一层次（2 个）：北京、上海 第二层次（7 个）：福建、山东、广东、重庆、江苏、天津、浙江 第三层次（15 个）：辽宁、青海、新疆、黑龙江、贵州、宁夏、山西、吉林、陕西、湖北、四川、湖南、安徽、江西、河南
2019	第一层次（4 个）：北京、上海、江苏、浙江 第二层次（11 个）：辽宁、宁夏、湖北、安徽、四川、陕西、福建、山东、广东、重庆、天津 第三层次（9 个）：黑龙江、湖南、河南、新疆、山西、江西、青海、吉林、贵州

中国省际法治水平的聚类分析结果（5 个聚类）如表 3-18 所示。

表 3-18 中国省际法治水平的聚类分析结果（5 个聚类）

年份	省级地区
2001	第一层次（2 个）：北京、上海 第二层次（2 个）：天津、浙江 第三层次（10 个）：重庆、山东、吉林、辽宁、福建、广东、黑龙江、江苏、新疆、宁夏 第四层次（9 个）：青海、山西、陕西、湖北、四川、湖南、安徽、江西、河南 第五层次（1 个）：贵州
2006	第一层次（2 个）：北京、上海 第二层次（1 个）：天津 第三层次（7 个）：福建、重庆、山东、辽宁、广东、江苏、浙江 第四层次（13 个）：青海、新疆、黑龙江、宁夏、山西、吉林、陕西、湖北、四川、湖南、安徽、江西、河南 第五层次（1 个）：贵州

续表

年份	省级地区
2011	第一层次（2 个）：北京、上海 第二层次（3 个）：江苏、天津、浙江 第三层次（5 个）：广东、重庆、辽宁、福建、山东 第四层次（8 个）：陕西、黑龙江、山西、新疆、四川、湖北、宁夏、安徽 第五层次（6 个）：青海、贵州、吉林、湖南、江西、河南
2016	第一层次（2 个）：北京、上海 第二层次（3 个）：江苏、天津、浙江 第三层次（4 个）：福建、山东、广东、重庆 第四层次（9 个）：宁夏、陕西、辽宁、四川、安徽、黑龙江、山西、新疆、湖北 第五层次（6 个）：青海、贵州、吉林、湖南、江西、河南
2019	第一层次（1 个）：北京 第二层次（3 个）：上海、江苏、浙江 第三层次（5 个）：福建、山东、广东、重庆、天津 第四层次（6 个）：辽宁、宁夏、湖北、安徽、四川、陕西 第五层次（9 个）：黑龙江、湖南、河南、新疆、山西、江西、青海、吉林、贵州

综上所述，2001—2019 年，中国省际法治水平变迁具有以下特征：第一，省际法治水平基本保持菱形分布态势，且部分样本省级地区从较高层次下降到较低层次；第二，东部沿海地区样本的法治水平普遍较高，中西部地区样本的法治水平普遍较低。

3.6 治理能力

3.6.1 省域排名

一方面，从中国省域治理能力分项指数（见附表 5）的静态排名来看。2019 年，在排名前 50%的省级地区样本中，北京、上海、天津、江苏、广东、浙江、山东、福建属于东部地区，占本地区被考察省级地区的 8/9；重庆、陕西属于西部地区，占本地区被考察省级地区的 2/7；湖北、安徽属于中部地区，占本地区被考察省级地区的 1/4。由此可见，东部地区被考察样本的治理能力一般比较高，中西部地区被考察样本的治理能力一般比较低，治理能力存在一定的区域差异性。可以这样来理解治理能力的区域差异性：首先，从治理能力的市场维度来看，我国的市场化改革始于东部沿海地区，这些样本省级地区拥有市场化的先发优势，市场经济体制机制比较完善，市场化水平明显高于我国中西部地区样本省级地区；其次，从治理能力的政府维度来看，我国东部沿海地区政府的财政实力普遍较强，2022 年一般公共预算收入排名前 6 的省级地区（广东、江苏、浙江、上海、山东、北京）均位于东部沿海地区，基础设施、创新补贴等公共服务水平普遍较高，服务型政府建设成效显著。

另一方面，从中国省域治理能力分项指数的动态排名来看。2001—2019 年，10 个省级地区排名上升，10 个省级地区排名下降，4 个省级地区排名不变，分别占比 41.7%、41.7%、16.6%。其中，在东部地区，2 个样本排名不变，3 个样本排名上升，4 个样本（辽宁、上海、浙江、福建）排名下降；在中部地区，1 个样本排名不变，3 个样本排名上升，4 个样本（吉林、湖南、山西、黑龙江）排名下降；在西部地区，1 个样本排名不变，4 个样本排名上升，2 个样本（四川、新疆）排名下降。由此可见，部分省级地区治理能力排名上升幅度较大，如陕西、江西、安徽，部分省级地区治理能力排名下降幅度较大，如辽宁、吉林、黑龙江，治理能力排名变化存在一定的省际差异性。可以这样来理解治理能力排名变化的省际差异性：陕西、江西、安徽等省份初始治理能力排名相对不高，但这些样本省份积极抢抓国家重大发展战略机遇，积极推进对内改革、对外开放，积极融入 WTO 市场经济制度体系，提高本地政府公共服务水平，市场化改革和服务型政府建设均取得了相对显著的成效，故带来了治理能力排名上升幅度较大的良好绩效。

治理能力省际排名的变化情况如表 3-19 所示。

表 3-19　治理能力省际排名的变化情况

省级地区	2001 年	2006 年	2011 年	2016 年	2019 年	排名变化
上海	1	1	1	2	2	-1
北京	2	2	2	1	1	1
天津	3	3	3	3	3	0

续表

省级地区	2001 年	2006 年	2011 年	2016 年	2019 年	排名变化
江苏	4	4	4	4	4	0
浙江	5	5	5	5	6	-1
广东	6	6	6	6	5	1
辽宁	7	7	7	15	15	-8
山东	8	8	8	7	7	1
福建	9	9	10	9	12	-3
湖北	10	10	12	8	10	0
重庆	11	11	9	11	8	3
吉林	12	15	16	19	19	-7
陕西	13	13	11	10	9	4
湖南	14	17	15	16	16	-2
河南	15	12	14	13	13	2
安徽	16	14	13	12	11	5
山西	17	16	18	18	18	-1
黑龙江	18	20	21	22	22	-4
四川	19	19	19	17	17	-2
江西	20	18	17	14	14	6
宁夏	21	21	20	20	21	0
新疆	22	23	24	24	24	-2
贵州	23	22	22	21	20	3
青海	24	24	23	23	23	1

3.6.2　改善幅度

一方面，从治理能力的绝对改善幅度来看。绝对改善幅度=2019 年治理能力分项指数-2001 年治理能力分项指数，在排名前 50%的省级样本地区中，贵州、陕西、重庆、四川、青海属于西部地区，占本地区被考察省级地区的

5/7；安徽、江西、河南、湖南、湖北属于中部地区，占本地区被考察省级地区的5/8；江苏、山东属于东部地区，占本地区被考察省级地区的2/9。由此可见，在治理能力的绝对改善幅度方面，中国省级样本存在一定的省际差异性。可以这样来理解：随着西部大开发战略（2000年）、中部崛起战略（2004年）的逐步落实，大部分中西部样本省级地区抓住战略机遇，积极推进对内改革和对外开放，加快建设社会主义市场经济体制及各项配套制度，加快推进基础设施、民生设施建设，持续加强服务型政府建设，地区市场能力和政府能力各项指标得到显著提升，故治理能力的绝对改善幅度较高。

另一方面，从治理能力的相对改善幅度来看。相对改善幅度=绝对改善幅度/2001年治理能力分项指数，在排名前50%的省级样本地区中，贵州、青海、四川、陕西、宁夏、重庆、新疆属于西部地区，占本地区被考察省级地区的全部；安徽、江西、河南、湖南、山西属于中部地区，占本地区被考察省级地区的5/8；东部地区没有入围省级地区。由此可见，绝大部分中西部地区样本省份治理能力的相对改善幅度较大，而所有东部地区样本省份治理能力的相对改善幅度较小，治理能力的相对改善幅度存在一定的区域差异性。关于治理能力相对改善幅度的区域差异性，可以这样来理解：相较于东部样本省级地区，中西部样本省级地区的初始治理能力普遍较低，自加入WTO以来，中西部样本省级地区治理能力有了明显改善，故其相对改善幅度往往会显得比较大。

治理能力改善幅度的排名情况如表3-20所示。

表3-20 治理能力改善幅度的排名情况

省级地区	绝对改善	排名	相对改善	排名
贵州	47.27	1	110.42	1
安徽	41.81	2	72.04	4
江西	40.99	3	74.07	3
陕西	40.46	4	67.54	6
重庆	39.34	5	63.70	9
四川	37.91	6	67.69	5

续表

省级地区	绝对改善	排名	相对改善	排名
河南	37.71	7	63.84	8
青海	36.79	8	88.83	2
湖南	36.13	9	60.97	11
山东	35.82	10	53.06	14
湖北	35.41	11	54.86	13
江苏	34.91	12	47.09	18
宁夏	34.75	13	64.06	7
广东	33.74	14	46.92	19
山西	33.54	15	57.86	12
福建	32.90	16	50.18	16
浙江	31.28	17	42.89	20
吉林	30.28	18	50.24	15
北京	29.48	19	32.55	23
新疆	28.34	20	62.98	10
黑龙江	28.13	21	48.80	17
天津	27.90	22	32.83	22
辽宁	25.44	23	35.95	21
上海	23.31	24	24.37	24

3.6.3　变异水平

从绝对变异水平来看。中国省级地区样本治理能力的标准差呈现先缓慢下降、后快速下降、再缓慢下降的变化趋势，具体可以划分为三个阶段：第一阶段（2001—2005 年），中国省际治理能力的标准差基本稳定在 13.50 上下，说明中国省级地区样本治理能力的绝对差异基本保持稳定；第二阶段（2006—2013 年），中国省际治理能力的标准差快速下降，从 13.50 下降到 11.42，说明中国省级地区样本治理能力的绝对差异快速缩小；第三阶段

（2014—2019 年），中国省际治理能力的标准差降幅趋缓，2019 年降到 11.11，说明中国省级地区样本治理能力的绝对差异缩小速度减缓。可以这样来理解以上三个阶段：第一阶段（2001—2005 年），随着中国加入 WTO 经济制度体系，各样本省级地区全面对接全球经济大循环，几乎纷纷同时推进市场化改革和服务型政府建设，故中国省际治理能力的绝对差异基本保持稳定。第二阶段（2006—2013 年），随着西部大开发战略（2000 年）、中部崛起战略（2004 年）的逐步落实，中西部样本省级地区加快对内改革和对外开放步伐，市场化改革加快推进，基础设施等政府能力指标快速提升，中西部地区治理能力与东部沿海地区差距快速缩小，故中国省际治理能力的绝对差异快速缩小。第三阶段（2014—2019 年），随着中国全面融入 WTO 经济制度体系，以及中国区域协调发展战略的充分落实，制度红利和战略红利均得到充分释放，中西部地区市场化改革和基础设施建设的改善空间变小，故中国省际治理能力的绝对差异缩小速度减缓。

从相对变异水平来看。2001—2019 年，中国省级地区样本治理能力的变异系数保持在 0.11~0.21，表明中国省际治理能力存在一定的差异性。同期，中国省级地区样本治理能力的变异系数呈现持续下降的变化趋势，具体可以划分为两个阶段：第一阶段（2001—2003 年），中国省际治理能力的变异系数从 0.21 下降到 0.20，说明中国省际治理能力的相对差距在逐步缩小，且存在一定的省际差异性；第二阶段（2004—2019 年），中国省际治理能力的变异系数持续下降，2019 年降至 0.11，说明中国省际治理能力的相对差距在逐步缩小，省际差异性也逐步消失。可以这样来理解以上两个阶段：第一阶段（2001—2003 年），正如上文所言，在全国全面对接 WTO 经济制度体系的大背景下，各样本省级地区几乎纷纷同时推进市场化改革和基础设施改善，中国省际治理能力虽然存在一定差异，但相对差距在逐步缩小；第二阶段（2004—2019 年），随着中国省际治理能力的绝对差异持续缩小，样本省级地区治理能力的相对差异也逐步缩小，且中国省际治理能力已不存在显著的差异性。

2001—2019 年中国省际治理能力的变异水平如图 3-5 所示。

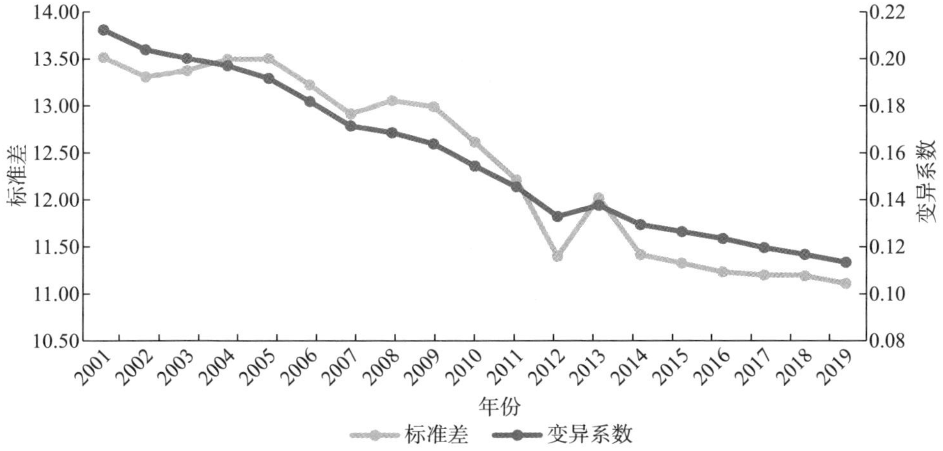

图 3-5　2001—2019 年中国省际治理能力的变异水平

3.6.4　聚类分析

运用组间平均数联结法生成的聚类树状族谱（层次聚类法），选取 2001 年、2006 年、2011 年、2016 年、2019 年等关键节点，将中国省际治理能力划分为高、中、低 3 个层次或高、中高、中、中低、低 5 个层次，依次刻画各省份治理能力由大到小的种群特征。

以 3 个层次划分为例，2001—2011 年，中国省域治理能力分类相对比较稳定，北京、天津、上海始终位居第一层次，青海、贵州、新疆始终属于第三层次，其他样本省级地区始终属于第二层次。2011—2016 年，相较于青海、新疆，贵州治理能力提升较快，从第三层次跃升到第二层次。2016—2019 年，山东、广东、江苏、浙江治理能力提升较快，从第二层次跃升至第一层次（见表 3-21）。

表 3-21　中国省际治理能力的聚类分析结果（3 个聚类）

年份	省级地区
2001	第一层次（3 个）：北京、天津、上海 第二层次（18 个）：浙江、山西、吉林、陕西、广东、黑龙江、湖北、江苏、辽宁、福建、山东、宁夏、四川、湖南、重庆、安徽、江西、河南 第三层次（3 个）：青海、新疆、贵州

续表

年份	省级地区
2006	第一层次（3个）：北京、上海、天津 第二层次（18个）：福建、重庆、山东、辽宁、广东、江苏、浙江、黑龙江、宁夏、山西、吉林、陕西、湖北、四川、湖南、安徽、江西、河南 第三层次（3个）：青海、新疆、贵州
2011	第一层次（3个）：北京、上海、天津 第二层次（18个）：福建、重庆、山东、辽宁、广东、江苏、浙江、黑龙江、宁夏、山西、吉林、陕西、湖北、四川、湖南、安徽、江西、河南 第三层次（3个）：青海、新疆、贵州
2016	第一层次（3个）：北京、上海、天津 第二层次（19个）：福建、山东、广东、重庆、江苏、浙江、辽宁、黑龙江、贵州、宁夏、山西、吉林、陕西、湖北、四川、湖南、安徽、江西、河南 第三层次（2个）：青海、新疆
2019	第一层次（7个）：北京、上海、天津、山东、广东、江苏、浙江 第二层次（15个）：辽宁、宁夏、湖北、安徽、四川、陕西、福建、重庆、黑龙江、湖南、河南、山西、江西、吉林、贵州 第三层次（2个）：青海、新疆

中国省际治理能力的聚类分析结果（5个聚类）如表3-22所示。

表3-22　中国省际治理能力的聚类分析结果（5个聚类）

年份	省级地区
2001	第一层次（3个）：北京、天津、上海 第二层次（4个）：广东、辽宁、浙江、江苏 第三层次（3个）：福建、山东、湖北 第四层次（11个）：山西、陕西、四川、湖南、安徽、江西、河南、重庆、吉林、黑龙江、宁夏 第五层次（3个）：青海、贵州、新疆
2006	第一层次（2个）：北京、上海 第二层次（1个）：天津 第三层次（5个）：山东、辽宁、广东、江苏、浙江 第四层次（13个）：福建、重庆、黑龙江、宁夏、山西、吉林、陕西、湖北、四川、湖南、安徽、江西、河南 第五层次（3个）：青海、贵州、新疆

续表

年份	省级地区
2011	第一层次（3 个）：北京、上海、天津 第二层次（5 个）：江苏、浙江、广东、山东、辽宁 第三层次（4 个）：湖北、陕西、重庆、福建 第四层次（9 个）：黑龙江、山西、四川、宁夏、安徽、吉林、湖南、江西、河南 第五层次（3 个）：青海、贵州、新疆
2016	第一层次（3 个）：北京、上海、天津 第二层次（5 个）：江苏、浙江、山东、广东、湖北 第三层次（8 个）：福建、重庆、陕西、辽宁、安徽、湖南、江西、河南 第四层次（6 个）：宁夏、贵州、山西、吉林、四川、黑龙江 第五层次（2 个）：青海、新疆
2019	第一层次（3 个）：上海、北京、天津 第二层次（5 个）：江苏、浙江、山东、广东、湖北 第三层次（8 个）：福建、重庆、辽宁、安徽、陕西、湖南、河南、江西 第四层次（6 个）：山西、吉林、贵州、宁夏、四川、黑龙江 第五层次（2 个）：青海、新疆

综上所述，2001—2019 年，中国省际治理能力变迁具有以下特征：第一，省际治理能力基本呈现菱形分布态势，且部分样本省级地区从较低层次跃升到较高层次；第二，东部沿海地区样本的治理能力普遍较高，中西部地区样本的治理能力普遍较低。

3.7　本章小结

本章选用中国省域治理质量的评估指标体系，采用时序全局因子分析法，对 2001—2019 年中国省级面板数据进行分析，计算政府能力、市场能力和法治水平三个分项指数，以及中国省域治理质量综合指数、治理能力指数，并从省域排名、改善幅度、变异水平、聚类分析等多个视角进行研究，分析综合指数、三个分项指数、治理能力指数的变化趋势和空间分异特征，主要结论如下：

一是治理质量。首先，东部地区被考察样本的治理质量普遍较高，中西部地区被考察样本的治理质量普遍较低，治理质量存在一定的区域差异性；

西部地区大部分样本排名上升，中部地区次之，东部地区较多样本排名下降，省级地区治理质量的动态排名存在一定的区域差异性。其次，相较于东部地区，中西部地区大部分样本治理质量的绝对改善幅度、相对改善幅度均比较大，治理质量的绝对改善幅度、相对改善幅度都存在一定的区域差异性。再次，中国省际治理质量的绝对差异呈现先扩大、后缩小、再稳定的变化趋势，相对差异越来越小且逐步消失。最后，中国省际治理质量整体呈现菱形分布态势。

二是政府能力。首先，东部地区被考察样本的政府能力普遍较强，西部地区被考察样本次之，中部地区被考察样本的政府能力普遍较弱，政府能力存在一定的区域差异性；东部地区样本政府能力比较稳定，中部地区样本政府能力分化较大，西部地区样本政府能力稳定提升，政府能力动态排名存在一定的区域差异性。其次，西部地区大部分样本政府能力的绝对改善幅度和相对改善幅度都比较大，中部地区次之，东部地区最小，政府能力的改善幅度存在一定的区域差异性。再次，中国省级地区样本政府能力的绝对差异呈现先缓慢上升、后振荡下降、再趋于平稳的变化趋势，相对差异持续缩小且始终不存在显著的省际差异性。最后，中国省际政府能力逐步从菱形结构转变为金字塔结构。

三是市场能力。首先，东部地区被考察样本的市场能力普遍较强，中部地区被考察样本次之，西部地区被考察样本的市场能力普遍较弱，市场能力存在一定的区域差异性；无论从总体来看，还是分三大地区来看，市场化水平的提升是中国省级地区的一个普遍现象。其次，中西部地区大部分样本市场能力的绝对改善幅度和相对改善幅度均比较大，东部地区样本市场能力的绝对改善幅度和相对改善幅度普遍较小，市场能力的改善幅度存在一定的区域差异性。再次，中国省际市场能力的绝对差异、相对差异均持续缩小，但始终存在一定的省际相对差异性。最后，中国省际市场能力基本呈现菱形结构，较高层次的样本省级地区越来越多，较低层次的样本省级地区越来越少。

四是法治水平。首先，东部地区被考察样本的法治水平普遍较高，中西部地区被考察样本的法治水平普遍较低，法治水平存在一定的区域差异性；部分省级地区法治水平排名上升幅度较大，部分省级地区法治水平排名下降幅度较大，法治水平排名变化存在一定的省际差异性。其次，大部分中西部地区省级样本法治水平的相对改善幅度较大，而大部分东部地区省级样本法治水平的相对改善幅度较小，法治水平相对改善幅度存在一定的区域差异性。再次，中国省级地区样本法治水平的绝对差异呈现先扩大、后缩小、再扩大的变化趋势，相对差异呈现先扩大、后缩小的变化趋势且逐步趋于消失。最后，中国省际法治水平基本保持菱形分布态势，且部分样本省级地区从较高层次下降到较低层次。

五是治理能力。首先，东部地区被考察样本的治理能力一般比较高，中西部地区被考察样本的治理能力一般比较低，治理能力存在一定的区域差异性；部分省级地区治理能力排名上升幅度较大，部分省级地区治理能力排名下降幅度较大，治理能力排名变化存在一定的省际差异性。其次，绝大部分中西部样本省级地区的治理能力的绝对改善幅度和相对改善幅度均较大，而绝大部分东部样本省级地区治理能力的绝对改善幅度和相对改善幅度均较小，治理能力的改善幅度存在一定的区域差异性。再次，中国省级地区样本治理能力的绝对差异呈现先缓慢缩小、后快速缩小、再缓慢缩小的变化趋势，相对差异呈现持续缩小的变化趋势且逐步不显著。最后，中国省际治理能力基本呈现菱形分布态势，且部分样本省级地区从较低层次跃升到较高层次。

第4章　治理质量、结构效应与省域经济高质量发展

4.1　理论假说

Tang等（2018）提炼出“中国省域治理”的核心内涵，即强政府、市场化、法治化，明确中国省域治理质量评估的三大主要内容为政府能力、市场能力、法治水平，提出中国省域治理质量的评估指标体系（包括14个三级指标），以及3个二级指标（政府能力分项指数、市场能力分项指数、法治水平分项指数），按照三个分项指数高低，可以划分为强、弱两个维度[①]，理论上可以形成8种治理结构。其中，“强政府+强市场+强法治”是最佳的治理结构，“弱政府+弱市场+弱法治”是最差的治理结构，主要原因在于：

首先，“强政府”意味着政府有能力弥补市场缺损和市场失灵，有能力培育、监管和服务市场主体，有能力推动科技等领域的体制改革，政府作为“元治理”的唯一主体的特殊角色得到完全体现，政府公权力的“扶持之手”作用得以充分发挥；同时，发挥政府公权力的中立性与自主性，超脱于各种利益集团、派系的制约，抑制市场私权力（利益集团）的消极影响，从而促进地区经济高质量发展。相反，“弱政府”意味着政府公权力的“扶持之手”作用难以发挥，且无法抑制市场私权力的“掠夺之手”影响。以澄海玩具和

① 本书主要有两种划分方法：一是按排名划分，排名前50%的为强，否则为弱；二是按均值划分，超过均值的为强，否则为弱。

深圳新能源汽车产业高质量发展为例，在汕头市澄海区玩具产业走向高端化、智能化的过程中，澄海区政府发布《汕头市澄海区玩具创意产业高质量发展规划（2023—2030 年）》，引导企业与科研单位的深度合作和集成创新，加强智能制造装备系统集成与创新；鼓励青少年参与学习、策划编程，为行业提供智能积木配件与编程系统技术服务，助力积木企业玩具产品智能化，扮演了“强政府”的角色。此外，在深圳新能源汽车发展壮大过程中，深圳市政府创造了“科学雨林，无限生境”的市场竞争环境；政府主导的权威测试证明了比亚迪新产品 e6 的质量可靠；政府制定公共交通需求规划，提供了 300 亿元的初始大市场；政府主导制定了严格的新能源汽车产业标准体系；政府资助引导各项技术的深入研发，最大限度地提高了企业创新收益，最大限度地降低了企业创新风险；政府将传统的财政拨款转变成政府引导基金，并采用市场化的方式来推动产业发展，也扮演了“强政府”的角色。

其次，“强市场”意味着市场有能力弥补政府失灵，促进资源的优化配置，市场私权力的“扶持之手”作用得以充分发挥；此外，一个发达的市场经济，不仅可以抑制政府公权力的消极影响（掠夺之手），也可以为政府公权力积极作用的充分发挥提供有力支撑（如税收、商品和服务等），从而促进地区经济高质量发展。相反，“弱市场”意味着市场私权力的“扶持之手”作用难以发挥，且无法抑制政府公权力的“掠夺之手”影响，也无法为政府公权力发挥“扶持之手”作用提供有效支撑。加入 WTO 以来，我国加快推进市场经济体制与国际接轨，尤其是党的十八届三中全会确定市场在资源配置中起“决定性作用”以后，我国的市场化改革向纵深领域持续推进。以价格改革为例，价格能够放开的都尽量放开，政府定价的范围主要限定在重要公用事业、公益性服务以及网络型自然垄断环节。2017 年，我国 97% 以上商品和服务的价格实现了市场调节，这个比例是很高的。此外，在开办企业的规定方面也有重大改进，采取了一些国际上市场经济国家通行的办法，实现了民营经济快速发展。2022 年，中国民营企业数量已经超过 4000 万户，个体户超过 1 亿户，与 2012 年相比均增加了 1 倍多。由此可见，使市场在资源配置中起决定性作用，就是提高各类生产要素①资源配置的效率，就是推动经济高质量发展。

最后，“强法治”意味着政府行为、市场行为的法治化，以及政府和市场之间关系的规范化，从制度上鼓励公权力和私权力的“扶持之手”，或抑制公权力和私权力的“掠夺之手”，将政府治理能力、市场治理能力转化为实际产出，从而促进地区经济高质量发展。相反，“弱法治”意味着政府行为、市场行为的无序化，意味着权力的“扶持之手”无法得到充分激励，且权力的“掠夺之手”无法得到有效约束。以深圳为例，其经济高质量发展拥有显著的条例文化、法治文化，即产业发展、条例先行。为了规范政府与市场边界，支持智能网联汽车产业发展，2022 年深圳七届人大常委会第十次会议通过《深圳经济特区智能网联汽车管理条例》，内容涵盖了道路测试和示范应用、准入和登记、使用管理、车路协同基础设施、网络安全和数据保护、交通违法和事故处理、法律责任等方面。此外，2024 年初深圳七届人大常委会第二十三次会议通过《深圳经济特区低空经济产业促进条例》，内容涵盖了基础设施、飞行服务、产业应用、产业支持、技术创新、安全管理、法律责任等方面，这是国内首部为促进低空经济产业发展的地方专项法规，也是为低空经济“腾飞”铺平“法治航道”的重要举措。

显而易见，在“强政府+强市场+强法治”的治理结构中，政府、市场均具有强大的治理能力，且在法治的激励和约束下，该治理能力可以有效转化为经济高质量发展；然而，在“弱政府+弱市场+弱法治”的治理结构中，经济高质量发展绩效十分有限。

综上所述，提出以下假说：

假说 1：控制其他条件，当治理结构为“强政府+强市场+强法治”时，良好治理的经济高质量发展效应较强一些。

假说 2：控制其他条件，当治理结构为“弱政府+弱市场+弱法治”时，良好治理的经济高质量发展效应较弱一些。

同时，政府能力、市场能力都属于治理能力，治理能力指数可以通过政

① 包括资本、劳动、土地、数据和技术五大要素。

府能力和市场能力两个分项指数合成得到，故治理质量也可以划分为治理能力、法治水平两个维度，按照指数高低可以划分为强、弱两组，理论上可以形成 4 种结构，即“强能力+强法治”“强能力+弱法治”“弱能力+强法治”“弱能力+弱法治”。其中，“强能力+强法治”是最佳的治理质量结构，“弱能力+弱法治”是最差的治理结构，主要原因在于：首先，“强能力”意味着在政府与市场之间，至少有一方的治理能力比较强，而强大的政府可以提供各种发展便利，强大的市场可以优化资源配置，从而为发挥协同效应提供了现实条件，这就支撑了权力的“扶持之手”；相反，“弱能力”意味着在政府与市场之间，至少有一方的治理能力比较弱，这就弱化了权力的“扶持之手”。其次，“强法治”意味着权力约束，意味着政府与市场都必须依法办事，也意味着政府与市场关系的规范化，这不仅抑制了权力的“掠夺之手”，也鼓励了“扶持之手”；相反，“弱法治”意味着权力缺乏约束，既无法鼓励权力的“扶持之手”，也无法抑制“掠夺之手”。显然，在治理质量的不同结构中，“强能力+强法治”最能抑制权力的“掠夺之手”，并鼓励“扶持之手”，因此提出以下假说：

假说 3：控制其他条件，当治理结构为“强能力+强法治”时，良好治理的经济高质量发展效应较强一些。

假说 4：控制其他条件，当治理结构为“弱能力+弱法治”时，良好治理的经济高质量发展效应较弱一些。

4.2　计量模型与研究方法

4.2.1　模型设定

根据 Seldadyo 等（2010）、刘明兴等（2013）、李飞跃等（2014）的研究成果，治理质量与经济发展质量之间存在非线性关系。基于此，借鉴已有研究成果提出的治理质量影响经济发展质量的计量模型，本章设定的计量模型具体表达式如式（4-1）所示：

$$\ln QED_{it} = C + \beta_1 \ln Gov_{it} + \beta_2 \ln Open_{it} + \beta_3 \ln Edu_{it} + \beta_4 \ln Urban_{it} + \beta_5 \ln Inv_{it} + \beta_6 \ln Hum_{it} + \mu_i + \lambda_t + \varepsilon_{it} \tag{4-1}$$

其中，$\ln QED_{it}$ 表示 i 地区 t 年的经济发展质量的自然对数，$\ln Gov_{it}$ 表示 i 地区 t 年的治理质量的自然对数，$\ln Open_{it}$、$\ln Edu_{it}$、$\ln Urban_{it}$、$\ln Inv_{it}$、$\ln Hum_{it}$ 分别表示 i 地区 t 年的开放程度、教育水平、城市化水平、投资占比、人力资本的自然对数，C 表示截距项，$\beta_1 \sim \beta_6$ 表示待估系数，μ_i表示地区效应，λ_t表示时间效应，ε_{it}表示服从独立同分布的误差项，其均值为0，方差为 σ。

4.2.2　变量选取

（1）经济发展质量

从已有研究成果来看，关于经济高质量发展的内涵和测度，学术界尚未达成共识，但大部分专家认为经济高质量发展的突出特征是高经济效率。故本章借鉴现有文献，选择共性维度、共性指标，采用劳动生产率（效率性指标）衡量经济发展质量，并采用人均实际 GDP（强盛性指标）、单位 GDP 能耗（资源性指标）、单位 GDP 废水排放量（环境性指标）、高新技术创收度①（创新性指标）进行稳健性检验。

（2）治理质量

治理质量是本书的核心自变量，一些学者采用治理的综合指数，比如，Olson 等（2000）选择 ICRG 指数，Hussain 和 Haque（2016）采用经济自由度综合指数，Adedokun（2017）采用 WGI 指数、IIAG 治理指数；一些学者选用治理质量分项指数，比如，Olson 等（2000）采用五个 ICRG 单项指标，Kaufmann 等（2004）采用城市治理质量的三个单项指标，Kurtz 和 Schrank（2007）采用 WGI 治理指数中的政府效能分项指标。根据治理定量评估的最新趋势，治理质量的多维视角和综合性备受关注，唐杰等（2019）提出了中国省域治理质量综合指数（2001—2016 年），该指数强调强政府、市场化和法治化，体现了“权力横向配置+治理能力+权力约束”的多维治理视角。本

① 高新技术创收度=高技术产业主营业务收入/地区生产总值。

章借鉴该指数的构建思路和指标体系，得到新的中国省域治理质量综合指数（2001—2019 年），综合指数参见附表 1，具体计算过程参见第 3 章。

（3）控制变量

除了治理质量，其他变量也会影响经济高质量发展，为了识别这些变量对经济高质量发展的影响，需要将它们纳入控制变量集。本章以现有研究成果为基础，结合数据资料的可得性，选择以下控制变量：开放程度（*Open*）用“（进出口总额×汇率）/GDP”替代，教育水平（*Edu*）用“高校在校学生数/常住人口”替代，城市化水平（*Urban*）用“年末城镇人口比重”替代，投资占比（*Inv*）用“全社会固定资产投资/GDP”替代，人力资本（*Hum*）用“大专及以上人口比重”① 替代。

4.2.3　样本说明

本章的样本为中国省级地区，不包括港澳台地区，由于难以得到河北、云南、西藏、海南、广西、内蒙古、甘肃部分指标的原始数据，故有效样本为 24 个省级地区。考虑到指标口径的一致性、数据的可得性，以及 2020—2022 年经济数据受疫情影响较大，故样本期限为 19 年（2001—2019 年），最终有效样本为 456 个。数据来源为各省份统计年鉴（2002—2020 年）、《中国统计年鉴》（2002—2020 年）、《中国科技统计年鉴》（2002—2020 年）。

4.3　实证结果分析

4.3.1　初步结果分析

本章采用的中国省域治理质量综合指数包括三个分项指数：政府能力、市场能力和法治水平，为每个分项指数赋予“强、弱”两个维度。对于 24 个样本省级地区，分别计算 2001—2019 年各个分项指数的平均值，如果该平均值在 24 个样本中排名前 50%，属于“强”，否则属于“弱”，最终可以划分

① 大专及以上人口比重=大专及以上人口样本数/6 岁及以上人口样本数。

为三类治理结构："强政府+强市场+强法治"治理结构、"弱政府+弱市场+弱法治"治理结构、其他治理结构（见表4-1）。

表4-1　基于排名次序的三个分项指数不同组合下的治理结构

三类治理结构	涵盖省级行政区
强政府+强市场+强法治	北京、天津、上海、江苏、浙江、广东、辽宁、山东
弱政府+弱市场+弱法治	黑龙江、新疆、四川、湖南、河南、江西、贵州、青海
其他	山西、吉林、福建、安徽、湖北、重庆、陕西、宁夏

基于此，按照以上三种治理结构，将样本划分为三类，设定两个虚拟变量 S、W，然后估计模型。当样本属于"强政府+强市场+强法治"治理结构时，$S=1$，否则 $S=0$；当样本属于"弱政府+弱市场+弱法治"治理结构时，$W=1$，否则 $W=0$。从表4-2的估计结果来看（本书选择固定效应模型），无论在模型（1）还是模型（2）中，$\ln Gov$ 的系数均显著大于零，说明良好治理拥有显著的经济高质量发展效应，这与已有研究成果的主要结论保持一致。

在模型（1）中，$S\times\ln Gov$ 的系数显著大于零，说明当样本省级地区治理结构为"强政府+强市场+强法治"时，其良好治理的经济高质量发展效应显著高于"弱政府+弱市场+弱法治"治理结构和其他治理结构的平均水平约27%，验证了假说1。可以这样来理解：第一，强市场[①]意味着更全面、更充分的市场化改革，意味着市场机制在资源配置中的作用更大，劳动力等资源的配置效率更高、变现能力更强，从而激励劳动力等各类资源优化配置，最终有助于提高劳动生产率；第二，强政府[②]意味着更多的创新补贴、更深入的科技体制改革，意味着更好的基础设施等公共服务，这些都有助于市场机制更好发挥作用，有助于激励市场主体和强化科技创新，进而带来更高的劳动生产率；第三，强法治[③]意味着更好的知识产权保护，意味着强大的法治意识和法律服务，从而激励和保护企业家及"双创"活动，也抑制了政府和市场

① 市场能力分项指数包括5个指标：非国有产出、非国有就业、非国有投资、技术市场、外商投资。

② 政府能力分项指数包括5个指标：财力资源、补贴创新、教育事业、基础设施、医疗卫生。

③ 法治水平分项指数包括4个指标：律师人才、律师事务所、诉讼业务、知识产权保护。

的“掠夺之手”，最终带来更高的劳动生产率。

在模型（2）中，$W\times\ln Gov$ 的系数显著小于零，说明当样本省级地区治理结构为“弱市场+弱政府+弱法治”时，其良好治理的经济高质量发展效应显著低于“强政府+强市场+强法治”治理结构和其他治理结构的平均水平约13%，验证了假说 2。可以这样来理解：第一，弱市场意味着市场化改革的滞后，意味着市场机制的资源配置作用更小，劳动力等资源的变现能力更弱，进而抑制了人们提高劳动生产率的热情；第二，弱政府意味着较少的创新补贴、缓慢的科技体制改革，意味着较差的基础设施等公共服务，这些都会抑制企业家精神和科技创新活动，从而造成较低的劳动生产率；第三，弱法治意味着较差的知识产权保护，意味着较弱的法治意识和较低的法治水平，这会降低科技创新投入和产出水平，造成劳动生产率偏低。

表 4-2　初步分析的估计结果

变量	*FE*（1）	*FE*（2）
C	-2.750***	-2.087***
$\ln Gov$	2.710***	2.917***
$S\times\ln Gov$	0.734***	—
$W\times\ln Gov$	—	-0.384*
$\ln Open$	0.033*	0.003*
$\ln Edu$	0.012*	0.015*
$\ln Urban$	0.055	0.015
$\ln Inv$	0.057	0.017
$\ln Hum$	0.153***	0.187***
调整 R^2	0.973	0.970
样本量	456	456
Hausman 统计量	95.09（P=0.0000）	68（P=0.0000）

注：***、*分别代表在 1%、10%的水平下显著。

从表 4-2 控制变量的参数估计结果来看，开放程度（$\ln Open$）的系数均显著大于零，说明通过进出口贸易活动，有助于提高样本省级地区的劳动生产率；教育水平（ln*Edu*）的系数均显著大于零，说明高等院校学生越多的地方，知识通过溢出效应可提高当地的劳动生产率；城市化水平（ln*Urban*）的系数均大于零，但并不显著，与邵传林（2016）的发现一致，说明 2001—2019 年，部分样本省份的城市化扩张，更多地侧重于数量而不是质量；投资占比（ln*Inv*）的系数均大于零，说明 2001—2019 年，投资依然是样本省份劳动生产率水平提高的重要手段，但正向作用并不显著；人力资本（ln*Hum*）的系数均显著大于零，且远超过投资占比（ln*Inv*）的系数，仅次于核心解释变量（ln*Gov*），说明 2001—2019 年人力资本（ln*Hum*）在样本省份劳动生产率增长中发挥着重要作用，成为过去近 20 年中国经济高质量发展的重要引擎。

4.3.2 二维治理结构

政府能力、市场能力都属于治理能力，故将这两个分项指数合并为一个新的分项指数——治理能力，为每个分项指数（治理能力、法治水平）赋予"强、弱"两个维度。对于 24 个样本省级地区，分别计算 2001—2019 年各个分项指数的平均值，如果该平均值在 24 个样本中排名前 1/3，属于"强"，如果该平均值排名后 1/3，则属于"弱"，最终也可以形成三类治理结构："强能力+强法治"治理结构、"弱能力+弱法治"治理结构、其他治理结构（见表 4-3）。基于此，按照以上三种治理结构，将样本划分为三类，设定两个虚拟变量 S、W，然后估计模型。当样本属于"强能力+强法治"治理结构时，$S=1$，否则 $S=0$；当样本属于"弱能力+弱法治"治理结构时，$W=1$，否则 $W=0$。

表 4-3　基于二维视角的治理结构

治理结构	涵盖省份
强能力+强法治	北京、天津、上海、江苏、浙江、广东
弱能力+弱法治	山西、吉林、青海、贵州
其他	山东、安徽、福建、河南、湖北、重庆、陕西、宁夏、辽宁、黑龙江、新疆、四川、江西、湖南

如表 4-4 所示，在模型（3）中，$S\times\ln Gov$ 的估计系数显著为正，说明当

样本省级地区治理结构为“强能力+强法治”时，其良好治理的经济高质量发展效应显著高于“弱能力+弱法治”治理结构和其他治理结构的平均水平约 18%，验证了假说 3。可以这样来理解：一方面，强能力意味着更充分的市场化改革、更高的资源配置效率、更好的基础设施条件、更多的科技创新补贴，从而带来更高的劳动生产率；另一方面，强法治意味着更好的知识产权保护，意味着强大的法治意识和法律服务，从而激励和保护科技创新，带来更高的劳动生产率。

在模型（4）中，$W\times \ln Gov$ 的估计系数显著为负，说明当样本省级地区治理结构为“弱能力+弱法治”时，其良好治理的经济高质量发展效应显著低于“强能力+强法治”治理结构和其他治理结构的平均水平约 14%，验证了假说 4。可以这样来理解：一方面，弱能力意味着滞后的市场化改革、更低的资源配置效率、更差的基础设施条件、更少的科技创新补贴，从而造成更低的劳动生产率；另一方面，弱法治意味着较差的知识产权保护，意味着较弱的法治意识和较低的法治水平，这不利于科技创新投入和产出，造成劳动生产率偏低。

表 4-4　基于二维视角的治理结构的估计结果

变量	*FE*（3）	*FE*（4）
C	−2.003***	−1.557**
$\ln Gov$	2.633***	2.723***
$S\times \ln Gov$	0.479*	—
$W\times \ln Gov$	—	−0.392*
$\ln Open$	0.010	−0.039
$\ln Edu$	0.006*	0.009*
$\ln Urban$	−0.011	0.038
$\ln Inv$	0.036	−0.006
$\ln Hum$	0.198***	0.214***
调整 R^2	0.969	0.970
样本量	456	456

注：***、**、*分别代表在 1%、5%、10%的水平下显著。

从表4-4控制变量的参数估计结果来看，模型（3）开放程度（ln*Open*）的系数大于零但并不显著，模型（4）开放程度（ln*Open*）的系数小于零但并不显著，说明通过进出口贸易活动，有助于提高“弱能力+弱法治”治理结构样本省级地区的劳动生产率，但无法提高“强能力+强法治”治理结构样本省级地区的劳动生产率。教育水平（ln*Edu*）的系数均显著大于零，但模型（4）的系数更高一些，说明在“强能力+强法治”治理结构样本省级地区，高等院校对劳动生产率的正向溢出效应更大。模型（3）的城市化水平（ln*Urban*）系数小于模型（4）的系数，说明在“强能力+强法治”治理结构样本省级地区，城市化带来的集聚效应、规模效应更有助于提高劳动生产率。模型（3）的投资占比（ln*Inv*）的系数明显大于模型（4）的系数，说明相较于“强能力+强法治”治理结构样本省级地区，“弱能力+弱法治”治理结构样本省级地区的劳动生产率对投资依赖程度更高。人力资本（ln*Hum*）的系数均显著大于零，但模型（4）的系数更大，说明人力资本积累有助于中国样本省级地区劳动生产率提高，且对“强能力+强法治”治理结构样本省级地区劳动生产率的积极作用更大。

4.3.3 地区差异性

在中国大陆三大经济区（东部地区、中部地区、西部地区）①，不仅地理、文化、历史等因素差异较大，市场化水平、法治水平、经济发展水平等方面差异也较大，这些可能会对不同治理结构下良好治理的经济高质量发展效应产生影响。因此，本章将样本划分为东部样本、中部样本和西部样本三部分，分别采用OLS估计模型，具体估计结果如表4-5所示。

表4-5 考虑地区差异性的估计结果

变量	东部地区（5）	中部地区（6）	西部地区（7）
C	3.420**	2.187**	1.561***

① 根据《中国统计年鉴》的划分标准，东部地区包括辽宁、广东、上海、北京、山东、浙江、江苏、福建和天津9个样本省份，中部地区包括河南、吉林、湖北、安徽、江西、湖南、黑龙江和山西8个样本省份，西部地区包括四川、贵州、陕西、青海、宁夏、新疆和重庆7个样本省份。

续表

变量	东部地区（5）	中部地区（6）	西部地区（7）
ln*Gov*	2.465***	3.014***	2.772***
S×ln*Gov*	0.843***	—	—
W×ln*Gov*	—	0.228	−0.511*
ln*Open*	−0.073	−0.109*	0.053
ln*Edu*	0.009*	0.096*	0.047*
ln*Urban*	−0.050	−0.399	0.128
ln*Inv*	0.002	0.059	0.051
ln*Hum*	0.158**	0.082*	0.093*
调整 R^2	0.972	0.979	0.985
样本量	171	152	133

注：***、**、*分别代表在 1%、5%、10%的水平下显著。

需要指出的是，东部地区没有“弱政府+弱市场+弱法治”治理结构的省级地区，中西部地区没有“强政府+强市场+强法治”治理结构的省级地区。在东部地区，*S*×ln*Gov* 的系数显著大于零，说明当样本省级地区治理结构为“强政府+强市场+强法治”时，其良好治理的经济高质量发展效应显著高于其他治理结构约 34%，验证了假说 1。在西部地区，*W*×ln*Gov* 的系数显著小于零，说明当样本省级地区治理结构为“弱政府+弱市场+弱法治”时，其良好治理的经济高质量发展效应显著低于其他治理结构约 18%，验证了假说 2。在中部地区，*W*×ln*Gov* 的系数不显著，说明两类治理结构下样本省级地区良好治理的经济高质量发展效应并不存在显著差异。由此可见，不同治理结构下样本省级地区良好治理的经济高质量发展效应存在地区异质性，可以这样来理解：

首先，相较于中西部地区，东部地区市场经济普遍比较发达，社会的法治化水平较高，政府服务意识、服务能力较强，故东部地区不存在“弱政府+弱市场+弱法治”治理结构的省级地区，中西部地区不存在“强政府+强市场+强法治”治理结构的省级地区。

其次，在东部地区，福建属于其他治理结构，其政府能力、市场能力、法治水平指数分别排名第 15、第 9、第 9，而八个“强政府+强市场+强法治”治理结构样本的政府能力、市场能力、法治水平指数排名基本在前 8，说明两组样本的治理结构差异较大，故当样本省级地区治理结构属于“强政府+强市场+强法治”时，其良好治理的经济高质量发展效应显著高于其他治理结构。

再次，在西部地区，三个其他治理结构样本的政府能力指数分别排名第 6、第 13、第 14，而四个“弱政府+弱市场+弱法治”治理结构样本的政府能力指数分别排名第 17、第 19、第 21、第 24；三个其他治理结构样本的市场能力指数分别排名第 10、第 16、第 21，而四个“弱政府+弱市场+弱法治”治理结构样本的市场能力指数分别排名第 18、第 22、第 23、第 24；三个其他治理结构样本的法治水平指数分别排名第 7、第 11、第 12，而四个“弱政府+弱市场+弱法治”治理结构样本的法治水平指数分别排名第 14、第 15、第 22、第 24。这说明两组样本的治理结构差异比较大，故当样本省级地区治理结构为“弱政府+弱市场+弱法治”时，其良好治理的经济高质量发展效应显著低于其他治理结构。

最后，在中部地区，四个其他治理结构样本的政府能力指数分别排名第 10、第 11、第 12、第 20，四个“弱政府+弱市场+弱法治”治理结构样本的政府能力指数分别排名第 16、第 18、第 22、第 23；四个其他治理结构样本的市场能力指数分别排名第 11、第 12、第 17、第 19，四个“弱政府+弱市场+弱法治”治理结构样本的市场能力指数分别排名第 13、第 14、第 15、第 20；四个其他治理结构样本的法治水平指数分别排名第 16、第 17、第 18、第 19，四个“弱政府+弱市场+弱法治”治理结构样本的法治水平指数分别排名第 13、第 20、第 21、第 23。这说明两组样本的治理结构差异不大，故当样本省级地区治理结构为“弱政府+弱市场+弱法治”时，其良好治理的经济高质量发展效应并不显著低于其他治理结构。

从表 4-5 控制变量的参数估计结果来看，东部、中部地区的开放程度（ln*Open*）系数小于零，而西部地区的系数大于零。可以这样来理解：东部、中部地区样本省级地区的劳动生产率已无法从对外贸易中获得提升动力，而西部地区样本省级地区依然可以通过对外贸易获得劳动生产率改善。教育水平（ln*Edu*）的系数均显著大于零，说明东部、中部、西部三大地区样本省级地区均可以通过高等院校的知识溢出效应实现劳动生产率提升。城市化水平（ln*Urban*）的系数在东部、中部、西部三大地区存在差异，说明城市化对劳动生产率的积极作用可能存在地区差异性。中部、西部地区投资占比（*lnInv*）的系数明显大于东部地区，说明相较于中部、西部地区，东部地区样本省级地区劳动生产率对投资依赖程度较低。人力资本（ln*Hum*）的系数均显著大于零，且东部地区明显高于中部、西部地区，说明人力资本对东部、中部、西部三大地区样本省级地区劳动生产率均具有积极作用，且东部地区的积极作用更大。

4.3.4　时期差异性

2007 年，美国次债危机爆发，进而引发全球经济危机，这一重大外部经济冲击，可能会影响中国的政府能力、市场化水平、法治水平，也可能会影响中国对外贸易、固定资产投资、城市化发展等方面，最终可能会对不同治理结构下良好治理的经济高质量发展效应产生影响。基于此，本章将样本划分为 2001—2007 年、2008—2019 年两个时期，分别估计固定效应模型，具体估计结果如表 4-6 所示。

表 4-6　考虑时期差异性的估计结果

变量	2001—2007 年		2008—2019 年	
	FE（8）	*FE*（9）	*FE*（10）	*FE*（11）
C	−0. 481	−0. 902	2. 845***	2. 093***
ln*Gov*	2. 025***	2. 430***	2. 899***	3. 096***
S×ln*Gov*	0. 349	—	0. 730***	—
W×ln*Gov*	—	−0. 442*	—	−0. 283
ln*Open*	0. 031	0. 042	0. 037	0. 009
ln*Edu*	0. 149**	0. 140**	0. 142***	0. 145***
ln*Urban*	0. 077	0. 071	0. 067	0. 064
ln*Inv*	0. 101	0. 066	−0. 044	−0. 055
ln*Hum*	0. 019*	0. 010*	0. 101**	0. 123***
调整 R^2	0. 955	0. 957	0. 955	0. 951

续表

变量	2001—2007 年		2008—2019 年	
	FE (8)	*FE* (9)	*FE* (10)	*FE* (11)
样本量	168	168	288	288

注：＊＊＊、＊＊、＊分别代表在 1%、5%、10%的水平下显著。

2001—2007 年，*S*×ln*Gov* 的估计系数为正，但不显著，说明当样本省级地区治理结构为“强政府+强市场+强法治”时，其良好治理的经济高质量发展效应并不显著高于“弱政府+弱市场+弱法治”治理结构和其他治理结构的平均水平；*W*×ln*Gov* 的估计系数显著为负，说明当样本省级地区治理结构为“弱政府+弱市场+弱法治”时，其良好治理的经济高质量发展效应显著低于“强政府+强市场+强法治”治理结构和其他治理结构的平均水平约 18%。2008—2019 年，*S*×ln*Gov* 的估计系数显著为正，说明当样本省级地区治理结构为“强政府+强市场+强法治”时，其良好治理的经济高质量发展效应显著高于“弱政府+弱市场+弱法治”治理结构和其他治理结构的平均水平约 25%；*W*×ln*Gov* 的估计系数为负且不显著，说明当样本省级地区治理结构为“弱政府+弱市场+弱法治”时，其良好治理的经济高质量发展效应并不显著低于其他治理结构和“强政府+强市场+强法治”治理结构的平均水平。

由此可见，样本省级地区良好治理的经济高质量发展效应的结构效应存在时期异质性。可以这样来理解：首先，2001—2007 年，在其他治理结构的样本省级地区，其政府能力、市场能力和法治化水平与“强政府+强市场+强法治”的省级地区差别不大，但与“弱政府+弱市场+弱法治”的省级地区差别较大，导致 *S*×ln*Gov* 的估计系数为正，但不显著，*W*×ln*Gov* 的估计系数显著为负；其次，2008—2019 年，在其他治理结构的样本省级地区，其政府能力、市场能力和法治化水平与“强政府+强市场+强法治”的省级地区存在显著差别，但与“弱政府+弱市场+弱法治”的省级地区差别不大，导致 *S*×ln*Gov* 的估计系数显著为正，*W*×ln*Gov* 的估计系数为负且不显著。

从表 4-6 控制变量的参数估计结果来看，开放程度（ln*Open*）的系数均大于零但并不显著，教育水平（ln*Edu*）的系数均显著大于零，城市化水平（ln*Urban*）的系数均大于零但并不显著。投资占比（ln*Inv*）的系数从 2001—

2007 年的大于零转变为 2008—2019 年的小于零，说明随着中国经济发展水平的提高，劳动生产率已无法继续从固定资产投资获取原动力。人力资本（ln*Hum*）系数均显著大于零，且 2008—2019 年的系数明显高于 2001—2007 年的系数，说明人力资本在中国劳动生产率提升中发挥着越来越重要的作用。

4.4　稳健性检验

4.4.1　内生性问题

现有文献研究表明，经济增长也会影响治理质量，即治理质量与经济增长可能会相互影响，进而导致内生性问题；其他变量也存在类似的问题，内生性会造成估计偏倚（有偏且不一致），导致估计结果失效。因此，本章借鉴现有文献的研究思路，把所有解释变量滞后一期或二期，重新进行模型估计，具体估计结果如表 4-7 所示。

表 4-7　考虑内生性的估计结果

变量	滞后一期		滞后二期	
	FE（12）	*FE*（13）	*FE*（14）	*FE*（15）
C	-2.257***	-1.692**	-1.637***	-1.148*
ln*Gov*	2.598***	2.827***	2.467***	2.696***
S×ln*Gov*	0.717***	—	0.672***	—
W×ln*Gov*	—	-0.370*	—	-0.364*
ln*Open*	0.025	-0.002	0.015	-0.007
ln*Edu*	0.032**	0.031**	0.066*	0.065*
ln*Urban*	-0.068	-0.006	-0.070	-0.017
ln*Inv*	0.058	0.014	0.059	0.013
ln*Hum*	0.132***	0.161***	0.118***	0.146***
调整 R^2	0.971	0.969	0.968	0.966
样本量	432	432	408	408

注：***、**、*分别代表在 1%、5%、10%的水平下显著。

从结果来看，无论解释变量滞后一期还是滞后二期，*S*×ln*Gov* 的估计系数均显著为正，说明当样本省级地区治理结构为“强政府+强市场+强法治”时，良好治理的经济高质量发展效应显著高于“弱政府+弱市场+弱法治”治理结构和其他治理结构的平均水平，验证了假说1。同时，*W*×ln*Gov* 的估计系数均显著为负，说明当样本省级地区治理结构为“弱政府+弱市场+弱法治”时，良好治理的经济高质量发展效应显著低于“强政府+强市场+强法治”治理结构和其他治理结构的平均水平，验证了假说2。由此可见，本章的主要结论是稳健的，并不受内生性的显著影响。

从表4-7控制变量的参数估计结果来看，开放程度（ln*Open*）的系数符号部分一致、显著性水平下降，教育水平（ln*Edu*）的系数符号相同、显著性水平基本没变，城市化水平（ln*Urban*）的系数均为负且均显著，投资占比（ln*Inv*）的系数符号不变、显著性水平不变，人力资本（ln*Hum*）系数符号不变、显著性水平不变，说明内生性问题基本不影响本章的主要结论。

4.4.2 模型形式选择

在前文的计量结果中，本章采用双对数模型，为了考察研究结论的稳健性，本部分尝试采用新的模型形式（仅保留被解释变量的对数形式），重新估计模型，具体估计结果如表4-8所示。

表4-8 考虑模型形式的估计结果

变量	*FE*（16）	*FE*（17）
C	6.310***	6.612***
Gov	0.062***	0.057***
S×*Gov*	0.00515*	—
W×*Gov*	—	-0.00491*
Gov^2	-0.00018**	-0.00014*
Open	0.00017	-0.00028
Edu	0.0011*	0.001***
Urban	-0.00071	0.00057

续表

变量	*FE* (16)	*FE* (17)
Inv	0.00052	0.00022
Hum	0.0115**	0.012**
调整 R^2	0.975	0.974
样本量	456	456

注：***、**、*分别代表在 1%、5%、10%的水平下显著。

从核心解释变量来看，治理质量 *Gov* 的估计系数显著大于零，二次项 Gov^2 的估计系数显著小于零，且治理质量的临界值均大于所有样本的治理质量，故良好治理具有显著的经济高质量发展效应。此外，$S\times Gov$ 的估计系数显著大于零，说明当样本省级地区治理结构为"强政府+强市场+强法治"时，良好治理的经济高质量发展效应显著高于"弱政府+弱市场+弱法治"治理结构和其他治理结构的平均水平，验证了假说 1。与此同时，$W\times Gov$ 的估计系数显著小于零，说明当样本省级地区治理结构为"弱政府+弱市场+弱法治"时，良好治理的经济高质量发展效应显著低于"强政府+强市场+强法治"治理结构和其他治理结构的平均水平，验证了假说 2。由此可见，本章的主要结论是稳健的，并不受模型形式选择的显著影响。

从表 4-8 控制变量的参数估计结果来看，开放程度的系数显著性水平下降、系数符号部分变化，教育水平的系数符号不变、显著性水平基本不变，城市化水平的系数符号基本不变、显著性水平不变，投资占比的系数符号不变、显著性水平基本不变，人力资本的系数符号不变、显著性水平基本不变，说明本书的主要结论基本不受模型形式变化的显著影响。

4.4.3　治理质量新结构

对于 24 个样本省级地区，分别计算 2001—2019 年各个分项指数的平均值，然后计算各分项指数的省份均值，如果样本省份的分项指数的年度均值大于省份均值，属于"强"，否则属于"弱"，最终也可以形成"强政府+强市场+强法治"、"弱政府+弱市场+弱法治"、其他三类治理结构（见表 4-9）。

分别设定两个虚拟变量，变量前加 *S* 表示“强政府+强市场+强法治”治理结构，变量前加 *W* 表示“弱政府+弱市场+弱法治”治理结构，同时纳入上述两个虚拟变量，进行模型估计，估计结果见表 4-10。

表 4-9　基于均值比较的三个分项指数不同组合下的治理结构

治理结构	涵盖省份
强政府+强市场+强法治	北京、天津、上海、江苏、浙江、辽宁、广东
弱政府+弱市场+弱法治	黑龙江、新疆、四川、湖南、青海、江西、贵州
其他	山东、安徽、福建、河南、湖北、重庆、陕西、宁夏、山西、吉林

表 4-10　基于均值比较的治理结构的估计结果

变量	*FE*（18）	*FE*（19）
C	-2. 568 ***	-1. 944 ***
ln*Gov*	2. 680 ***	2. 867 ***
S×ln*Gov*	0. 708 **	—
W×ln*Gov*	—	-0. 351 *
ln*Open*	0. 026	-0. 008
ln*Edu*	0. 009 *	0. 019 *
ln*Urban*	-0. 025	0. 020
ln*Inv*	0. 056	0. 010
ln*Hum*	0. 161 ***	0. 199 ***
调整 R^2	0. 972	0. 970
样本量	456	456

注：***、**、*分别代表在 1%、5%、10%的水平下显著。

从核心解释变量来看，*S*×ln*Gov* 的估计系数显著为正，说明当样本省级地区治理结构为“强政府+强市场+强法治”时，良好治理的经济高质量发展效应显著高于“弱政府+弱市场+弱法治”治理结构和其他治理结构的平均水平，验证了假说 1；同时，*W*×ln*Gov* 的估计系数显著为负，说明当样本省级地区治理结构为“弱政府+弱市场+弱法治”时，良好治理的经济高质量发展效应显著低于“强政府+强市场+强法治”治理结构和其他治理结构的平均水平，验证了假说 2。由此可见，本章的主要结论是稳健的，并不受治理质量结构的显著影响。

从表 4-10 控制变量的参数估计结果来看，开放程度（ln*Open*）的系数符号部分不变、显著性水平下降，教育水平（ln*Edu*）的系数符号相同、显著性水平基本不变，城市化水平（ln*Urban*）的系数符号基本不变、显著性水平相同，投资占比（ln*Inv*）的系数符号相同、显著性水平不变，人力资本（ln*Hum*）的系数符号相同、显著性水平基本不变，说明本章的主要结论不受治理质量结构的显著影响。

4.4.4　更换被解释变量

劳动生产率是从效率性角度来衡量经济发展质量的，根据国内外研究成果，也可以选择人均实际 GDP、单位 GDP 能耗、单位 GDP 废水排放量、高新技术创收度替代劳动生产率，重新进行模型估计，具体结果如表 4-11、表 4-12 所示。

当被解释变量为人均实际 GDP、高新技术创收度时，$S\times\ln Gov$ 的估计系数均显著为正，说明当样本省级地区治理质量结构为“强政府+强市场+强法治”时，人均实际 GDP、高新技术创收度更高，良好治理的经济高质量发展效应显著高于“弱政府+弱市场+弱法治”治理结构和其他治理结构的平均水平，验证了假说 1；同时，$W\times\ln Gov$ 的估计系数均显著为负，说明当样本省级地区治理质量结构为“弱政府+弱市场+弱法治”时，人均实际 GDP、高新技术创收度更低，良好治理的经济高质量发展效应显著低于“强政府+强市场+强法治”治理结构和其他治理结构的平均水平，验证了假说 2。

当被解释变量为单位 GDP 能耗、单位 GDP 废水排放量时，$S\times\ln Gov$ 的估计系数均显著为负，说明当样本省级地区治理质量结构为“强政府+强市场+强法治”时，单位 GDP 能耗、单位 GDP 废水排放量更低，良好治理的经济高质量发展效应显著高于“弱政府+弱市场+弱法治”治理结构和其他治理结构的平均水平，验证了假说 1；同时，$W\times\ln Gov$ 的估计系数均显著为正，说明当样本省级地区治理质量结构为“弱政府+弱市场+弱法治”时，单位 GDP 能耗、单位 GDP 废水排放量更高，良好治理的经济高质量发展效应显著低于

“强政府+强市场+强法治”治理结构和其他治理结构的平均水平，验证了假说 2。

由此可见，本章的主要结论是稳健的，并不受被解释变量的显著影响。

表 4-11　更换被解释变量的估计结果（一）

变量	ln 人均实际 GDP		ln 高新技术创收度	
	FE（20）	*FE*（21）	*FE*（22）	*FE*（23）
C	7.386***	6.997***	8.424***	11.421***
ln*Gov*	3.545***	3.936***	2.394***	2.802***
S×ln*Gov*	0.838***	—	1.286*	—
W×ln*Gov*	—	-0.603***	—	-0.150*
ln*Open*	-0.000	-0.028	0.311*	0.401**
ln*Edu*	0.121*	0.116*	-0.025*	-0.027
ln*Urban*	-0.117	-0.050	0.174	-0.007
ln*Inv*	0.092	0.051	0.161	0.252
ln*Hum*	0.194***	0.207***	0.109*	0.086*
调整 R^2	0.973	0.974	0.678	0.665
样本量	456	456	456	456

注：***、**、*分别代表在 1%、5%、10%的水平下显著。

从表 4-11 控制变量的参数估计结果来看，开放程度（ln*Open*）的系数符号部分不变、显著性水平部分不变，教育水平（ln*Edu*）的系数符号部分相同、显著性水平部分不变，城市化水平（ln*Urban*）的系数符号部分不变、显著性水平相同，投资占比（ln*Inv*）的系数符号相同、显著性水平不变，人力资本（ln*Hum*）的系数符号相同、显著性水平基本不变。

表 4-12　更换被解释变量的估计结果（二）

变量	ln 单位 GDP 废水排放量		ln 单位 GDP 能耗	
	FE（24）	*FE*（25）	*FE*（26）	*FE*（27）
C	11.889***	11.952***	16.741***	16.247***
ln*Gov*	-1.731***	-2.217***	-1.829***	-1.983***
S×ln*Gov*	-0.695*	—	-0.547**	—
W×ln*Gov*	—	0.674*	—	0.286*

续表

变量	ln 单位 GDP 废水排放量		ln 单位 GDP 能耗	
	FE（24）	*FE*（25）	*FE*（26）	*FE*（27）
ln*Open*	0.002	0.017	−0.024	−0.001
ln*Edu*	−0.048*	−0.053*	0.332***	0.334***
ln*Urban*	0.023	−0.021	0.029	−0.023
ln*Inv*	−0.013	0.018	0.019	0.049
ln*Hum*	−0.244***	−0.227**	−0.134*	−0.160*
调整 R^2	0.855	0.862	0.803	0.798
样本量	456	456	456	456

注：***、**、*分别代表在 1%、5%、10%的水平下显著。

从表 4-12 控制变量的参数估计结果来看，开放程度（ln*Open*）的系数符号部分不变、显著性水平下降，教育水平（ln*Edu*）的系数符号部分相同、显著性水平基本不变，城市化水平（ln*Urban*）的系数符号部分不变、显著性水平相同，投资占比（ln*Inv*）的系数符号基本相同、显著性水平不变，人力资本（ln*Hum*）的系数符号相反、显著性水平基本不变。

4.5　本章小结

本章从治理质量结构系统入手，理论分析治理质量影响经济高质量发展的作用机理，提出相关理论假说，并采用中国省级面板数据实证检验，主要结论如下：

第一，良好治理的经济高质量发展效应存在显著的结构效应。一方面，当样本省级地区治理结构为“强政府+强市场+强法治”时，其良好治理的经济高质量发展效应显著高于“弱政府+弱市场+弱法治”治理结构和其他治理结构的平均水平约 27%。另一方面，当样本省级地区治理结构为“弱市场+弱政府+弱法治”时，其良好治理的经济高质量发展效应显著低于“强政府+强市场+强法治”治理结构和其他治理结构的平均水平约 13%。

第二，良好治理的经济高质量发展效应的结构效应存在地区差异性，该地区差异源自治理结构的地区差异。对于东部样本省级地区而言，不存在

“弱政府+弱市场+弱法治”治理结构，“强政府+强市场+强法治”治理结构下良好治理的经济高质量发展效应显著高于其他治理结构约34%。对于西部样本省级地区而言，不存在“强政府+强市场+强法治”治理结构，“弱政府+弱市场+弱法治”治理结构下良好治理的经济高质量发展效应显著低于其他治理结构约18%。对于中部样本省级地区而言，不存在“强政府+强市场+强法治”治理结构，“弱政府+弱市场+弱法治”治理结构下良好治理的经济高质量发展效应与其他治理结构不存在显著差异。

第三，良好治理的经济高质量发展效应的结构效应存在时期差异性，该时期差异源自治理结构的时期差异。2001—2007年，其他治理结构与“弱政府+弱市场+弱法治”治理结构存在较大差异，但与“强政府+强市场+强法治”治理结构的差异不大，故“弱政府+弱市场+弱法治”治理结构下良好治理的经济高质量发展效应显著低于“强政府+强市场+强法治”治理结构和其他治理结构的平均水平约18%，但“强政府+强市场+强法治”治理结构下良好治理的经济高质量发展效应并不显著高于“弱政府+弱市场+弱法治”治理结构和其他治理结构的平均水平。2008—2019年，其他治理结构与“强政府+强市场+强法治”治理结构存在较大差异，但与“弱政府+弱市场+弱法治”治理结构不存在较大差异，故“强政府+强市场+强法治”治理结构下良好治理的经济高质量发展效应显著高于“弱政府+弱市场+弱法治”治理结构和其他治理结构的平均水平约25%，但“弱政府+弱市场+弱法治”治理结构下良好治理的经济高质量发展效应并不显著低于“强政府+强市场+强法治”治理结构和其他治理结构的平均水平。

基于以上主要研究结论，为了提升地方治理水平，实现经济高质量发展，提出以下政策建议：

第一，以评促建。以打造“强政府+强市场+强法治”的治理质量结构为目标，通过构建体现地方特色的治理质量评估体系，持续开展年度评估工作，不断寻找地方治理中存在的短板和不足，并以此作为地方工作的首要突破口，逐步实现政府能力、市场能力和法治水平的螺旋式交互上升。

第二，系统推进。改变局部改革的传统思维，避免单项改革的事倍功半现象，从治理系统的视角入手，前瞻规划设计政府、市场、法治三大领域的综合改革路径，动态推进政府改革、市场培育和法治建设等各项工作的配套衔接，有效释放综合改革的事半功倍效应，持续实现地区经济高质量发展。

第三，重点改善。相较于政府能力指数，中西部样本省级地区的市场能力指数和法治水平指数普遍偏低，各地区需要以深化市场经济体制为总目标，协同推进市场化改革和法治化建设，政府改革也需要更多侧重培育市场机制和市场主体，而不是越俎代庖，取代或弱化市场作用。

第5章 治理质量、交互效应与省域经济高质量发展

5.1 理论假说

中国省域治理概念的核心内涵包括三个方面：强政府、市场化、法治化。中国省域治理质量评估的三大内容为政府能力、市场能力、法治水平，其中，政府能力体现了治理评估的官僚能力单维视角，市场能力体现了治理评估的权力横向配置单维视角，法治水平体现了治理评估的权力约束单维视角。通过激励权力的“扶持之手”，以及约束权力的“掠夺之手”，良好治理会给地方经济高质量发展带来正向作用，这些作用主要通过政府、市场和法治三个维度来实现。

5.1.1 良好治理与经济高质量发展

首先，良好治理意味着地方政府的治理能力强，能够发挥政府公权力“扶持之手”的积极作用。即政府有足够的人力、财力和物力等资源来履行职责，优化资本市场和改善投资环境，保持公务员体系稳定和官僚职业化，形成良好的经济权力结构和政治权力结构，持续推动科技等领域的体制改革，提供良好的医疗、教育等公共服务，为地区产业转型升级、经济高质量发展提供各种便利。一般来说，政府推动经济高质量发展的主要路径为：一是培育完善现代市场体制机制；二是通过政府采购拉动新产品、新产业发展；三是协调发展教育、物流、金融等产业；四是提升铁路、公路、机场、港口等

硬件基础设施；五是多措并举，奖励创新企业带来的正外部性。

其次，良好治理意味着地方市场机制的治理能力强，也叫本地市场化水平高，市场机制在资源配置中发挥决定性作用。即科技、资本、劳动等经济资源的优化配置程度高，本地比较优势容易体现出来，产品具有较强的市场竞争力，能够带来市场份额的不断扩大，企业和产业规模的迅速扩张，以及科技资源容易转化为实际财富，最终表现为本地产业转型升级和经济高质量发展。本地区市场化水平的提高、良好的经济发展态势和较强的科技资源变现能力，这些都会吸引国内外企业入驻，投入更多人才、资本去生产本地区具有比较优势的产品，容易获得市场成功和企业的发展，从而进一步带来本地区的经济繁荣，本地市场私权力的“扶持之手”作用得到发挥。

再次，良好治理也意味着本地法治水平高，即本地市场主体和政府主体都依法办事，都没有意愿去扮演“掠夺之手”的角色，都有意愿去扮演“扶持之手”的角色。一般而言，通过对知识产权的保护，法治管住企业的“抄袭之手”，维护科技人才、科技企业的创新收益，弱化了市场私权力的“掠夺之手”，这会鼓励企业开展技术研发活动，推动本地产业结构升级和经济高质量发展。中国共产党总结新中国成立以来，特别是改革开放以来的经验，指出“社会主义市场经济本质上是法治经济，使市场在资源配置中起决定性作用和更好发挥政府作用，必须以保护产权、维护契约、统一市场、平等交换、公平竞争、有效监管为基本导向，完善社会主义市场经济法律制度”。

最后，政府能力体现了公权力的行使能力，市场能力体现了私权力的行使能力，二者都属于治理能力的范畴。综上所述，提出以下假说：

假说 1：政府能力会显著、正向影响经济高质量发展。

假说 2：市场能力会显著、正向影响经济高质量发展。

假说 3：法治水平会显著、正向影响经济高质量发展。

假说 4：治理能力会显著、正向影响经济高质量发展。

5.1.2　良好治理、交互效应与经济高质量发展

首先，政府能力是市场机制发挥作用的重要前提。对于中国各个地区而言，本地政府能力的显著提升，不仅通过提供软硬件基础设施和环境条件，

有力支撑市场私权力的“扶持之手”作用，也通过发挥政府公权力的中立性监管，抑制市场私权力（利益集团）的“掠夺之手”影响。如果一个地区的基础设施滞后，铁路、公路、港口、机场等基础设施匮乏，物流成本居高不下，企业将很难被吸引，难以实现长期稳定发展。如果一个地区的政府缺乏中立性和公平性，沦为利益集团的代表，将导致不公平竞争，严重制约市场经济活力。

其次，市场能力是政府机构发挥作用的重要支撑。本地市场经济的充分发展，不仅通过提供税收、产品和服务等资源，高效支撑本地政府扮演“扶持之手”，也迫使本地政府逐步减少干预，抑制了本地政府公权力“掠夺之手”。如果一个地区计划经济色彩浓厚、价格机制失灵、市场经济滞后、成熟企业主体不足，往往会导致供给不足、商品短缺，从而大大影响政府公权力的正常运行，公共服务数量和质量都会受到较大影响。比如，市场经济发育越充分，城市引导基金的成效就越显著，有为政府发挥作用需要依赖于有效的市场机制。

再次，法治水平可以鼓励政府公权力、市场私权力的“扶持之手”，也可以抑制二者的“掠夺之手”。通过对私有产权的保护，法治确保非国有企业的合法利益，管住政府的“掠夺之手”，这会鼓励企业家增加投资、把企业做大做强，从而促进本地区经济增长，强化市场私权力的“扶持之手”；通过对良好市场秩序的保护，法治规范各类市场主体的行为，弱化了市场私权力的“掠夺之手”，这会降低市场机制的运行成本，推动企业蓬勃发展，实现本地区经济持续发展，强化市场私权力的“扶持之手”。

复次，政府能力、市场化为法治化发挥作用提供有利条件。在教育医疗等公共事业、良好的基础设施和精准的公共政策等政府能力的支撑下，以及市场化投资、市场化就业、市场化产出等市场能力的配合下，社会法治意识不断增强，法律咨询业务大幅增加，律师人才大量集聚，律师事务所蓬勃发展，知识产权保护逐步增强，法治水平持续提高，有望释放出更强的高质量经济发展效应。

最后，政府能力体现了公权力的行使能力，市场能力体现了私权力的行使能力，二者都属于治理能力的范畴。综上所述，提出以下假说：

假说 5：政府能力、市场能力对经济高质量发展的影响存在交互效应。

假说 6：政府能力、法治水平对经济高质量发展的影响存在交互效应。

假说 7：市场能力、法治水平对经济高质量发展的影响存在交互效应。

假说 8：治理能力、法治水平对经济高质量发展的影响存在交互效应。

5.2　模型与变量

5.2.1　模型设定

参照 Seldadyo 等（2010）、刘明兴等（2013）、李飞跃等（2014）国内外研究成果，治理质量与经济发展质量往往呈现非线性关系。因此，借鉴已有文献提出的治理质量影响经济发展质量的分析模型，本章设定以下计量模型：

$$
\begin{aligned}
\ln QED_{it} = {} & C + \alpha_1 \ln Gov_{it} + \alpha_2 \ln Mar_{it} + \alpha_3 \ln Law_{it} + \alpha_4 \ln Abi_{it} + \\
& \beta_1 \ln Gov_{it} \ln Mar_{it} + \beta_2 \ln Gov_{it} \ln Law_{it} + \beta_3 \ln Mar_{it} \ln Law_{it} + \\
& \beta_4 \ln Abi_{it} \ln Law_{it} + \gamma_1 \ln Open_{it} + \gamma_2 \ln Edu_{it} + \gamma_3 \ln Urban_{it} + \\
& \gamma_4 \ln Inv_{it} + \gamma_5 \ln Hum_{it} + \mu_i + \lambda_t + \varepsilon_{it}
\end{aligned}
\tag{5-1}
$$

其中，$\ln QED_{it}$ 表示 i 地区 t 年的经济发展质量的自然对数，$\ln Gov_{it}$ 表示 i 地区 t 年的政府能力分项指数，$\ln Mar_{it}$ 表示 i 地区 t 年的市场能力分项指数，$\ln Law_{it}$ 表示 i 地区 t 年的法治水平分项指数，$\ln Abi_{it}$ 表示 i 地区 t 年的治理能力分项指数，$\ln Open_{it}$、$\ln Edu_{it}$、$\ln Urban_{it}$、$\ln Inv_{it}$、$\ln Hum_{it}$ 分别表示 i 地区 t 年的开放程度、教育水平、城市化水平、投资占比、人力资本的自然对数，C 表示截距项，$\alpha_1 \sim \alpha_4$、$\beta_1 \sim \beta_4$、$\gamma_1 \sim \gamma_5$ 表示待估系数，μ_i表示地区效应，λ_t 表示时间效应，ε_{it}表示服从独立同分布的误差项，其均值为 0，方差为 σ。

5.2.2　变量选取

（1）经济发展质量

从已有研究成果来看，关于经济高质量发展的内涵和测度，学术界尚未达成共识，但大部分专家认为经济高质量发展的突出特征是高经济效率。故本章借鉴现有文献，选择共性维度、共性指标，采用劳动生产率（效率性指标）代表经济发展质量，并采用人均 GDP（强盛性指标）、单位 GDP 能耗（资源性指标）、单位 GDP 废水排放量（环境性指标）进行稳健性检验。

（2）治理质量

部分文献纳入治理质量综合指数，比如，Olson 等（2000）选择 ICRG 指数，Hussain 和 Haque（2016）采用经济自由度综合指数，Adedokun（2017）采用 WGI 指数、IIAG 治理指数；部分学者选用治理质量分项指数，比如，Olson 等（2000）采用五个 ICRG 单项指标，Kaufmann 等（2004）采用城市治理质量的三个单项指标，Kurtz 和 Schrank（2007）采用 WGI 中的政府效能指数。根据研究需要，借鉴现有文献提出的中国地方治理质量评估指标体系，本章得到新的中国省域治理质量四个分项指数——政府能力、市场能力、法治水平、治理能力（2001—2019 年），四个分项指数参见附表 2 至附表 5，具体计算过程参见第 3 章。

（3）控制变量

除了治理质量，其他变量也会影响经济高质量发展，为了识别这些变量对经济高质量发展的作用，需要将它们纳入控制变量集。本章依托国内外文献，考虑数据可得性，主要控制变量为城市化水平（*Urban*）用“年末城镇人口比重”替代，开放程度（*Open*）用“（进出口总额×汇率）/GDP”替代，投资占比（*Inv*）用“全社会固定资产投资/GDP”替代，人力资本（*Hum*）用“大专及以上人口比重”替代，教育水平（*Edu*）用“高校在校学生数/常住人口”替代。

（4）样本说明

样本涵盖中国省级地区（不含港澳台），由于难以得到河北、云南、西藏、海南、广西、内蒙古、甘肃部分指标的原始数据，故有效样本为 24 个省级地区。考虑指标内涵一致性和数据可得性，且 2020 年以来的经济数据受疫情影响较大，故样本期限为 19 年（2001—2019 年），最终有效样本为 456 个。数据来源为各省份统计年鉴（2002—2020 年）、《中国统计年鉴》（2002—2020 年）、《中国科技统计年鉴》（2002—2020 年）。

5.3　实证结果分析

5.3.1　初步结果分析

如表 5-1 所示，变量 ln*Gov*、ln*Mar*、ln*Law*、ln*Abi* 的估计系数均显著大于零，说明政府能力、市场能力、法治水平、治理能力均显著正向影响经济高质量发展（劳动生产率），验证了假说 1 至假说 4。可以这样来理解：第一，更强的政府能力意味着更多的创新补贴、更深入的科技体制改革，意味着更好的基础设施等公共服务，这些都有助于带来更高的劳动生产率；第二，更强的市场能力意味着更全面、更充分的市场化改革，意味着市场机制在资源配置中的作用更大，劳动力等资源的配置效率更高，从而带来更高的劳动生产率；第三，更高的法治水平意味着更好的知识产权保护，意味着强大的法治意识和法律服务，从而激励和保护科技创新，带来更高的劳动生产率；第四，更强的治理能力意味着更强的政府能力和更强的市场能力，二者均有助于带来更高的劳动生产率。

表 5-1　初步分析的估计结果（一）

变量	*FE*（1）	*FE*（2）	*FE*（3）	*FE*（4）
C	-2.332***	2.599***	2.531***	-1.622*
ln*Gov*	2.692***	—	—	—
ln*Mar*	—	1.214***	—	—
ln*Law*	—	—	1.415***	—
ln*Abi*	—	—	—	2.575***
ln*Open*	-0.019	-0.070**	-0.072*	-0.016
ln*Edu*	0.030	0.009	0.130**	-0.054
ln*Urban*	0.030	0.395***	0.073	0.158*
ln*Inv*	0.022	0.074	0.087	-0.006

续表

变量	FE (1)	FE (2)	FE (3)	FE (4)
ln*Hum*	0.258***	0.496***	0.382***	0.289***
调整 R^2	0.967	0.946	0.952	0.966
样本量	456	456	456	456
Hausman 统计量	41.97 (P=0.0000)	49.08 (P=0.0000)	28.49 (P=0.0002)	44.93 (P=0.0000)

注：***、**、*分别代表在1%、5%、10%的水平下显著。

在表5-2模型（5）中，交互项ln*Gov*×ln*Mar*的估计系数显著大于零，说明随着市场能力的提升，政府能力对经济高质量发展的正向作用变大，且比单纯政府能力的作用大1.2~2.1倍，政府作用的充分发挥需要市场化的必要支撑，有为政府依赖于有效市场；同时，随着政府能力的提升，市场能力对经济高质量发展的正向作用增强，且比单纯市场能力的作用大4.6~5.5倍，说明有为政府对有效市场巨大作用的全面释放具有重大积极影响，即政府能力、市场能力对经济高质量发展的影响存在显著的互相强化效应，验证了假说5。可以这样来理解：一方面，单纯的政府能力在经济高质量发展中的积极作用是有限的，在市场化投资、市场化就业等市场能力的支持下，基础设施、教育医疗事业、科技创新补贴等政府能力改善，有望释放出更强的经济高质量发展效应；另一方面，单纯市场化对经济高质量发展的正向影响也是有限的，唯有在良好基础设施、一流教育医疗、充足科技创新补贴等政府能力的匹配下，市场机制才能释放出更为强大的经济高质量发展效应。

在模型（6）中，交互项ln*Gov*×ln*Law*的估计系数大于零，但并不显著，即政府能力、法治水平对经济高质量发展的影响不存在显著的互相强化效应，无法验证假说6。可以这样来理解：中国具有长期的人治传统，大部分人法治意识不强，社会法治建设还存在很多不足，地区法治水平不够高（样本省级地区平均法治水平指数为77，明显低于平均政府能力指数87.6），导致政府能力、法治水平对经济高质量发展的影响尚没有形成显著的互相强化效应。

表 5-2　初步分析的估计结果（二）

变量	FE（5）	FE（6）	FE（7）	FE（8）
C	10.501***	10.533***	10.482***	10.503***
ln*Gov*	1.718***	2.172***	—	—
ln*Mar*	1.264***	—	1.582***	—
ln*Law*	—	0.524**	0.894***	0.451*
ln*Abi*	—	—	—	2.459***
ln*Gov*×ln*Mar*	1.390***	—	—	—
ln*Gov*×ln*Law*	—	0.454	—	—
ln*Mar*×ln*Law*	—	—	1.137***	—
ln*Abi*×ln*Law*	—	—	—	0.996***
ln*Open*	−0.009	−0.010	−0.028	0.001
ln*Edu*	0.049	0.079*	0.082*	0.048
ln*Urban*	0.065	−0.028	0.111	0.052
ln*Inv*	0.022	0.042	0.049	0.027
ln*Hum*	0.134***	0.197***	0.141***	0.129***
调整 R^2	0.975	0.969	0.970	0.974
样本量	456	456	456	456
Hausman 统计量	51.28***	48.14***	68.56***	51.96***

注：***、**、*分别代表在 1%、5%、10%的水平下显著。

在模型（7）中，交互项 ln*Mar*×ln*Law* 的估计系数显著大于零，说明随着法治水平的提高，市场能力对经济高质量发展的积极作用变大，且比单纯市场能力的作用大 4.5~4.9 倍，市场化改革需要同步匹配相应的法治化建设；同时，随着市场能力的提升，法治水平对经济高质量发展的作用显著增强，且比单纯法治水平的作用强 2~3.5 倍，法治作用的充分发挥也需要市场化的有效支撑。即市场能力、法治水平对经济高质量发展的影响存在显著的互相强化效应，验证了假说 7。可以这样来理解：一方面，法治水平的提升，强化了对私权力“扶持之手”的激励作用，以及对私权力“掠夺之手”的约束作用，从而提升了市场能力的经济高质量发展效应；另一方面，在市场化投资、市场化就业、市场化产出等市场能力的配合下，律师人才集聚、律师事务所蓬勃发展，以及知识产权保护加强等法治水平提高，有望释放出更强的经济高质量发展效应。

在模型（8）中，交互项 ln*Abi*×ln*Law* 的估计系数显著大于零，说明随着法治水平的提升，治理能力对经济高质量发展的积极作用变大，且比单纯治理能力的作用大 1.3～1.8 倍，治理能力的作用释放需要法治化的积极配合；同时，随着治理能力的增强，法治水平对经济高质量发展的作用大幅提升，且比单纯法治水平的作用大 1.9～2.7 倍，法治作用的体现也需要治理能力的有效支撑。即治理能力、法治水平对经济高质量发展的影响存在显著的互相强化效应，验证了假说 8。可以这样来理解：一方面，法治水平的提升，强化了对公权力和私权力“扶持之手”的激励作用，以及对公权力和私权力“掠夺之手”的约束作用，从而提升了治理能力（政府能力和市场能力）的经济高质量发展效应；另一方面，在精准公共政策等政府能力、市场化投入产出等市场能力的配合下，法治水平提高有望释放出更强的经济高质量发展效应。如果把治理能力看作“才”，把法治水平看作“德”，德才兼备就意味着良好治理，德才互济则会最大限度地释放良好治理的经济高质量发展效应。

从表 5-1、表 5-2 控制变量的参数估计结果来看，开放程度（ln*Open*）的系数基本小于 0，与邵传林（2016）的研究发现一致，这是可以理解的，因为 2001—2019 年，中国大陆部分省份的开放程度（进出口贸易/地区生产总值）呈现下降趋势，这与同期劳动生产率的上升趋势形成鲜明对比。教育水平（ln*Edu*）的系数基本大于零，符合本章预期，与邵传林（2016）的研究发现一致，说明 2001—2019 年，高等教育大体正向影响样本省份的劳动生产率水平，但正向作用并不大。城市化水平（ln*Urban*）的系数基本大于零，但不显著，与邵传林（2016）的研究发现一致，说明 2001—2019 年，部分样本省份的城市化扩张，更多地侧重于数量而不是质量。投资占比（ln*Inv*）的系数基本大于零，说明 2001—2019 年，投资依然是样本省份劳动生产率水平提高的重要手段，但正向作用并不大。人力资本（ln*Hum*）的系数显著大于零，且远超过投资占比（ln*Inv*）的系数，仅次于核心解释变量，说明 2001—2019 年人力资本（ln*Hum*）已取代传统的固定资产投资，在样本省份劳动生产率增长中发挥着重要作用，成为过去近 20 年中国经济腾飞的重要引擎，这与现有文献的主要结论一致。可以这样理解人力资本的重大作用：20 世纪 90 年代末，中国大陆开启了高校扩招的重要步伐，招生规模由 1998 年的 108 万人（录取率为 34%）飙升到 2019 年的 820 万人（录取率为 79.53%），伴随受过高等教育的劳动者大规模供给，中国高科技企业的人工成本显著降低，有助于中国高科技企业充分利用加入 WTO 的战略机遇，有效承接发达国家产业链转移，快速完成“模仿创新—自主创新”的历史性升级，实现从跟跑到并跑的华丽转身，这正是华为、比亚迪等世界级高科技企业曾经走过的路，从而推动中国劳动生产率的长期、稳定增长。

5.3.2　时期差异性

2007 年下半年，次贷危机席卷美国，导致全球经济动荡不安，这一重大外部负面冲击，可能影响各地区的法治、市场化和政府履职方面，也可能影响各地区投资、城市化和外贸等方面，进而可能对不同维度良好治理的经济高质量发展效应及其交互效应产生一定影响。因此，本书将样本数据划分为两个时期（2001—2007 年、2008—2019 年），重新估计固定效应模型，具体结果如表 5-3、表 5-4 所示。

表 5-3　时期差异性的估计结果（一）

变量	*FE*（9） 2001—2007 年	*FE*（10） 2008—2019 年	*FE*（11） 2001—2007 年	*FE*（12） 2008—2019 年
C	10.470***	10.545***	10.482***	10.570***
ln*Gov*	2.035***	1.920***	2.243***	1.570***
ln*Mar*	0.637**	0.941**	—	—
ln*Law*	—	—	0.210	1.071***
ln*Gov*×ln*Mar*	0.725	1.408**	—	—

续表

变量	*FE*（9） 2001—2007 年	*FE*（10） 2008—2019 年	*FE*（11） 2001—2007 年	*FE*（12） 2008—2019 年
ln*Gov*×ln*Law*	—	—	0.410	1.136**
ln*Open*	-0.000	-0.011	0.004	-0.004
ln*Edu*	0.191***	-0.103**	0.221***	-0.111**
ln*Urban*	0.052	0.142	0.033	0.124
ln*Inv*	0.030	-0.047	0.071	-0.041
ln*Hum*	0.016	0.169***	0.045	0.119***
调整 R^2	0.967	0.951	0.964	0.954
样本量	168	288	168	288

注：***、**分别代表在1%、5%的水平下显著。

表 5-4　时期差异性的估计结果（二）

变量	*FE*（13） 2001—2007 年	*FE*（14） 2008—2019 年	*FE*（15） 2001—2007 年	*FE*（16） 2008—2019 年
C	10.393***	10.540***	10.463***	10.550***
ln*Mar*	0.931***	1.127***	—	—
ln*Law*	0.757***	1.316***	0.428**	0.946***
ln*Abi*	—	—	2.204***	1.818***
ln*Mar*×ln*Law*	0.520*	1.193***	—	—
ln*Abi*×ln*Law*	—	—	0.720*	1.267***
ln*Open*	-0.006	-0.007	-0.006	0.005
ln*Edu*	0.209***	-0.051	0.155**	-0.094**
ln*Urban*	0.144	0.87	0.085	0.62
ln*Inv*	0.114	-0.007	0.052	-0.029
ln*Hum*	0.007	0.098***	-0.000	0.100***
调整 R^2	0.940	0.953	0.962	0.958

续表

变量	*FE*（13） 2001—2007 年	*FE*（14） 2008—2019 年	*FE*（15） 2001—2007 年	*FE*（16） 2008—2019 年
样本量	168	288	168	288

注：＊＊＊、＊＊、＊分别代表在 1%、5%、10%的水平下显著。

根据模型（9）、模型（10），2001—2007 年，变量 ln*Gov*、ln*Mar* 的估计系数均显著大于零；交互项 ln*Gov*×ln*Mar* 的估计系数大于零，但不显著。2008—2019 年，变量 ln*Gov*、ln*Mar* 的估计系数均显著大于零，相较于 2001—2007 年，变量 ln*Gov* 的估计系数变小，变量 ln*Mar* 的估计系数变大；交互项 ln*Gov*×ln*Mar* 的估计系数显著大于零，且估计系数值较 2001—2007 年明显变大。由此可见，政府能力与市场能力的经济高质量发展效应可能存在时期差异性，二者对经济高质量发展的积极影响的交互效应存在显著的时期差异性。对于该时期差异性，可以这样来理解：首先，相较于 2001—2007 年，2008—2019 年样本省级地区的市场化改革成效显著，市场化分项指数平均值从 63.07 增加到 80.38，市场化深度改革带来资源配置效率加速提升，进而实现劳动生产率加速增长，表现为变量 ln*Mar* 的估计系数变大；其次，基础设施等政府能力得到提升，政府能力分项指数平均值从 74.93 增加到 95，明显高于市场能力分项指数，已经达到了一个比较高的水平，政府能力提升带来的劳动生产率提升速度趋缓，表现为变量 ln*Gov* 的估计系数变小；最后，由于市场能力、政府能力的逐步增强，政府能力与市场能力之间的经济高质量发展效应的交互效应逐步从不显著转变为显著、从小变大。

根据模型（11）、模型（12），2001—2007 年，变量 ln*Gov* 的估计系数显著大于零，变量 ln*Law* 的估计系数大于零但不显著；交互项 ln*Gov*×ln*Law* 的估计系数大于零，但不显著。2008—2019 年，变量 ln*Gov*、ln*Law* 的估计系数均显著大于零，相较于 2001—2007 年，变量 ln*Gov* 的估计系数变小，变量 ln*Law* 的估计系数变大；交互项 ln*Gov*×ln*Law* 的估计系数显著大于零，且估计系数值较 2001—2007 年明显变大。由此可见，政府能力与法治水平的经济高质量发展效应存在时期差异性，二者对经济高质量发展的积极影响的交互效应存在显著的时期差异性。对于该时期差异性，可以这样来理解：首先，相较于

2001—2007 年，2008—2019 年样本省级地区的法治化建设成效显著，法治化分项指数平均值从 63.59 增加到 84.84，法治水平的提高降低了制度成本和协调成本，进而实现劳动生产率加速增长，表现为变量 ln*Law* 的估计系数变大；其次，基础设施等政府能力得到提升，政府能力分项指数平均值从 74.93 增加到 95，明显高于法治水平分项指数，已经达到了一个比较高的水平，政府能力提升带来的劳动生产率提升速度趋缓，表现为变量 ln*Gov* 的估计系数变小；最后，由于法治水平、政府能力的逐步增强，政府能力与法治水平之间的经济高质量发展效应的交互效应逐步从不显著转变为显著、从小变大。

根据模型（13）、模型（14），2001—2007 年，变量 ln*Mar*、ln*Law* 的估计系数均显著大于零，交互项 ln*Mar*×ln*Law* 的估计系数也显著大于零。2008—2019 年，变量 ln*Mar*、ln*Law* 的估计系数均显著大于零，且均大于 2001—2007 年的估计系数；交互项 ln*Mar*×ln*Law* 的估计系数也显著大于零，且明显大于 2001—2007 年的估计系数，估计系数的显著性水平也高于 2001—2007 年。由此可见，市场能力与法治水平的经济高质量发展效应可能存在时期差异性，二者对经济高质量发展的积极影响的交互效应可能也存在时期差异性。对于该时期差异性，可以这样来理解：首先，相较于 2001—2007 年，2008—2019 年样本省级地区的市场化改革成效显著，市场化分项指数平均值从 63.07 增加到 80.38，市场经济体制深度改革有助于提高资源配置效率，从而推动劳动生产率加速提高，体现为变量 ln*Mar* 的估计系数明显变大；其次，同期的法治化建设成效十分显著，法治化分项指数平均值从 63.59 增加到 84.84，法治水平的整体明显提升有助于降低制度成本，进而推动劳动生产率加速提升，体现为变量 ln*Law* 的估计系数明显变大；最后，由于法治水平、市场能力的逐步提高，市场能力与法治水平之间的经济高质量发展效应的交互效应逐步从小变大且更加显著。

根据模型（15）、模型（16），2001—2007 年，变量 ln*Abi*、ln*Law* 的估计系数均显著大于零，交互项 ln*Abi*×ln*Law* 的估计系数也显著大于零。2008—2019 年，变量 ln*Abi*、ln*Law* 的估计系数均显著大于零，且变量 ln*Law* 的估计系数明显变大，变量 ln*Abi* 的估计系数明显变小；交互项 ln*Abi*×ln*Law* 的估计系数也显著大于零，且明显大于 2001—2007 年的估计系数，估计系数的显著性水平也高于 2001—2007 年。由此可见，治理能力与法治水平的经济高质量发展效应可能存在时期差异性，二者对经济高质量发展的积极影响的交互效应可能也存在时期差异性。对于该时期差异性，可以这样来理解：首先，相较于 2001—2007 年，2008—2019 年样本省级地区的基础设施等政府能力大幅提升，市场化改革成效显著，治理能力分项指数平均值从 68.96 增加到 87.64，明显高于法治水平分项指数，已经达到了一个比较高的水平，治理能力提升带来的劳动生产率提升速度开始趋缓，表现为变量 ln*Abi* 的估计系数变小；其次，同期的法治化建设成效显著，法治化分项指数平均值从 63.59 增加到 84.84，法治水平的明显提升有助于降低制度成本，进而推动劳动生产率加速提升，体现为变量 ln*Law* 的估计系数明显变大；最后，由于法治水平、治理能力的逐步提高，治理能力与法治水平之间的经济高质量发展效应的交互效应逐步从小变大且更加显著。

从表 5-3 和表 5-4 控制变量的参数估计结果来看，与前文的估计结果相比，2001—2007 年，开放程度（ln*Open*）的系数符号基本相同、显著性水平基本相同，教育水平（ln*Edu*）的系数符号相同、显著性水平大大提高，城市化水平（ln*Urban*）的系数符号相同、显著性水平相同，投资占比（ln*Inv*）的系数符号相同、显著性水平相同，人力资本（ln*Hum*）的系数符号基本相同但不显著；2008—2019 年，相较于 2001—2007 年，教育水平（ln*Edu*）、投资占比（ln*Inv*）的系数符号都变为负数，城市化水平（ln*Urban*）、人力资本（ln*Hum*）的系数部分明显变大，且人力资本（ln*Hum*）的系数变为显著，由此可见，教育、投资的作用有所下降，城市化、人力资本的作用有所上升，城市化、人力资本逐步在劳动生产率提高中发挥更重要的作用，经济高质量发展更加依赖于城市化的集聚效应，以及人力资本的技术进步效应。

5.3.3　地区差异性

在中国东部、中部、西部三大地区①，市场化进程、法治建设和政府履职

① 根据《中国统计年鉴》的划分标准，东部地区包括辽宁、广东、上海、北京、山东、浙江、江苏、福建和天津 9 个样本省份，中部地区包括河南、吉林、湖北、安徽、江西、湖南、黑龙江和山西 8 个样本省份，西部地区包括四川、贵州、陕西、青海、宁夏、新疆和重庆 7 个样本省份。

等方面存在差别，这些可能会对不同治理关系视角下的良好治理的经济高质量发展效应产生影响。所以，本章对不同地区的政府能力、市场能力、法治水平、治理能力的交互关系分别进行检验，具体估计结果见表 5-5 至表 5-8。

在表 5-5 中，中部、西部地区变量 ln*Gov* 的估计系数明显大于变量 ln*Mar* 的估计系数，东部地区变量 ln*Mar* 的估计系数明显大于变量 ln*Gov* 的估计系数，说明中部、西部地区经济发展受到政府能力影响更大，更多呈现“政府驱动型”特征，东部地区经济发展受到市场能力影响更大，更多呈现“市场驱动型”特征，良好治理的高质量发展效应存在地区差异性；同时，中部地区交互项 ln*Gov*×ln*Mar* 的估计系数明显大于东部、西部地区，说明中部地区政府能力与市场能力的交互效应高于东部、西部地区，交互效应也存在地区差异性。对于上述地区差异性，可以这样来理解：一方面，相较于东部地区，中部、西部地区的市场化改革起步晚，计划经济历史遗留问题较多，市场化程度相对不高，市场能力相对不足，故中部、西部地区经济高质量发展更依赖政府能力，东部地区经济高质量发展更依赖市场能力。另一方面，中部地区的劳动生产率普遍低于东部地区，中部地区拥有较大的后发优势，相同的政府能力和市场能力提升势必会带来更多的交互效应，以及更大的劳动生产率增幅；同时，中部、西部地区均属于后发地区，但西部地区部分样本的基础设施、市场化水平等指标偏低（如贵州政府能力分项指数平均值为 77.58，新疆市场能力分项指数平均值为 36.22，省级样本排名均倒数第一），导致西部地区政府能力与市场能力的交互效应低于中部地区。

表 5-5　地区差异性的估计结果（政府能力与市场能力的交互效应）

变量	*FE*（17）middle	*FE*（18）west	*FE*（19）east
C	10.337***	10.524***	10.375***
ln*Gov*	2.361***	2.068***	0.831*
ln*Mar*	0.973***	0.815**	2.490**
ln*Gov*×ln*Mar*	1.643*	1.033*	0.201
ln*Open*	-0.102***	0.058**	-0.088

续表

变量	*FE* (17) middle	*FE* (18) west	*FE* (19) east
ln*Edu*	0. 181 * *	0. 141	−0. 027
ln*Urban*	−0. 381 * * *	0. 074	0. 202
ln*Inv*	0. 068 *	0. 072	−0. 080
ln*Hum*	0. 078 * *	0. 053 *	0. 189 * *
调整 R^2	0. 988	0. 984	0. 967
样本量	152	133	171

注：＊＊＊、＊＊、＊分别代表在 1%、5%、10%的水平下显著。

在表 5-6 中，中部、西部地区变量 ln*Gov* 的估计系数显著大于变量 ln*Law* 的估计系数，东部地区变量 ln*Law* 的估计系数明显大于变量 ln*Gov* 的估计系数，说明中部、西部地区经济发展受到政府能力影响更大，更多呈现“政府驱动型”特征，东部地区经济发展受到法治水平影响更大，更多呈现“法治驱动型”特征，良好治理的高质量发展效应存在地区差异性；同时，中部地区交互项 ln*Gov*×ln*Law* 的估计系数明显大于东部地区，西部地区交互项 ln*Gov*×ln*Law* 的估计系数不显著，说明中部地区政府能力与法治水平的交互效应高于东部、西部地区，交互效应也存在地区差异性。对于上述地区差异性，可以这样来理解：一方面，相较于东部地区，中部、西部地区的法治意识启蒙较晚，人治的传统存在较大惯性，人们的法治意识不强，法治化水平相对不高，法治社会建设步伐滞后，故中部、西部地区经济高质量发展更依赖政府能力，东部地区经济高质量发展更依赖法治水平。另一方面，中部地区的劳动生产率普遍低于东部地区，中部地区拥有较大的后发优势，相同的政府能力和法治水平提升会带来更多的交互效应，以及更大的劳动生产率增长；同时，相较于中部地区，西部地区部分样本的基础设施、法治意识、法治化水平等偏低（如贵州政府能力分项指数平均值为 77. 58，法治水平分项指数平均值为 54. 48，省级样本排名均倒数第一），导致政府能力、法治水平对经济高质量发展的影响尚未形成显著的互相强化效应。

表 5-6　地区差异性的估计结果（政府能力与法治水平的交互效应）

变量	*FE*（20）middle	*FE*（21）west	*FE*（22）east
C	10.348***	10.398***	10.707***
ln*Gov*	3.502***	1.913**	0.414*
ln*Law*	0.131	0.558	1.761***
ln*Gov*×ln*Law*	1.186**	0.458	0.463*
ln*Open*	-0.127***	0.059*	-0.114
ln*Edu*	0.200***	0.186***	0.066
ln*Urban*	-0.250**	0.053	-0.011
ln*Inv*	0.066	0.071	0.008
ln*Hum*	0.114**	0.099*	0.234**
调整 R^2	0.986	0.982	0.961
样本量	152	133	171

注：***、**、*分别代表在1%、5%、10%的水平下显著。

在表5-7中，三大地区变量ln*Mar*的估计系数均明显大于变量ln*Law*的估计系数，说明市场化对劳动生产率的积极作用高于法治化的积极作用；此外，中部地区交互项ln*Mar*×ln*Law*的估计系数大于东部、西部地区，说明中部地区市场能力与法治水平的交互效应高于东部、西部地区，交互效应存在地区差异性。对于上述地区差异性，可以这样来理解：一方面，市场化通过优化资源配置效率来直接提高劳动生产率，法治化通过保护知识产权、激励约束政府和企业来间接提高劳动生产率，法治化的作用机制链条过长、易受其他因素影响，且中国法治化滞后于市场化进程，故法治化对劳动生产率的积极作用小于市场化的积极作用。另一方面，中部地区的劳动生产率普遍低于东部地区，中部地区拥有较大的后发优势，相同的市场化和法治化改善自然会带来更多的交互效应，以及更大的劳动生产率增幅；同时，中部、西部地区均属于后发地区，但西部地区部分样本的法治意识、法治化水平、市场化水平等偏低（如贵州法治水平分项指数平均值为54.48，新疆市场能力分项指数平均值为36.22，省级样本排名均倒数第一），导致西部地区市场能力与法治水平的交互效应低于中部地区。

表 5-7　地区差异性的估计结果（市场能力与法治水平的交互效应）

变量	*FE*（23）middle	*FE*（24）west	*FE*（25）east
C	10.384***	10.597***	10.334***
ln*Mar*	2.380***	1.111***	2.233**
ln*Law*	1.460*	1.043***	1.245*
ln*Mar*×ln*Law*	1.323**	0.869***	0.282*
ln*Open*	−0.020	0.011	−0.088
ln*Edu*	0.067	0.181**	−0.056
ln*Urban*	−0.214	0.182	0.114
ln*Inv*	0.143*	0.052	−0.064
ln*Hum*	0.081*	0.103*	0.134*
调整 R^2	0.975	0.980	0.971
样本量	152	133	171

注：***、**、*分别代表在 1%、5%、10%的水平下显著。

在表 5-8 中，三大地区变量 ln*Abi* 的估计系数均大于变量 ln*Law* 的估计系数，说明治理能力对劳动生产率的积极作用高于法治化的积极作用；此外，中部地区交互项 ln*Abi*×ln*Law* 的估计系数大于东部、西部地区，说明中部地区治理能力与法治水平的交互效应高于东部、西部地区，交互效应存在地区差异性。对于上述地区差异性，可以这样来理解：一方面，治理能力通过优化资源配置、改善基础设施等来直接提高劳动生产率，法治化通过保护知识产权、激励约束政府和企业来间接提高劳动生产率，法治化的作用机制链条过长、易受其他因素影响，且中国法治化滞后于市场化进程，也没有政府能力那么强大，故法治化对劳动生产率的积极作用小于治理能力的积极作用。另一方面，中部地区的劳动生产率普遍低于东部地区，中部地区拥有较大的后发优势，相同的市场化、法治化和基础设施等改善往往会带来更多的交互效应，以及更大的劳动生产率增幅；同时，中部、西部地区均属于后发地区，但西部地区部分样本的治理能力、法治化水平等偏低（如贵州法治水平分项指数平均值为 54.48，新疆治理能力分项指数平均值为 58.97，省级样本排名均倒数第一），导致西部地区治理能力与法治水平的交互效应低于中部地区。

表 5-8 地区差异性的估计结果（治理能力与法治水平的交互效应）

变量	*FE*（26）middle	*FE*（27）west	*FE*（28）east
C	10.386***	10.564***	10.568***
ln*Law*	2.001*	1.647*	0.974*
ln*Abi*	3.411***	1.917**	2.171**
ln*Abi*×ln*Law*	0.886**	0.805**	0.067*
ln*Open*	−0.069	0.056**	−0.078
ln*Edu*	0.056	0.138	−0.021
ln*Urban*	−0.212	0.133	0.025
ln*Inv*	0.064	0.034	−0.050
ln*Hum*	0.065*	0.069*	0.172*
调整 R^2	0.985	0.983	0.967
样本量	152	133	171

注：***、**、*分别代表在 1%、5%、10%的水平下显著。

从表 5-5 至表 5-8 控制变量的参数估计结果来看，与前文的估计结果相比，东部、中部地区样本的开放程度（ln*Open*）的系数显著性相同，系数符号也相同，但西部地区样本的开放程度（ln*Open*）的系数显著大于零，可以这样来理解：2001—2019 年，随着加入 WTO 进程深化，西部地区的劳动生产率逐步提高，对外开放程度、进出口贸易占 GDP 比重也不断攀升。教育水平（ln*Edu*）的系数符号基本相同、显著性水平相同，城市化水平（ln*Urban*）的系数符号基本相同、显著性水平相同，投资占比（ln*Inv*）的系数符号基本相同、显著性水平相同。人力资本（ln*Hum*）的系数符号相同、显著性水平相同，但东部地区的系数值明显高于中部、西部地区样本，说明人力资本对东部地区的劳动生产率作用更大，可以这样来理解：东部地区市场化改革较早，经济发展水平较高，更早进入科技进步驱动的经济高质量发展阶段，故劳动生产率对人力资本的依赖程度更高。

5.4　稳健性检验

5.4.1　内生性问题

国内外研究表明，经济增长也会影响治理质量，即二者或许存在相互作用，从而衍生内生性，进而造成估计结果失效，控制变量也是如此。所以，借鉴国内外研究思路，本章将自变量滞后一期或二期，重新进行模型估计，结果如表 5-9、表 5-10 所示。无论滞后一期还是二期，变量 ln*Gov*、ln*Mar*、ln*Law*、ln*Abi* 的估计系数均显著大于零，验证了假说 1 至假说 4；交互项 ln*Gov*×ln*Mar*、ln*Mar*×ln*Law*、ln*Abi*×ln*Law* 的估计系数均显著大于零，验证了假说 5、假说 7、假说 8；交互项 ln*Gov*×ln*Law* 的估计系数大于零，但不显著，无法验证假说 6，说明本章主要结论是稳健的，不受内生性的显著影响。

从控制变量的参数估计情况来看，开放程度（ln*Open*）的系数符号相同、显著性水平相同，教育水平（ln*Edu*）的系数符号相同、显著性水平明显提高，城市化水平（ln*Urban*）的系数符号基本相同、显著性水平相同，投资占比（ln*Inv*）的系数符号相同、显著性水平相同，人力资本（ln*Hum*）的系数符号相同、显著性水平基本相同，说明内生性并不显著影响本章结论。

表 5-9　考虑内生性的估计结果（滞后一期）

变量	*FE*（29）	*FE*（30）	*FE*（31）	*FE*（32）
C	10.587***	10.621***	10.569***	10.591***
ln*Gov*	1.660***	2.134***	—	—
ln*Mar*	1.330***	—	1.605***	—
ln*Law*	—	0.457*	0.856***	0.405*
ln*Abi*	—	—	—	2.493***
ln*Gov*×ln*Mar*	1.441***	—	—	—
ln*Gov*×ln*Law*	—	0.382	—	—

续表

变量	FE (29)	FE (30)	FE (31)	FE (32)
ln*Mar*×ln*Law*	—	—	1.129***	—
ln*Abi*×ln*Law*	—	—	—	0.981***
ln*Open*	-0.012	-0.017	-0.031	-0.003
ln*Edu*	0.088**	0.115**	0.115**	0.085*
ln*Urban*	0.038	-0.037	0.091	0.031
ln*Inv*	0.009	0.042	0.040	0.014
ln*Hum*	0.098**	0.179***	0.111**	0.101**
调整 R^2	0.974	0.967	0.968	0.972
样本量	432	432	432	432

注：***、**、*分别代表在1%、5%、10%的水平下显著。

表 5-10 考虑内生性的估计结果（滞后二期）

变量	FE (33)	FE (34)	FE (35)	FE (36)
C	10.673***	10.707***	10.657***	10.679***
ln*Gov*	1.542***	2.011***	—	—
ln*Mar*	1.396***	—	1.604***	—
ln*Law*	—	0.415*	0.816***	0.372*
ln*Abi*	—	—	—	2.453***
ln*Gov*×ln*Mar*	1.465***	—	—	—
ln*Gov*×ln*Law*	—	0.305	—	—
ln*Mar*×ln*Law*	—	—	1.090***	—
ln*Abi*×ln*Law*	—	—	—	0.927***
ln*Open*	-0.016	-0.024	-0.033	-0.009
ln*Edu*	0.108**	0.140***	0.134***	0.107**
ln*Urban*	0.030	-0.035	0.076	0.020
ln*Inv*	0.002	0.050	0.029	0.007

续表

变量	FE（33）	FE（34）	FE（35）	FE（36）
ln*Hum*	0.077*	0.169***	0.094**	0.088**
调整 R^2	0.972	0.963	0.965	0.970
样本量	408	408	408	408

注：***、**、*分别代表在 1%、5%、10%的水平下显著。

5.4.2　样本类型选择

中国部分省级地区一把手兼任政治局委员，较其他地区拥有更多特殊政治资源。文献研究表明，通过影响经济制度、经济政策，权力结构往往会影响地区经济发展。基于此，本研究删除相关 6 个省级地区①，重新进行估计，结果见表 5-11。在表 5-11 中，变量 ln*Gov*、ln*Mar*、ln*Law*、ln*Abi* 的估计系数几乎全部显著大于零，基本验证了假说 1 至假说 4；交互项 ln*Gov*×ln*Mar*、ln*Mar*×ln*Law*、ln*Abi*×ln*Law* 的估计系数均显著大于零，验证了假说 5、假说 7、假说 8；交互项 ln*Gov*×ln*Law* 的估计系数大于零，但不显著，无法验证假说 6，说明本章主要结论是稳健的，不受样本类型的显著影响。

从表 5-11 控制变量的参数估计情况来看，开放程度（ln*Open*）的系数符号相同、显著性水平基本相同，教育水平（ln*Edu*）的系数符号相同、显著性水平基本相同，城市化水平（ln*Urban*）的系数符号基本相同、显著性水平相同，投资占比（ln*Inv*）的系数符号基本相同、显著性水平相同，人力资本（ln*Hum*）的系数符号相同、显著性水平基本相同，说明本章主要结论不受样本类型选择的显著影响。

表 5-11　考虑样本类型选择的估计结果

变量	FE（37）	FE（38）	FE（39）	FE（40）
C	10.482***	10.507***	10.476***	10.498***
ln*Gov*	2.001***	2.529***	—	—

① 2001—2019 年，北京、上海、天津、重庆、广东和新疆的省级党委书记兼任中央政治局委员。

续表

变量	*FE*（37）	*FE*（38）	*FE*（39）	*FE*（40）
ln*Mar*	1.257***	—	1.748***	—
ln*Law*	—	0.441	0.929***	0.393*
ln*Abi*	—	—	—	2.829***
ln*Gov*×ln*Mar*	1.294***	—	—	—
ln*Gov*×ln*Law*	—	0.403	—	—
ln*Mar*×ln*Law*	—	—	1.161***	—
ln*Abi*×ln*Law*	—	—	—	1.010***
ln*Open*	-0.020	-0.013	-0.053**	-0.006
ln*Edu*	0.051	0.096**	0.098***	0.046
ln*Urban*	-0.021	-0.104	0.030	-0.020
ln*Inv*	-0.025	0.016	0.025	-0.011
ln*Hum*	0.117**	0.159***	0.106**	0.097**
调整 R^2	0.979	0.974	0.974	0.979
样本量	342	342	342	342

注：***、**、*分别代表在1%、5%、10%的水平下显著。

5.4.3 更换被解释变量

劳动生产率是从效率性角度来衡量经济发展质量，根据国内外研究成果，也可以选择人均实际GDP、单位GDP能耗、单位GDP废水排放量替代劳动生产率，重新进行模型估计，具体估计结果见表5-12至表5-14。

在表5-12中，变量ln*Gov*、ln*Mar*、ln*Law*、ln*Abi*的估计系数几乎全部显著大于零，基本验证了假说1至假说4；交互项ln*Gov*×ln*Mar*、ln*Mar*×ln*Law*、ln*Abi*×ln*Law*的估计系数均显著大于零，验证了假说5、假说7、假说8；交互项ln*Gov*×ln*Law*的估计系数大于零，但不显著，无法验证假说6，说明本章主要结论是稳健的，不受被解释变量更换的显著影响。

从表5-12控制变量的参数估计情况来看，开放程度（ln*Open*）的系数符号相同、显著性水平基本相同，教育水平（ln*Edu*）的系数符号相同、显著性水平明显提高，城市化水平（ln*Urban*）的系数符号基本相同、显著性水平相同，投资占比（ln*Inv*）的系数符号相同、显著性水平相同，人力资本（ln*Hum*）的系数符号相同、显著性水平相同，说明本章的主要结论不受被解释变量更换的显著影响。

表 5-12　更换被解释变量的估计结果（ln 人均实际 GDP）

变量	*FE*（41）	*FE*（42）	*FE*（43）	*FE*（44）
C	10. 219***	10. 249***	10. 177***	10. 205***
ln*Gov*	2. 617***	3. 376***	—	—
ln*Mar*	1. 377***	—	2. 244***	—
ln*Law*	—	0. 311	0. 966***	0. 248
ln*Abi*	—	—	—	3. 685***
ln*Gov*×ln*Mar*	1. 208***	—	—	—
ln*Gov*×ln*Law*	—	0. 357	—	—
ln*Mar*×ln*Law*	—	—	1. 400***	—
ln*Abi*×ln*Law*	—	—	—	1. 175***
ln*Open*	−0. 039	−0. 048	−0. 072*	−0. 030
ln*Edu*	0. 157**	0. 205**	0. 216***	0. 158**
ln*Urban*	0. 003	−0. 079	0. 134	0. 049
ln*Inv*	0. 036	0. 063	0. 084	0. 044
ln*Hum*	0. 178***	0. 252***	0. 192***	0. 163***
调整 R^2	0. 977	0. 973	0. 970	0. 977
样本量	456	456	456	456

注：***、**、*分别代表在 1%、5%、10%的水平下显著。

在表 5-13 中，变量 ln*Gov*、ln*Mar*、ln*Law*、ln*Abi* 的估计系数均显著小于零，这是可以理解的：政府能力越强、市场化水平越高、法治水平越高、单位 GDP 能耗就越低，则经济发展质量就越高，验证了假说 1 至假说 4。同时，交互项 ln*Gov*×ln*Mar*、ln*Gov*×ln*Law*、ln*Mar*×ln*Law*、ln*Abi*×ln*Law* 的估计系数均显著小于零，说明政府能力与市场能力、政府能力与法治水平、市场能力与法治水平、治理能力与法治水平对单位 GDP 能耗下降的积极作用均存在互相强化效应，验证了假说 5 至假说 8。这说明本章大部分主要结论是稳健的，不受被解释变量更换的显著影响。

表 5-13　更换被解释变量的估计结果（ln 单位 GDP 能耗）

变量	*FE*（45）	*FE*（46）	*FE*（47）	*FE*（48）
C	9.522***	9.474***	9.508***	9.493***
ln*Gov*	-0.612*	-0.746*	—	—
ln*Mar*	-1.438***	—	-0.907**	—
ln*Law*	—	-0.959***	-0.946***	-0.822**
ln*Abi*	—	—	—	-1.132*
ln*Gov*×ln*Mar*	-2.381***	—	—	—
ln*Gov*×ln*Law*	—	-1.004**	—	—
ln*Mar*×ln*Law*	—	—	-1.192***	—
ln*Abi*×ln*Law*	—	—	—	-1.191***
ln*Open*	0.019	0.001	0.023	0.001
ln*Edu*	0.192**	0.193**	0.198**	0.206**
ln*Urban*	-0.066	0.049	0.001	0.030
ln*Inv*	0.013	-0.004	0.014	0.012
ln*Hum*	-0.034	-0.105	-0.042	-0.051
调整 R^2	0.860	0.812	0.836	0.828
样本量	456	456	456	456

注：***、**、*分别代表在 1%、5%、10%的水平下显著。

在表 5-14 中，变量 ln*Gov*、ln*Mar*、ln*Abi* 的估计系数几乎全部显著小于零，说明政府能力越强、市场化水平越高、治理能力越强，单位 GDP 废水排放量就越少，则经济发展质量就越高，验证了假说 1、假说 2、假说 4；变量 ln*Law* 的估计系数并不显著，无法验证假说 3；交互项 ln*Gov*×ln*Mar*、ln*Gov*×ln*Law*、ln*Mar*×ln*Law*、ln*Abi*×ln*Law* 的估计系数均显著小于零，说明政府能力与市场能力、政府能力与法治水平、市场能力与法治水平、治理能力与法治水平对单位 GDP 废水排放量下降的积极作用均存在互相强化效应，验证了假说 5 至假说 8。这说明本章大部分主要结论是稳健的，不受被解释变量更换的显著影响。

表 5-14　更换被解释变量的估计结果（ln 单位 GDP 废水排放量）

变量	*FE*（49）	*FE*（50）	*FE*（51）	*FE*（52）
C	3.104***	3.105***	3.142***	3.134***
ln*Gov*	−1.848***	−2.195***	—	—
ln*Mar*	−0.472	—	−1.229**	—
ln*Law*	—	0.042	−0.435	0.019
ln*Abi*	—	—	—	−2.249***
ln*Gov*×ln*Mar*	−1.582***	—	—	—
ln*Gov*×ln*Law*	—	−1.472***	—	—
ln*Mar*×ln*Law*	—	—	−1.558***	—
ln*Abi*×ln*Law*	—	—	—	−1.802***
ln*Open*	0.037	0.006	0.066	0.016
ln*Edu*	−0.067	−0.077	−0.102	−0.064
ln*Urban*	0.047	−0.005	−0.126	−0.080
ln*Inv*	0.018	−0.021	−0.024	−0.007
ln*Hum*	−0.144**	−0.163*	−0.173**	−0.117
调整 R^2	0.883	0.879	0.870	0.882
样本量	456	456	456	456

注：***、**、*分别代表在 1%、5%、10%的水平下显著。

从控制变量的参数估计情况来看，在表 5-13、表 5-14 中，开放程度（ln*Open*）的系数符号相同、显著性水平相同，教育水平（ln*Edu*）的系数符号相反、显著性水平相同，城市化水平（ln*Urban*）的系数符号相反、显著性水平相同，投资占比（ln*Inv*）的系数符号基本相反、显著性水平相同，人力资本（ln*Hum*）的系数符号相同、显著性水平基本相同，说明本章的主要结论不受被解释变量更换的显著影响。

5.5 本章小结

本章从治理关系视角入手，分析良好治理影响经济高质量发展的作用机理，提出相关理论假说，采用中国省级面板数据实证检验，主要结论如下：

第一，政府能力、市场能力对经济高质量发展的影响存在显著的互相强化效应。随着市场能力的提升，政府能力对经济高质量发展的正向作用变大，且比单纯政府能力的作用大 1.2~2.1 倍；同时，随着政府能力的提升，市场能力对经济高质量发展的正向作用增强，且比单纯市场能力的作用大 4.6~5.5 倍。

第二，市场能力、法治水平对经济高质量发展的影响存在显著的互相强化效应。随着法治水平的提高，市场能力对经济高质量发展的积极作用变大，且比单纯市场能力的作用大 4.5~4.9 倍；同时，随着市场能力的提升，法治水平对经济高质量发展的作用显著增强，且比单纯法治水平的作用强 2~3.5 倍。

第三，治理能力（才）、法治水平（德）对经济高质量发展的影响存在显著的互相强化效应，德才互济可以最大限度地释放良好治理的经济高质量发展效应。随着法治水平的提升，治理能力对经济高质量发展的积极作用变大，且比单纯治理能力的作用大 1.3~1.8 倍；同时，随着治理能力的增强，法治水平对经济高质量发展的作用大幅提升，且比单纯法治水平的作用大 1.9~2.7 倍。

第四，良好治理的高质量发展效应的交互效应存在时期差异性，该时期差异源自治理质量的时期差异。相较于 2001—2007 年，2008—2019 年，随着政府能力、市场能力、法治水平的大幅提升，政府能力与市场能力的互相强化效应显著扩大，政府能力与法治水平的互相强化效应显著扩大，市场能力与法治水平的互相强化效应有所扩大，治理能力与法治水平的互相强化效应也有所扩大。

第五，良好治理的高质量发展效应的交互效应存在地区差异性，该地区差异部分源自治理质量的地区差异。相较于中部地区，东部地区的治理质量偏高，西部地区部分样本的治理质量偏低，部分导致中部地区政府能力与市场能力的互相强化效应高于东部、西部地区，中部地区政府能力与法治水平的互相强化效应高于东部、西部地区，中部地区市场能力与法治水平的互相强化效应高于东部、西部地区，中部地区治理能力与法治水平的互相强化效应高于东部、西部地区。

基于以上主要结论，可以得到以下启示：

第一，优先推动市场化。鉴于市场化在经济高质量发展中的关键作用，各地区要把市场经济制度的持续完善放在一切工作的首位，推动更广领域、更深层次的市场化体制机制建设，动态推进宏观、中观、微观层面的市场化，持续引领经济高质量发展。

第二，协同推进政府改革。有为政府是有效市场的重要前提，政府改革不能弱化和取代市场，且以强化和服务市场为唯一目标，各地区要动态科学调整政府边界，提升政府公务人员服务市场能力，为经济高质量发展保驾护航。

第三，协同推进法治化改革。法治化是现代市场、现代政府、中国式现代化的核心内涵，在推动市场化改革、政府改革的同时，各地区要同步推进法治化改革，公权力和私权力覆盖到哪里，法治就需要覆盖到哪里，确保法治全天候、全领域精准覆盖。

第四，加快提升后发地区治理质量。后发地区落后的根本原因是治理体系和治理质量低下，中国广大欠发达地区要加强学习和借鉴，博取天下所长为自己所用，切实提升自身市场化水平、法治化水平和政府治理能力，通过缩小治理质量差距来逐步缩小经济高质量发展水平差距，特别是要加快推动经济发展从“政府驱动型”向“市场驱动型”转型。

第 6 章　治理结构、治理行为与深圳服装产业发展

6.1　产业起步阶段（1979—1987 年）

6.1.1　治理结构

在深圳服装产业起步阶段，行业协会尚未成立，市场经济体制正处于培育期，政府机构和服装企业是两大治理主体，政府机制和市场机制发挥积极作用，形成了“强政府+弱市场”的二元治理结构，共同推动深圳服装产业起步发展，为后续的产业转型升级奠定了良好基础。在这一阶段，政府主体不仅包括深圳市政府，也涉及广东省相关部门，乃至国家有关政府机构；市场主体主要是指以港资为核心的外资服装企业。

政府机制正式设立，治理能力逐步提升。首先，正式设立深圳市政府。1979 年 3 月 5 日，国务院批转广东省委报告，同意撤销宝安县，设立深圳市，由中共广东省委和惠阳地委双重领导；同年 11 月 26 日，中共广东省委决定将深圳市升格为地区一级的省辖市，从国家和省政府两个层面确立了深圳市政府的权威性。其次，深圳市政府地位不断升级。1980 年 8 月 26 日，全国人大常委会批准设立了深圳经济特区，赋予了深圳特区改革开放试验田的重要角色，深圳市获得了经济发展先行先试的重要权限；1981 年 3 月，国家把深圳市升格为副省级城市，赋予了深圳省级经济管理权限，扩大了深圳市政府的经济发展权限。最后，深圳市政府经济实力显著增强。1979 年，深圳市地

方财政一般预算收入为 1721 万元，1987 年增加到 87521 万元，增长了约 50 倍。

市场主体快速增加，市场机制逐渐发挥作用。一方面，服装加工企业数量快速扩大。1979—1987 年，深圳服装加工企业从 14 家增加到 156 家，企业数量显著增长。另一方面，服装加工企业普遍按市场规律运作。这一时期，深圳服装产业形成了以“三资”企业和“三来一补”企业为主体的行业结构，其中，“三资”企业来自市场经济发达的国家和地区，“三来一补”企业主要服务于市场经济发达的国家和地区，服装企业的产品主要出口到市场经济发达的国家和地区。基于此，这些企业从一开始就按照市场经济规律运作，较少受传统计划经济体制的影响，企业运行机制比较灵活，对国内外市场需求反应比较快速。

6.1.2　治理行为

1979 年改革开放之前，深圳服装产业体量较小，传统计划经济体制的痕迹较少，中央允许特区主要实行市场调节，虽然生产要素市场尚未完全形成，但劳动力资源和土地资源先后于 1981 年、1982 年开启了市场化配置历史。然而，在当时的深圳，不仅缺乏数量庞大的市场主体——服装企业，也缺乏比较完善的相关基础设施，外资企业尚面临很多潜在风险。因此，深圳主动加强对外招商引资，竭尽全力降低企业入驻成本、投资成本和经营成本，积极完善园区、码头、口岸等硬件基础设施，给市场机制的高效快速启动提供了初始动力，有效扮演了“助产士”的重要角色，形成了“以政府为主导”的二元治理模式（见图 6-1）。这一时期，政府主体与市场主体之间形成了紧密的合作关系，双方通过优势互补、主动有为，在推动服装产业发展的过程中，增强了政府和市场的公信力，实现了互相增权、共同发展，提升了政府机制和市场机制的有效性。

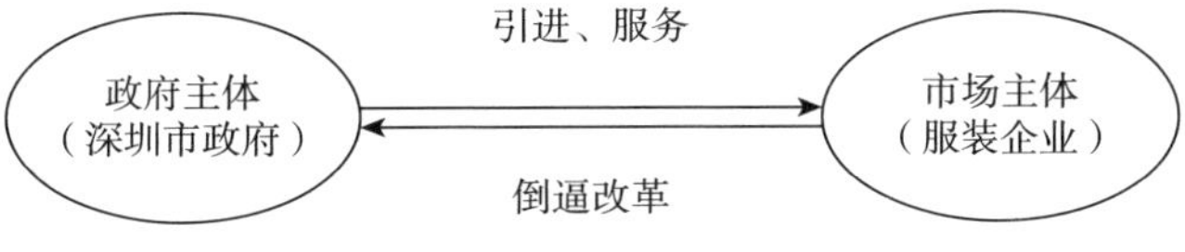

图 6-1　深圳服装产业起步阶段的二元治理模式

从政府机构的治理行为来看，第一，通过国家层面的介入，推行改革开放政策，提出发展有计划的商品经济，设立深圳经济特区，为深圳营造良好的外部政策环境。第二，通过省级、国家层面的介入，设立深圳市政府，拥有与广州市相同的政治待遇，确立深圳市政府的权威性，初步建立深圳市的政府机制。第三，深圳推动三轮行政管理体制改革①，推动机构精简和权力下放，显著提高了行政效率，积极推进政府机制的完善。第四，发挥广东省立法机关作用，先后出台了人员出入境、企业登记注册、劳动力和工资、土地开发与管理、工业区管理运营、经济合同签订、技术专利引进、公司破产保护等领域的地方性法规，为服装企业发展创造良好的法治环境。第五，深圳市政府通过加强招商引资，推动外引内联，显著增加了服装加工企业数量，积极培育市场主体。第六，深圳市政府通过制定优惠产业政策，努力降低企业经营成本，提高企业的盈利期望，激活市场机制。第七，深圳市政府通过引进外省市资金和境外资金，建设产业园区、港口、码头、火车场站、陆路口岸、高速公路等相关特定基础设施，缓解服装产业发展的瓶颈，降低市场交易成本。

从服装企业的治理行为来看，第一，通过最大限度地配置深圳廉价的劳动力、工业用地和水等要素资源，有效地拉动各类要素市场的成型成势，逐步推动要素资源的优化配置。第二，通过外资服装企业的空间溢出效应，积极培育内地服装加工企业的市场意识、竞争意识，形成一批熟练工人和初级技术人才。第三，通过大量承接服装加工制造环节，全面嵌入全球服装产业价值链，大力推动价值链初级的专业化分工，逐步培育和引进一批 OEM 企业。第四，通过外资服装企业与各级政府互动，在满足外资服装企业需求的过程中，倒逼深圳市政府机构改革，提高政府工作效率，改善政府公共服务质量。

6.1.3 治理绩效

深圳建市之初，深圳服装工业总体比较落后，服装企业规模相对较小，所有制类型以集体企业为主，缝纫设备和加工技术较差，服装产品比较单一，

① 三轮行政管理体制改革：第一轮改革（1981—1982 年）；第二轮改革（1983—1985 年）；第三轮改革（1986—1987 年）。

服装档次也较低。1979 年，深圳市统计局的数据表明，全市限额以上服装工业企业有 14 家，服装总产量大约为 54 万件。然而，随着深圳市政府治理能力的提升，市场化机制在深圳特区的落地生根，在政府机制与市场机制的协同作用下，国内外服装企业纷纷向深圳集聚。1980 年 5 月，深圳第一家服装类港商独资企业——新南新印染厂在葵涌投资兴建。之后，大量内地服装加工企业和香港服装企业先后来到深圳投资办厂，逐步推动深圳服装产业形成了以“三资”企业和“三来一补”企业为主体的产业结构及以“外销为主、内销为辅”的产品经销模式。到 1987 年，深圳市统计局的数据表明，全市拥有限额以上服装工业企业达 156 家，服装总产量约为 8100 万件，工业总产值为 1.35 亿元（当年价），分别是 1979 年的 11 倍、150 倍、22.5 倍①，服装产业实现快速起步集聚，发展势头十分迅猛。

6.2　从 OEM 向 ODM 升级阶段（1988—1997 年）

6.2.1　治理结构

在这一发展阶段，深圳市服装行业协会横空出世，首次与政府机构、服装企业并列为三大治理主体，但由于机构的认可度不高、综合实力不强，社会机制相对比较薄弱，相比之下，政府机制和市场机制发育更成熟一些，政府主体、市场主体继续发挥显著作用，政府、市场和社会“三足鼎立”之势初步呈现，形成了“强政府+强市场+弱社会”的三元治理结构，推动服装加工企业从 OEM 向 ODM 升级。在此期间，政府主体不仅包括深圳市政府，也涉及深圳市辖内各区政府，以及国家有关机构；市场主体是指以外资和民营为主的服装企业；社会主体是指深圳市服装行业协会。

（1）政府体系得到优化，政府机制不断完善。首先，深圳市政府经济、立法权限扩大。1988 年 11 月，国务院批准深圳市在国家计划中实行单列，并赋予其相当于省一级的经济管理权限，赋予了深圳市更多经济发展自主权。

---

① 工业总产值的倍数：因 1979 年数据缺失，故采用 1980 年数据。

1992 年 2 月，全国人大常委会授予深圳市人民代表大会及其常委会、市政府制定地方法律和法规的权力，为深圳构建经济产业法治化环境提供了基本保障。其次，深圳市辖区各级政府机构得到完善。福田区、罗湖区、南山区于 1990 年 1 月 4 日建制，宝安区、龙岗区于 1992 年 11 月 11 日建制，盐田区于 1997 年 10 月建制。区一级政府机构的逐步完善，有效地强化了政府能力的提升。最后，深圳市政府经济实力提升。1997 年，深圳地方财政一般预算收入达 1420557 万元，超过 1987 年的 16 倍，地方财力的快速增强为政府良好履职提供了基本保障。

（2）市场主体快速膨胀，市场机制持续增强。首先，服装工业企业数量高速增长。1997 年，深圳拥有 1446 家服装工业企业，约为 1987 年的 9.3 倍，市场主体数量飞速增加。其次，服装企业规模扩大。1997 年，深圳服装工业企业平均产量为 83.7 万件，平均工业总产值为 1052 万元，分别为 1987 年的 1.6 倍、12.2 倍①，服装企业的治理能力得到提升。再次，民营企业迅速发展。20 世纪 90 年代初期，随着行业的快速发展，民营企业的数量不断增加，1993 年，深圳民营服装企业达 282 家，间接说明市场机制快速发展。最后，1992 年之后，市场经济体制建设进入快车道，改革开放步伐大大加快，外部经济政策环境显著改善。

（3）行业协会初步成立，治理能力尚需提高。1988 年 8 月 18 日，经深圳市民政局核准，深圳市服装行业协会注册成立，它是由深圳市从事服装、服饰、纺织等相关企业自愿组织的行业性、非营利性的社会组织。协会的宗旨是遵守宪法、法律、法规和国家政策，遵守社会道德风尚，代表全行业的共同利益；沟通政府有关部门与服装企业的联系，反映服装企业的共同愿望和要求，发挥服装企业和政府间的桥梁和纽带作用；促进国内外的经济技术合作；积极实施名牌战略；推动全行业的技术进步，为深圳服装业健康快速发展以及深圳服装整体形象的树立做出应有的贡献。

6.2.2 治理行为

这一时期，特别是 1992 年之后，市场经济体制建设进入快车道，改革开

① 1987 年，深圳服装工业企业平均产量为 51.9 万件，平均工业总产值为 86.5 万元。

放步伐大大加快，外部经济政策环境显著改善。深圳鼓励科技研发人员创办民营科技企业，为企业从 OEM 向 ODM 升级提供各种便利条件；改善机场、公路、港口、码头等“硬件”基础设施，完善法治、公共服务、公平市场竞争等“软件”基础设施；孵化行业协会等专业中介组织，形成了“政府、企业共同主导”的三元治理模式（见图 6-2）。三大治理主体充分互动、彼此协作，一起推动 OEM 向 ODM 升级，增强了三者的公信力，实现了互相赋权、增权，提升了政府、市场和社会三大机制的有效性。

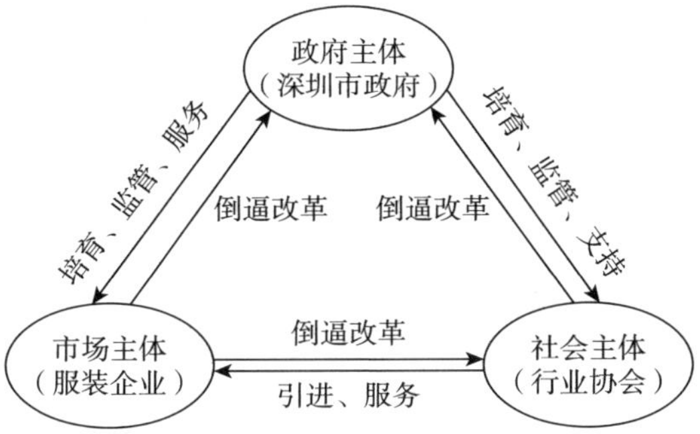

图 6-2　深圳服装产业从 OEM 向 ODM 升级阶段的三元治理模式

从政府机构的治理行为来看，第一，通过国家层面的介入，提出发展社会主义市场经济体制，扩大改革开放的范围和内涵，为深圳营造良好的外部政策环境；同时，通过国家层面的介入，深圳市在国家计划中实行单列，并赋予省级经济管理权限，授予特区立法权，强化深圳市的政府机制。第二，深圳市政府积极开展两轮行政管理体制改革，理顺政企、政事、党政关系，厘清政府与市场的边界，理顺市、区事权关系，完善和增强政府机制。第三，深圳各级政府通过招商引资，推动“外引内联”，鼓励科技人员创办民营企业，增加深圳服装企业数量，培育市场主体；同时，深圳各级政府通过制定优惠产业政策，降低企业经营成本，提高企业的盈利期望，激活市场机制。第四，深圳各级政府通过引进内地资金和境外资金，积极开发建设工业园区、保税区、展览中心、港口、码头、机场、公路、铁路等基础设施建设，缓解制约服装产业发展的瓶颈因素，降低市场交易成本。第五，深圳各级政府通过优化海关、财税政策，鼓励服装企业引进先进工艺和先进技术设备，逐步向 ODM 转型升级。据深圳市服装行业协会会长沈永芳介绍，在最初深圳服装品牌北上参展的困难时期，深圳政府相关领导全程陪着服装品牌参加展会，增强服装品牌企业信心，虽然政府的经费支持不多，但政府的态度给了品牌企业信心和底气，使服装企业能够在北京开新闻发布会，努力把深圳的服装品牌推介出去，让深圳服装企业的整体品牌形象在首都逐步叫响。第六，通过深圳市立法机关颁布一批地方性法规，如公司法、企业技术保密、职业技能、股份合作公司等法规，为服装加工企业发展创造良好的法治环境；同时，通过颁布政府规章，率先对在深外资企业、外籍人员实行国民待遇，为私营企业发展创造公平竞争环境。第七，通过注册会计师等中介组织立法，鼓励专业中介组织的大发展；同时，深圳各级政府通过联合行业协会，共同推动服装企业转型升级，从而支持行业协会增强服务功能。

从服装企业的治理行为来看，第一，在服装市场上赚得“第一桶金”之后，服装加工企业在丰厚利润的牵引下，逐步重视引进先进工艺和技术设备，以及培养集聚技术人才，产品质量高、技术密集特征明显。通过承接服装设计制造环节，深圳服装企业主动在产业价值链上攀升，主动推进更高一级的专业化分工，逐步聚集了一批 ODM 服装企业。1993 年，在深圳服装全行业的机械设备中，从国外引进的较先进的机械设备占 85%，服装产业从业人员中，高、中、初级技术人员占人员总数的 3.8%。第二，在香港制衣业向深圳等地迁移过程中，设计、销售等部门依然留在香港，仅有生产环节被转移出去，形成了“前店后厂”的两地空间分工模式。在这种特殊的区域分工格局下，香港专注于研发设计和销售等高端环节，深圳专注于生产制造等低端环节；香港发挥自身对国际市场熟悉的比较优势，负责接单，深圳发挥自身制造成本低廉的比较优势，负责按单生产。第三，20 世纪 90 年代初期和后期，深圳服装业发展迅速，竞争激烈。为了在竞争中取胜，企业开始注重面料的研发，开始向配套产业扩张，如深圳梁子时装就发现了中国独有的古老的生态环保丝绸珍品——莨绸，并对其进行保护、开发、创造，制成四季时装，成为时尚界独一无二的闪亮风景。第四，20 世纪 90 年代初，得益于深圳经济特区改革开放“窗口”体制机制优势和毗邻香港的地缘优势，在巨大利润的吸引下，一批勇于开拓的企业家，尝试创立服装品牌[①]，如华丝、衡韵、马天奴、沐兰等著名品牌。品牌促进了企业的成功转型，也带动了整个行业发展模式的转变。第五，服装企业通过与深圳各级政府互动，围绕满足服装企业需求、实现服装产业稳定发展，向政府积极建言献策，倒逼各级政府机构深化改革，提高各级政府机构的工作效率，提高政府部门的公共服务质量。第六，服装企业通过与行业协会积极互动，提供会费资助协会活动，逐步增强行业协会的代表性、专业性和权威性，推动行业协会扮演好桥梁角色，同时借助协会的特殊力量，协调产业各环节和上下游，共同向政府反映共性需求。

从服装行业协会的治理行为来看，第一，组织企业参加会展。1989 年，深圳市服装行业协会首次组织会员企业赴港参加自行举办的“深圳纺织服装展销、洽谈贸易会”。1992 年，首次组织企业赴德国、荷兰等国家参加海外专业展销和大连国际服装节，加强与海外、国内市场的联系，为企业进一步开拓西欧、国内服装市场打下了基础。第二，增强企业品牌意识。1995 年，深圳服装行业协会举办“首批深圳市服装名牌评选活动”，共评出 23 家服装企业的服装名牌和 3 款服装优质产品，增强了企业的名牌意识。1997 年 10 月，深圳服装行业协会举行首届“粤港澳国际服装服饰博览会”，并推荐华丝企业有限公司参加中国服装行业“双百强”企业评选活动，该公司被中国服装协会评为“双百强”企业。第三，协助开拓全球市场。1994 年下半年，面对外销市场下降的状况，深圳服装行业协会提出“内外销同时并行”的市场营销思路，实施“以设计为灵魂，以品牌为生命，以市场为导向”的核心策略，不仅持续加大海外市场开拓力度，而且不断加大国内市场的开拓力度。第四，推动产业技术改造。深圳服装行业协会向主管部门提交了《深圳市用高新技术、先进适用技术改造服装传统优势产业实施意见》，引导企业利用先进适用技术对服装产业链的设计、加工等重要环节进行系统改造，推动服装企业由受托型的 OEM 向自营型的 ODM 方向逐步转变。

---

① 深圳歌力思服装实业有限公司董事长夏国新透露，代加工与品牌经营的利润差别是 1∶9，代工毛利率不足 10%，而品牌经营的毛利率高达 90%（《深圳服装产业品牌集群独领风骚》，载《中华工商时报》，2011 年 9 月 1 日，第 005 版）。

6.2.3 治理绩效

一是港资企业加快转移。20 世纪 80 年代末期，香港制衣业加快了向内地转移的步伐，深圳市各级政府持续引导境外服装企业在深圳投资办厂，“三资”企业和“三来一补”企业进一步成为服装产业经济的主体。

二是技术密集模式显现。20 世纪 90 年代初期，部分深圳服装生产企业着手从单纯的劳动密集型生产方式，逐步向劳动密集和技术密集并重模式转型，深圳服装产业开始进入规模扩大化、产品多元化、企业求效益的新阶段。

三是产业综合实力增强。深圳市服装行业协会统计显示，1993 年，全市有服装企业 1491 家，员工约 15.4 万名；服装产量达 13 亿件，出口量约为 11.6 亿件；产值约为 152 亿元，相当于当年深圳工业总产值的 21.8%，占全国服装产业总产值的 9%；服装出口额为 15.6 亿元，占全国服装出口总值的 11.5%。服装产业成为深圳的第二大产业，深圳由此成为我国服装生产和出口基地之一。

6.3 从 ODM 向 OBM 升级阶段（1998—2007 年）

6.3.1 治理结构

这一时期，特别是 2002 年中国加入 WTO 之后，市场经济体制建设全面加快，外部经济政策环境进一步改善。政府机构、服装企业和行业协会是三大治理主体，政府机制、市场机制和社会机制进一步发育成熟，政府、市场和社会“三足鼎立”之势得以完善，形成了“强政府+强市场+强社会”的三元治理结构。其中，政府主体主要是指深圳市各级政府；市场主体主要是指以外资和民营为主的服装企业；社会主体主要是指深圳市服装行业协会。

政府立法权限扩大，治理能力持续提升。首先，深圳市政府立法权限扩大。2000 年开始施行的《立法法》继续保留了深圳经济特区立法权，深圳市政府得以在更大空间范围内为服装企业提供法治化保障。其次，深圳市政府经济实力提升。2007年，全市地方财政一般预算收入为658亿元，约为1997年的4.6倍。地方财政实力的进一步大幅提升，有助于深圳市提供良好的基础设施，更好地增强政府的治理能力。

竞争主体发展较快，市场机制作用显著。首先，服装企业数量增加。2005年，深圳拥有3289家服装工业企业，约为1997年的2.3倍，市场活力进一步增强。其次，服装企业规模扩大。2005年，深圳服装工业企业平均产量为143.1万件，平均工业总产值为1887万元，分别为1997年的1.7倍、1.8倍，服装企业的治理能力持续提升。最后，2002年中国加入WTO之后，市场经济体制建设全面加快，外部经济政策环境进一步改善，市场经济体制体系持续完善。

协会机构职能增强，治理能力明显提高。深圳市服装行业协会下设服装研发中心、设计师专业委员会、女装专业委员会，协会职能逐步得到完善。深圳市服装行业协会承办有"中国（深圳）国际品牌服装服饰交易会""深圳国际时尚周"，主办有"深圳服装网"、《深圳服饰报》、《时尚服饰》杂志，2004年获得民政部授予的"全国先进民间组织"荣誉称号。行业协会服务服装企业的能力持续增强，社会主体的治理能力显著提高，社会机制逐步走向成熟。

6.3.2 治理行为

在此期间，深圳积极打造服务型法治政府，鼓励民营服装企业快速发展，为服装企业吸引人才、拓宽融资等活动提供便利，推动企业集群化、品牌化，完善知识产权保护、创业创新立法等"软件"基础设施，协调金融、物流、文化创意等配套产业发展，依法推动行业协会自主发展。政府、市场和社会三大治理主体密切配合，共同推动ODM企业向OBM企业升级，进一步实现了双向赋权、增权，显著提升了政府、市场和社会三大机制的有效性，形成了"政府、企业和行业协会共同主导"的三元治理模式（见图6-3）。

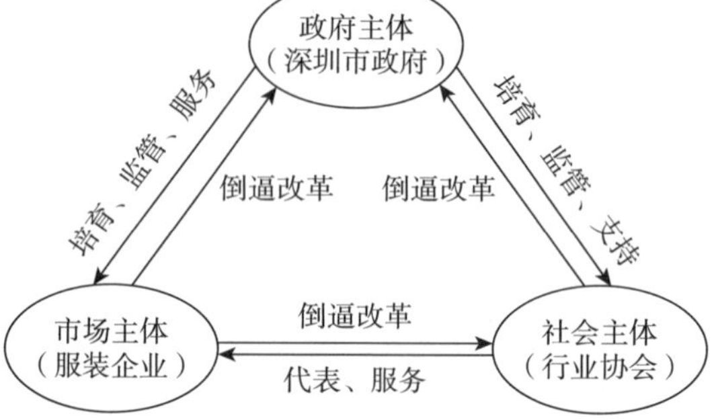

图 6-3　深圳服装产业从 ODM 向 OBM 升级阶段的三元治理模式

从政府机构的治理行为来看，第一，提升深圳市政府治理能力。通过国家层面的介入，把经济特区立法权扩大到全市；深圳市政府推行依法行政责任制，首次建立行政首长问责制，首推政府部门责任白皮书，确保政府行政的法治化、规范化；深圳市政府开展政府审批制度改革，启动非行政许可审批制度改革，成为全国首个电子政务试点市，确保政府行政的高效化。第二，推广先进适用技术。2001 年，深圳市发布《用高新技术或先进适用技术改造优势传统产业指导意见》，该意见提出支持纯棉高档面料生产线的快速回应、在线控制的技术改造；鼓励和支持服装业从设计到售后服务的全过程的技术改造；支持纯棉特厚面料的多功能后整理的技术改造等。第三，建设公共技术平台。2003 年，深圳市政府出资建造“深圳市服装研究开发中心”，该中心通过引进、研究、开发服装行业高新应用技术，引进吸收国际先进的品牌理念、管理理念和营销理念，建成融技术、设备、培训、示范、推广为一体的行业公共技术平台，推动服装企业加快技术创新步伐。第四，打造产业集聚基地。2003 年，深圳决定建设“深圳服装产业集聚基地”，该基地位于宝安区大浪街道西北部，基地总面积约为 146 万平方米，其中，一期用地 108 万平方米，引进国内知名服装企业 22 家；二期总部功能区规划用地超过 20 万平方米，规划建设服装公共服务平台、企业总部大厦、孵化器、研发中心等项目。建成后的服装基地将集聚深圳服装行业 30% 的产能，形成行业产业高度集聚合力发展态势。第五，完善人才引进机制。2006 年发布的《深圳市人民政府关于改造提升我市优势传统产业的若干意见》提出：投入专项资金，资助扶持优势传统企业的人力资源开发；对优势传统产业龙头企业、公共技术平台等急需引进的紧缺专业技术人员，由市人事和劳动保障部门会同行业主管部门制定准入标准，报市政府批准后实施；鼓励企业与大专院校以联合办班的方式，培养优势传统产业急需的技术技能型人才及复合型技能人才，制定并实施紧缺高技能人才培训补贴制度。第六，拓宽企业融资渠道。2006 年发布的《深圳市人民政府关于改造提升我市优势传统产业的若干意见》提出：符合条件的优势企业，通过资产重组、合资嫁接、发行债券、股票上市、引进创业基金、加速折旧等多种形式的资产运营模式和财务运作，拓宽融资渠道；积极利用外资，争取国际金融机构贷款和外国政府优惠贷款，吸引外资进入优势传统产业改造提升领域。第七，加大知识产权保护。2006 年发布的《深圳市人民政府关于改造提升我市优势传统产业的若干意见》提出：帮助优势传统产业树立知识产权意识，提高应对知识产权纠纷能力，积极应对国外技术壁垒和国际国内产权纠纷，维护企业合法权益；加强对企业注册商标的保护，维护市场良性竞争环境；加快服装产业行业标准制定工作，为企业产品品质提升构建科学规范平台。第八，提供专项资金补贴。深圳市政府不断出台政策，如从财政收入中拿出专项资金为企业提供技术改造贴息贷款、开拓国内国际市场专项补贴和参展补贴等，引导服装产业向规模化、集聚化和高端化发展。宝安区还以补贴方式资助服装企业建设技术中心、公共技术服务平台和企业信息化项目。第九，打造法治配套环境。深圳市政府通过加强经济立法，完成个人信用、创业投资、改革创新、循环经济等立法工作，优化服装产业健康发展的法治环境；同时，深圳市政府大力发展创新金融业、现代物流业、文化产业，为服装产业做好配套。第十，依法推进行业协会健康发展。深圳市政府制定行业协会管理条例，通过《深圳市行业协会民间化工作实施方案》，依法规范政府—协会之间互动关系，推动服装行业协会稳定发展。

从服装企业的治理行为来看，第一，推动市场多元化。21 世纪以来，深圳服装企业加快开拓国内市场，尤其是 2004 年以后，内销比例急剧上升。与此同时，随着深圳服装企业影响力的增强，外销市场也得到进一步扩大，已覆盖俄罗斯、东欧、韩国、澳大利亚、中东、东南亚、日本等国家和地区。

第二，推动品牌多元化。在原有主导品牌的基础上，不少企业开始选择走多元品牌发展路线。比如，“淑女屋”就在其主导品牌下又延伸出“小淑女与约翰”“FAIRYFAIR”“淑女屋床上用品”以及“自然元素”几大独立品牌。第三，推动产业链内分工。大品牌企业将生产环节剥离出去，专注于品牌与渠道；而制造企业则集中精力做生产环节，并通过为多个品牌企业提供 OEM、ODM 服务，以实现规模经济，将成本控制到最低。第四，推动产品之间分工。深圳服装加工企业遵循自身比较优势，衔接各个细分服装市场的需求特征，主动推进产品市场定位的个性化、差异化。如沐兰的产品定位是30~48 岁的高级女装；淑女屋的产品定位是 22~35 岁的时尚都市女性；台茗的产品定位是 30~45 岁的成熟职业女性，以裤裙为主。第五，推动行业之间分工。深圳服装核心产业链借助服务外包，与科研机构、印染设备、辅助材料、设计包装、标准体系、流行发布和专业认证等配套企业形成了专业化分工，也与物流、金融等相关企业形成了良好的专业分工关系。第六，低端企业逐步向外迁移。由于土地租金、人工成本、环保成本的持续上升，一些服装企业的加工环节和部分 OEM 企业被迫转移，特别是在生产等环节会带来污染的企业，率先从产业园区退出来，要么迁往特区外，要么迁往内地。

从服装行业协会的治理行为来看，第一，组团开展主题推广。自 1999 年以来，深圳市服装行业协会多次组织服装企业赴北京参加服装展览，1999 年的主题是“深圳花季”、2000 年的主题是“春天的故事”、2001 年的主题是“特区冉骄阳”，连续多年开展主题推广活动，获得了巨大成功，深圳服装受到国内外的广泛关注。第二，组织服交会系列活动。2001 年，深圳市服装行业协会成功举办“首届中国（深圳）国际品牌服装服饰交易会”，每年一届的惯例在国内外积累了良好的社会知名度、形成了广泛的客户口碑。特别是“国际女装论坛”“百货业论坛”“高层论坛”等大型商业论坛以及加盟商、代理商大会和服装设计大赛等大型配套活动的举办，为深圳服装企业的推广宣传提供了极好的契机。第三，举办深圳国际时装周。自 2003 年以来，深圳每年举办“深圳国际时装周”，以品牌文化展示、设计创意为重点主题，以商贸为依托，着力打造深圳服装产业高端整体形象，展现深圳时装“国际化、专业化、高端化”的发展特征。第四，制定产业发展战略。20 世纪 90 年代末期，深圳市服装行业协会优化调整行业发展思路，制定了《深圳服装行业发展战略》，首次提出“五名”工程（名师、名牌、名企、名店、名模），重点推动深圳服装名牌战略落地生根，这为深圳服装行业转型向品牌发展提出了指导性建议。第五，构建产业转移基地。深圳服装行业协会组织协调服装企业，谋划利用越南的成本和政策优势，打造境外服装产业园区基地，把服装出口加工基地办到境外去，积极发挥中越两国的比较优势，加速推动形成服装出口贸易的良性稳定发展体系。

6.3.3　治理绩效

一是品牌战略成效显著。在东南亚金融危机背景下，深圳服装企业积极从低技术含量、低附加值、贴牌型向高技术含量、高附加值、自有品牌型发展模式升级，自有服装品牌产品产值由 20 世纪 90 年代初的不到 10%增长到 2007 年的 49%。

二是技术水平全国领先。由于长期面向国际发达市场，遵循境外订单的高标准加工要求，深圳服装企业普遍拥有先进的纺织服装设备。2004 年深圳市服装行业拥有各类服装生产设备约 40 万台，其中，从境外进口的先进设备占 93%左右，总体加工设备水平和设计技术水平在国内均处于领先地位。

三是设计师专业水平高。深圳拥有一流的服装设计师人才，多次获得国内外顶级设计大奖，有力地支撑深圳服装品牌走出深圳、走向全国，并积极参与到全球市场的激烈竞争中。比如，在第十一届中国国际时装周上，深圳梁子获得“金顶奖”和“2007 年度最佳女装设计师奖”双重殊荣。深圳服装设计师的专业水平已跻身全球顶尖行列。

四是民营企业快速崛起。20 世纪 90 年代末期，随着亚洲经济的逐步恢复和国内服装市场的快速扩大，深圳服装行业加快发展壮大，尤其是民营中小服装企业实现了弯道超车。2000 年以后，深圳服装业重新进入全面发展的新阶段，新企业纷纷成立，民营企业数量大幅度增加，同时外资企业也在不断增加。

五是产业集聚趋势明显。2003 年，深圳服装企业大部分集聚在福田区（产值占全市的 37.7%）和罗湖区（产值占全市的 32.1%）；同年，深圳规划建设“深圳服装产业集聚基地”，该产业园区位于宝安区大浪街道西北部，园区总面积约为146万平方米，其中，一期用地108万平方米，服装企业集群化发展态势显著。

六是产品间专业化分工。在材质选择方面，深圳服装的材质种类已非常多样化，这些材质的每一类都还可以细分为很多小类；在产品类型方面，基本形成了一个以女装为主体、男装和童装协同发展的完整产品分工体系；在市场定位方面，服装企业专注于特定年龄段、特定人群，形成了产品市场定位的分工与专业化。

七是产业规模持续扩大。深圳市服装行业协会统计数据显示，2005年，深圳服装产业产值达到621亿元，出口超过45亿美元，拥有服装企业3289家，从业人员42.6万，分别是1997年的4.1倍、3.0倍、2.3倍和3.0倍。

6.4 从OBM向时尚创意升级阶段（2008年至今）

6.4.1 治理结构

这一阶段，融入WTO经济制度体系向纵深发展，市场经济体制建设持续推进，外部经济政策环境不断优化。政府、市场、社会三大主体实力得到提升，政府机构、服装企业和行业协会依然是三大治理主体，政府机制、市场机制和社会机制进一步走向成熟，政府、市场和社会“三足鼎立”之势得到持续完善，形成了“强政府+强市场+强社会”的三元治理结构。其中，政府主体主要是指深圳市各级政府；市场主体主要是指以外资和民营为主的服装企业；社会主体主要是指深圳市服装行业协会。

经济特区面积扩容，政府治理能力增强。首先，深圳经济特区空间范围扩容。2010年，经中央批准，深圳特区地理范围延伸至全市，为特区外的服装企业发展提供统一法治保障。其次，深圳市政府经济实力持续提升。2022年，深圳地方财政一般预算收入4012.27亿元，约为2007年的6.1倍，位居全国城市排行榜第三（仅次于上海、北京），为支持服装产业发展提供财力保障。

不同规模企业共存，治理体系更加完善。从职工人数来看，企业职工不到 300 人的小微企业占比达 82%，构成了金字塔的厚实底层；从业人员达 300~1000 人的中型企业占比 13%，成为行业中流砥柱；从业人员超过 1000 人的大型企业占比 5%左右，成为行业的领头羊。从注册资本来看，超过一半的企业注册资本不足 100 万元，约九成的企业低于 500 万元（规模以下），注册资本超过 1000 万元的企业仅占 6%（见图 6-4）。由此可知，大中小企业互相依托，OEM、ODM、OBM、时尚创意企业专业化分工，形成了完整的产业组织治理体系。

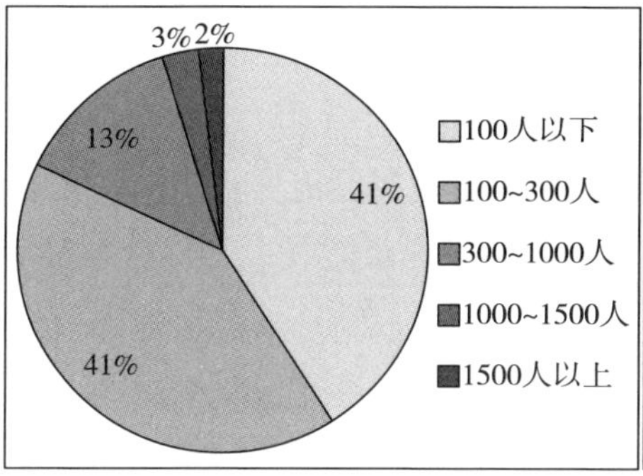

（a）从业人数

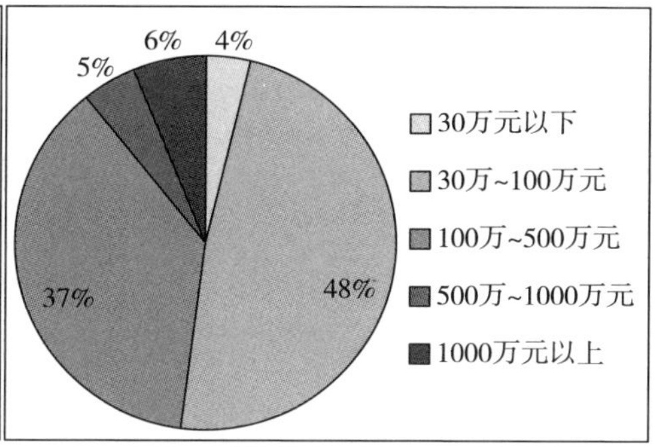

（b）注册资本

图 6-4　深圳服装企业从业人数和注册资本情况

协会治理能力提升，社会机制更加成熟。深圳市服装行业协会获得了省民政厅授予的"全省先进民间组织"称号，荣获中国纺织工业协会授予的"2009 中国服装品牌推动大奖"，成为国内唯一获得该项大奖的行业协会。深圳市民政局评定协会为深圳市 5A 级协会，充分肯定协会推动产业升级的重大贡献。深圳市服装行业协会于 2020 年 4 月成立知识产权工作站，邀请北京服装学院、清华大学、武汉纺织大学等国内院校专家组成专家委员会，提供咨询和专业服务。

6.4.2　治理行为

在此期间，深圳积极建设法治政府、服务型政府，补偿企业开展创新活动的正外部性，谋划创建时尚女装区域品牌，打造建设大浪时尚创意城，为时装品牌推广提供各种便利，协助时装企业主动应对金融危机，倡导成立时尚创意产业联盟。政府、市场、社会三大主体实力得到提升，三者关系更加密切，彼此优势互补、主动作为，一起推动时装产业升级，增强了三者公信力，实现了互相增权、共同发展，提升了政府机制、市场机制和社会机制的有效性，形成了“政府、企业和行业协会共同主导”的三元治理模式（见图6-5）。

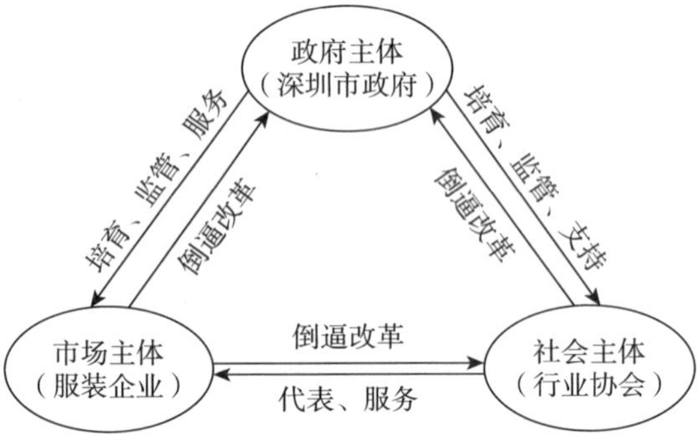

图 6-5　深圳服装产业从 OBM 向时尚创意升级阶段的三元治理模式

从政府机构的治理行为来看，第一，打造深圳女装区域品牌。2008 年 4 月，由时任深圳市副市长卓钦锐带团，深圳市工贸局、市服装行业协会积极组织深圳服装品牌企业参加在英国圣马丁艺术学院举办的“深圳服装产业推介会”，重点推介深圳“女装区域品牌”。同年 7 月，深圳市政府出台了《深圳市女装产业区域品牌 2008 年至 2012 年发展总体规划》，在国内外率先提出未来五年要把深圳打造成为“时尚女装品牌之都”，并为这一目标的实现制定了一系列政策来扶持女装产业的发展和区域品牌的宣传推广工作。第二，帮助服装企业推广宣传。2008 年，深圳市政府出台了一系列产业政策来扶持展会，对参展商的展位给予一定的资金资助和补贴。2010 年，一支由深圳市副局级以上的女领导组成的业余模特队，在第十届中国（深圳）国际品牌服装服饰交易会闭幕式晚会上，穿着由“蒙迪爱尔”和“吉祥斋”为她们量身定做的优雅女装走秀，身体力行为“时尚深圳”代言。第三，通过资助企业建立市级技术中心和公共技术服务平台，支持服装企业开展自主创新活动，补偿企业创新活动的正外部性。第四，通过颁布具体措施、完善政策体系，打造建设大浪时尚创意城，推动时尚创意企业集群成型，降低企业运营成本。第五，通过简化融资贷款程序、改善海关工商等部门服务，缓解金融危机带来的融资压力，弥补市场失灵。第六，倡导成立深圳时尚创意产业联盟，推动跨产业联动发展，推动产业走向时尚化、创意化。第七，推进政府职能转变，实施大部门改革，提供一站式公共服务，构建法治政府和服务型政府。

从服装企业的治理行为来看，第一，实施多品牌战略。据了解，影儿集团旗下5个品牌，即歌中歌（Song of Song）、诗篇（PSALTER）、奥丽嘉朵（OBBLIGATO）、音儿（YINER）、恩裳（INSUN）均在深圳服交会亮相。1992年，凭借精准的市场定位，新纪元相继创立了多个风格各异的服装品牌，包括混搭时装典范K* facto. 2y，细腻知性轻熟少女品牌a. y. k，创意十足的男装品牌indu homme及个性、前卫、环保兼容的品牌kitterick。这一时期，新纪元旗下各个服装品牌先后在中国各大城市及海外各地，如马来西亚、俄罗斯、丹麦、澳大利亚、迪拜、泰国等国家开设了200多家专卖店或综合店。第二，实施国际化战略。引进国外专业时装设计师，开设国外时装研发中心，参与国外时装品牌展示活动，推动企业国际化。第三，推进时装产业链创新。创新时装制造、设计环节，提升制造、设计效率，创新时装产业链条。第四，推动时装跨界艺术融合。创新中国服装展示所遵循的传统模式，推动时装、音乐、舞蹈、美术的跨界艺术融合。第五，推动产业深度空间专业化分工。把企业总部或设计营销中心等功能总部设在深圳，加工制造部分或委托或转移，形成了以深圳为中心、网络覆盖全国的专业分工格局。

从服装行业协会的治理行为来看，第一，通过推动从强调商贸功能的“展会”向引领产业观念创新的“会展”转变，强调其作为时尚平台、国际交流平台的作用，进而推动协会自身服务功能的转型；同时，提供保姆式服务，注重会前、会中和会后系统服务，满足新参展企业需求。第二，举办商品企划课程系列培训，帮助企业改善运营思维，促进企业及品牌快速成长；同时，举办或参与新闻发布会、大型论坛、时尚秀、时装周等系列活动，塑造深圳“时尚女装区域品牌”。第三，通过反映企业有关税收、海关、市场、技术、人才、场租以及与商场合作诉求，搭建政企沟通桥梁，做好企业帮手；同时，向政府提出关于深圳市服装行业打造深圳“国际时尚之都”的意见和建议，深化服务、加强交流，当好政府参谋。第四，通过组织企业参加国内时装展，推动企业向时尚创意产业转型，帮助企业推广时装品牌；同时，通过持续组织深圳品牌参加英国伦敦时装周，引起欧洲时尚界的高度关注，帮助提升时装品牌的国际化水平。第五，通过与西安、青岛、杭州、上海、江苏等省、市政府和行业协会等部门积极开展交流与合作，为深圳时装品牌开拓新的发展空间。第六，引导企业充分认识数字化对服装产业发展的“放大”效应，将数字化转型作为提升企业核心竞争力的关键要素；同时，鼓励服装企业加强技术创新，积极申请高新技术企业，建设重点实验室、工程中心、企业技术中心、工业设计中心等创新载体，开展服装关键核心技术和行业共性技术研究。第七，2021 年 4 月，在深圳时装周上发布了《中国服装行业知识产权保护白皮书（2020）》；同年 7 月，在大湾区时尚产业峰会知识产权论坛上发布全国首份服装产业创新大数据报告——《深圳市服装产业知识产权创新数据研究报告》；成立了首个服装行业“诉源治理非诉解纷中心”，与 100 多家企业签署“诉源治理非诉解纷”公约，推动企业积极参与诉源治理工作，维护时装企业合法权益。

6.4.3 治理绩效

一是时尚创意特征更加明显。目前，深圳服装产业已演变成为集文化、设计、创意、科技于一身的时尚创意产业，75%以上的深圳服装企业将销售额的 5%~15%作为设计、创新、研发经费，原始创新能力日新月异。深圳服装产业依托特有的移民文化及开拓创新精神，逐步进入依靠知识、智慧、创意设计、高效益的生产和科学的管理等核心竞争力时期，产业整体日益向高附加值、高文化含量的时尚创意文化产业升级。2013 年，深圳被中国纺织品牌战略推进委员会授予“时尚品牌创意之都”称号。目前，深圳在全国时尚城市指数排名中位列第三，在时尚领域的创新指数和包容指数排名中位居全国前列。

二是优秀时装设计师大量涌现。近年来，深圳服装行业涌现出一大批优秀设计师，如杨哲获评 2020“光华龙腾奖 · 深圳市设计业十大杰出青年”；游悦、韩磊、徐志东、徐妃妃获得“第 26 届中国十佳时装设计师”称号；高阳、杨宇、马婧思、刘柏瑜、龚琳、朱威特、郑涛等在大湾区时尚大奖上荣获“2021 年度十佳时装设计师”称号等。

三是数字化智能化转型加快。目前，深圳服装产业在新技术、新业态、新模式上持续发力，加速与大数据、云计算、人工智能等新一代信息技术融合。如赢家集团承接智能制造、技术创新的供应链板块，成为工信部服装行业应用创新项目的首家实施企业；歌力思以数据驱动业务和多品牌矩阵优势，打造数字化引领的新型企业；玛丝菲尔线上新零售平台“试衣到家”以“AI 科技+时尚体验+个性化时尚助理”打造全新的高端时尚新零售平台；影儿时尚集团打造多品牌集成的 ALL in ONE 小程序商城，以实现在数字化销售上的协同，构建全域的自主经营阵地。

四是国内知名品牌纷纷涌现。近年来，深圳服装企业逐步从创品牌向创名牌转型，涌现出一批国内知名品牌，如获得世界品牌实验室颁布的“2008 中国 500 最具价值品牌”的唯一女装品牌企业——深圳市歌力思服装有限公司。统计数据显示，深圳 100 多个国内知名品牌的产品已畅销国内 100 多个大中城市，在全国大中城市一类商场的市场占有率高达 60%，自主品牌产品产值由 2007 年的 49%上升到 2025 年的 90%以上。

五是女装区域品牌成型成势。深圳是国内最大的中高档女装生产基地，女装的创新设计能力在国内遥遥领先，拥有众多女装品牌，如沐兰、诗琪丽、淑女屋、厚裕、奔霓诗、衡韵、飞影思、台茗等。深圳已经成为中国最大的女装品牌生产基地，树立了“深圳女装占据中国女装市场半壁江山”的美誉，成为名副其实的“中国女装之都”。

六是企业国际化特色更加突出。除市场国际化以外，深圳服装企业吸收国际优秀文化元素，吸引国际一流设计师加盟，在国外开设分支研发中心。调研显示，韩国、法国、意大利、英国等多国组成联合设计队伍，为深圳本土服装品牌源源不断地提供设计灵感，已经成为其服装业的一道新风景，也为其销售额创下了 50%的高增长率。原创设计师品牌艺之卉立足设计创意的根本，完成了包括日本、米兰、佛罗伦萨研发中心在内的国外布局。

七是市域内专业化分工明显。近年来，随着城市发展和深圳各辖区不同的功能定位，逐渐在深圳市域范围内形成了比较明显的服装产业空间分工格局，即以宝安为核心的服装生产基地、以罗湖为核心的服装商贸消费圈、以福田为核心的服装总部经济圈。

八是产业综合实力持续增强。2021 年，深圳服装产业销售总额近 2700 亿元，占全国的 10%。目前，深圳是中国时装业最发达的城市之一，稳居全球时尚之都前六，树立了“中国服装看深圳”的声誉。数据显示，深圳目前拥有 2500 多家服装企业，其中 90%以上为自主品牌，从业人员达 30 万名，服装设计师约 2 万名。深圳在中国服装业具有四个“第一”，即上市公司数量第一，品牌数量第一，市场占有率第一，销售额第一。

6.5 本章小结

6.5.1 “强政府+强市场+强社会”是深圳服装产业的最佳治理结构

从深圳服装产业发展的实践来看，市场机制越成熟，要素资源的配置水平越高，服装产业发展就越好；政府机制越完善，弥补市场失灵的效果就越好，培育行业协会的能力也越强；社会机制越完善，行业协会对会员企业的服务能力越强，服装企业往往更容易转型升级。基于此，对产业转型升级过程中的三大治理主体而言，如果都赋予其“强、弱”两个维度，“强政府+强市场+强社会”则是最优组合，也是最好的城市产业治理结构。

所谓“强政府”，是指政府机制的作用得到完全发挥，各政府部门拥有良好的治理能力，主要从以下三个维度来审视：首先，意味着政府部门掌握丰富的资源，主要包括计划单列市、经济特区等政治资源，庞大的财政税收等经济资源，精干、专业、高效的人才资源等。其次，意味着政府构建了匹配的公共职能，政府基本公共职能是培育、监督和服务市场主体（如企业）及社会组织（如行业协会），特定职能应因产业发育的不同阶段而动态调整。最后，意味着政府各部门构建了高效的组织架构，从纵向来看，深圳市探索建立了“一级政府、三级管理”治理模式，鼓励充实基层单位的力量；从横向来看，深圳市进一步理顺党政关系，建立和完善行政决策权、执行权和监督权，构建三者相对分离、相互制约的科学运行机制，探索大部门体制、持续深化改革。

所谓“强市场”，意味着市场机制发育成熟、发挥作用良好，市场主导要素资源的优化配置；意味着企业等市场竞争主体较多，实现了充分、高效竞争；意味着企业充满发展活力，龙头企业在市场中拥有较强的竞争力。

所谓“强社会”，是指社会机制发育成熟、充分发挥积极作用，行业协会等社会组织拥有较强的自治能力，主要体现在以下三个方面：首先，协会充分代表会员企业基本利益，高效向政府部门反馈行业发展的共性需求；其次，协会扮演好政府的助手和参谋，谋划提出实现行业高质量发展的各类举措建议，并做到充分沟通和上情下达；最后，协会能够向企业提供优质贴心服务，支持企业实现高质量发展。

6.5.2　深圳服装产业发展中的政府、市场和社会三大机制形成了互助互补的合作伙伴关系

深圳服装产业发展的实践表明，在城市传统产业的转型升级中，从政府机构、龙头企业和行业协会三者之间的关系来看，它们之间的关系不是互相替代或者互相削弱，而是互相赋权、互相增权和互相强化的新型关系。通过建立三者之间互助互补的合作伙伴关系，可以逐步形成巨大发展合力，共同支撑产业的转型升级，进而强化政府机制、市场机制和社会机制的治理能力。

一是政府与市场的互动合作。在服装等传统产业发展的起步时期，深圳政府侧重招商引资、引进市场主体，以及培育和启动市场机制；在后续产业转型升级过程中，政府加强培育高质量市场主体，持续完善市场机制。市场不仅倒逼政府部门加快改革，支持政府机制完善其有效性，而且通过政府部门的各项安排，参与到创新、技术、品牌、知识、专利等公共产品的供给中，携手政府共同发力，推动实现城市公共利益。正如沃尔夫所言：“市场与政府间的选择是复杂的，经常是在这两者的不同组合间的选择，以及资源配置的各种方式的不同程度上的选择。”在这一互动过程中，既满足了深圳市政府的公共利益需求——提升产业创新能力、增加就业和财政收入、提升城市时尚水平，也满足了服装企业的私人利益需求——增加利润、扩大市场、增强企

业竞争力。

二是政府与社会的互助合作。起初，深圳市民政局批准成立深圳市服装行业协会，旨在提升政企沟通效率，改善对服装企业的服务效果。之后，深圳市政府通过提供办公场地、投资建设行业公共技术服务平台等举措，提高服装行业协会服务企业的能力。与此同时，深圳市服装行业协会也通过政策解读、出谋划策等，帮助落实政府发展战略、增强政府机制的有效性。除此之外，在举办服装交易会、推广服装品牌、打造深圳时尚女装区域品牌、建设服装产业集聚基地、制定服装产业规划和政策等方面，深圳市政府与深圳市服装行业协会共同发力、密切合作。在这一互动过程中，深圳市服装行业协会积极对接政府部门，将其始于道德与规范之上的社会合法性扩展为政治合法性和行政合法性；政府部门也积极回应，营造良好的沟通与对话的外部氛围，弥补作为政治工具在道德与规范意义上的合法性不足，在政策制定和社会动员等领域获得更加广泛的社会支持。

三是市场与社会的协同合作。一方面，深圳市服装行业协会对内聚焦服装企业具体需求，给会员企业提供技术、产品、人才培训、运营管理、品牌塑造和市场开发等一站式综合服务，支撑服装企业走向转型升级；对外则代表服装行业整体利益，向政府反馈会员服装企业实际需求，为服装企业争取更丰富的资源。另一方面，服装企业通过采购服务、缴纳会费、提供赞助和信息、服从协会规章、支持协会活动等方式，帮助深圳市服装行业协会增强服务能力、扩大影响力。除此之外，服装企业和深圳市服装行业协会围绕一些共同事务进行互动合作，如打造“时尚女装区域品牌”、推进自主创新活动等方面，携手维护深圳服装企业的切身利益。由此可见，社会主体（行业协会）与市场主体（服装企业）形成伙伴式协作关系，有助于产业经济的发展和社会公共福利的扩大，这就体现了双赢理念。

6.5.3 充分发挥政府的“培育、监管、服务”作用，这是后发地区建立强大市场机制和社会机制的最优途径

纵观美国等西方发达经济体的经济发展历史，发达的市场经济体制和成熟的公民社会可以借助自由演进的路径来实现。以美国为例，其市场经济体

制经历了漫长的发展过程，基本可以划分为三个主要阶段：萌芽启动阶段（1607—1820 年）、快速发展阶段（1820—1880 年）和稳定成熟阶段（1880—1920 年）。关于美国的“自由演进”模式，有以下三个关键点需要重视：第一，该模式与美国独特的建国历史、英美文化和移民特性存在莫大关系。美国公民社会是由近代英国等欧洲的自由移民逐步建立，他们带来了当时英国等资本主义国家的经济自由主义理念，并经历数百年的反复沉淀和长期演化，一步步演变成“自由主义精神”的独特国民性。第二，该模式的形成代价十分高。从美国等西方资本主义经济体的发展史来审视，“自由演进”模式经历了各种挑战，以及长期的反复试错，经济社会往往会遭遇大起大落，实现稳定成熟往往需要数百年。第三，该模式不能承受境外竞争对手的强大压力。当美国走上自由市场经济发展之路时，它是全世界最发达的经济体，是全球经济的引擎、先锋和前沿，它的经济竞争力远超其他地区，没有任何一个经济体可以挑战它。

然而，改革开放之初，深圳市场经济一片空白，地处大中华文化圈，缺乏美式自由主义精神，城市经济发展水平较低，不仅低于国内北方城市，也远低于境外发达城市，承受的国内外竞争压力较大。面对如此严酷的内外部环境，作为市场经济领域的小白，如果深圳贸然照搬美式自由演进模式，不仅会浪费宝贵的发展时间和资源财富，也会遭遇发达经济体的围追堵截，面临被锁定在国际价值链低端环节的厄运。基于此，深圳市系统学习日本等东亚国家的发展经验，最终选择了“政府促进”的东亚模式，结果只花了 40 多年就快速构建起了良好的市场经济体制机制，高效走完了西方发达经济体数百年的历史。从深圳服装产业的发展历史来看，完善的市场经济体制和社会组织的成熟，关键是政府发挥了积极作用，主要可以从以下三个维度审视：一是深圳各级政府对市场机制和社会机制的大力培育，积极促进服装企业集聚和服装行业协会设立，向市场机制和社会机制提供了初始运行动力；二是深圳各级政府对市场机制和社会机制的有效监督，推动服装企业的竞争行为和服装行业协会的运作逐步规范化；三是深圳各级政府对市场机制和社会机制的高质量服务，这为市场机制和社会机制高效发挥作用提供了各种便利。

6.5.4 良好的法治是政府、市场、社会三大机制高效运转的前提条件

在深圳服装产业转型升级过程中，无论是“以政府为主导”的复合治理模式、“强政府+强市场+强社会”的产业治理结构，还是构建政府、市场和社会三大治理主体之间互助互补的合作伙伴关系，以及发挥政府机制的“培育、监管、服务”作用来构建完善的市场机制，都有一个绕不开的问题，即如何确保政府、市场、社会三大治理机制的高效运行？如何规范政府部门、市场主体、社会组织三大治理主体之间的互动关系？从深圳服装产业转型升级的实践来看，答案是，良好的法治。

1980 年，深圳经济特区批准建立，广东省人大先后制定了进出口、出入境、企业登记、劳动工资、土地管理、工业区管理、经济合同、技术引进、公司破产等领域的法律法规，稳定了外资服装企业扎根深圳、长期发展的良好预期，为招商引资的顺利开展提供了良好的环境。1992 年，深圳首次获得地方立法权，先后制定了公司法、企业技术保密、职业技能、股份合作公司等地方性法规，为服装企业投入技术研发、引进先进技术等创新活动提供了一流法治环境。之后，深圳陆续完成了循环经济、创业投资、改革创新和个人信用等立法事务，持续改进微观经济领域的法规制度体系，通过“立法”助力服装企业的转型升级。

除强化市场经济领域的立法外，深圳也兼顾社会领域立法和政府领域立法。从社会领域立法来看，深圳制定了注册会计师等中介组织法规，支持专业化中介组织的稳定发展，依法培育和完善社会机制；深圳制定了行业协会管理条例，推动政府—协会关系规范化、法治化，依法科学地强化对行业协会运作的日常监管。从政府领域立法来看，深圳实施依法行政责任制，首次建立了行政首长问责制度，探索把权力关进制度的笼子里，积极推进政府行政的法治化和规范化。深圳服装产业的转型升级证实了斯蒂格利茨提出的“非分散化基本定理”，他认为市场要依靠政府的调控，依法调控比罚款更好一些。

6.5.5 深圳服装产业实现了“OEM—ODM—OBM—时尚创意”的转型升级

在深圳服装产业的转型升级过程中，不仅实现了“从低工艺水平到高工艺水平”的工艺改进、“从单一简单服装产品到多元化复杂时装产品”的产品升级、“从贴牌生产到自主设计加工，再到自主品牌生产”的功能延伸等产业内升级，也实现了“从单一服装产业链到多元化产业链集群、从服装制造传统产业到时尚创意现代服务业”的产业间转型升级。深圳服装产业的转型升级同时再现了全球价值链的四种升级方式——工艺流程升级、产品升级、功能升级、链条升级，也生动地支持了传统产业可以通过嫁接、裂变、改造，或者与高新技术、文化创意融合，进而孵化出新兴产业的重要观点。因此，深圳服装产业的快速发展，不仅是一个拾级而上的升级过程，也是一个产业多元化、多样化的转型过程。

第7章　治理结构、治理行为与深圳电子及通信设备制造业发展

7.1　“三来一补”起步阶段（1979—1985年）

7.1.1　治理结构

在深圳电子及通信设备制造业起步阶段，电子行业协会尚未成立，市场经济体制正处于培育期，政府机构和电子企业是两大治理主体，政府机制和市场机制积极发挥作用，形成了“强政府+弱市场”的二元治理结构，共同推动深圳电子及通信设备制造业快速起步，为后续的产业转型升级奠定了坚实基础。在这一阶段，政府主体主要是指国家、广东省和深圳市三级行政、立法机构，市场主体主要是指以“三来一补”企业为主的电子企业。

政府机制治理能力提升。首先，正式设立深圳市政府。1979年3月5日，国务院批转广东省委报告，同意撤销宝安县，设立深圳市，由中共广东省委和惠阳地委双重领导；同年11月26日，中共广东省委决定将深圳市升格为地区一级的省辖市，从国家和省政府两个层面确立了深圳市政府的权威性。其次，深圳市政府地位不断升级。1980年8月26日，全国人大常委会批准设立了深圳经济特区，赋予了深圳特区改革开放试验田的重要角色，深圳市获得了经济发展先行先试的重要权限。1981年3月，国家把深圳市升格为副省级城市，赋予了深圳省级经济管理权限，扩大了深圳市政府的经济发展权限。最后，深圳市政府经济实力显著增强。1985年，全市地方财政一般预算收入为

62894 万元，比 1979 年（1721 万元）增长了约 36 倍，大幅提升了政府治理能力。

市场机制发育趋于成熟。第一，电子企业数量快速上升。深圳电子企业从 1979 年的 1 家增加到 1984 年的 160 多家，随着市场主体的增加，电子产品市场逐渐活跃起来。第二，电子企业规模迅速扩大。1984 年，深圳电子企业平均工业产值为 630 万元，约为 1978 年的 9 倍，企业规模明显变大。第三，电子企业普遍按市场规律运作。特区经济活动在国家计划指导下以市场调节为主，“三资”企业来自市场经济发达的国家和地区，“三来一补”企业的产品也主要出口到这些地区，电子企业迅速走上了市场化道路。

7.1.2　治理行为

1979 年改革开放之前，深圳传统计划经济体制的痕迹较少，中央允许特区主要实行市场调节，虽然生产要素市场尚未完全形成，但劳动力资源和土地资源先后于 1981 年、1982 年开启了市场化配置历史。然而，在当时的深圳，不仅缺乏足够多的市场主体——电子企业，也缺乏园区、道路、码头等基础设施，外资企业遭遇较多潜在风险的困扰。因此，深圳各级政府坚持“外引内联”的基本方针，竭尽全力降低电子企业的各项成本，积极完善园区、码头、口岸等硬件基础设施，给市场机制的高效快速启动提供了初始动力，从而形成了“以政府为主导”的二元治理模式（见图 7-1）。政府、市场

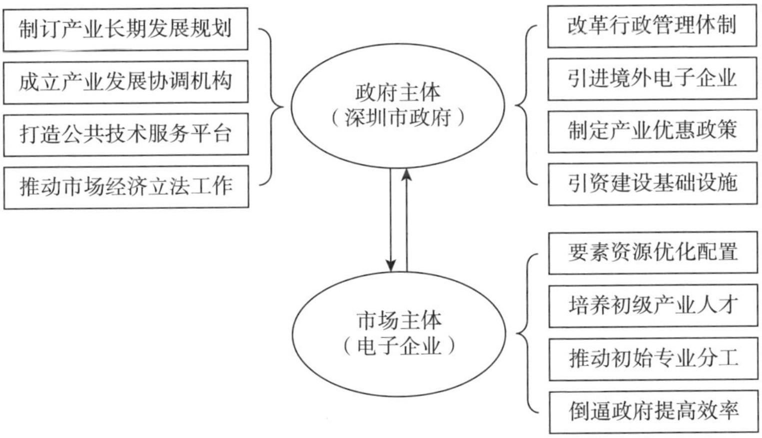

图 7-1　“三来一补”起步阶段的二元治理模式

两大治理主体彼此合作，有效推动产业迅速起步，增强了二者的公信力，实现了互相增权、共同发展，提升了政府机制和市场机制的有效性。

从政府机构的治理行为来看，第一，通过两轮行政管理体制改革，精简政府机构，推动权力下放，提升行政效率，优化政府机制。第二，遵循“外引内联”，加大招商引资力度，扩大电子企业数量，推动市场主体培育。第三，出台优惠产业政策，协助降低企业的各项成本，激活市场机制。第四，引进外地、境外资金，与本地国资企业合作，建设工业区、产业园区、港口、码头、火车场站、陆路口岸、高速公路等特定基础设施，缓解电子产业发展的物流等瓶颈因素，降低市场交易成本。第五，制定《深圳市电子工业近期发展纲要》，拟定了电子工业的发展规划（1983—2000年），从思想上和战略上提高了深圳特区对发展电子工业的重要性的认识水平，保证了从人、财、物等方面对深圳电子工业的充分支持。第六，深圳市政府联合电子工业部、广东省电子局和国家有关部委驻深企业的主管部门，成立了深圳市电子工业规划发展协调委员会，核心任务是促进深圳电子工业的协调发展。第七，深圳市政府与原电子工业部、国家商检局共同出资，携手创办深圳电子产品质量检测中心，打造全市电子检测技术公共服务平台。第八，省、市人大和政府颁布有关土地、劳动力、出入境、工资、企业登记、内联、工业区管理、合同、技术引进等法律和规章，确保特区改革有序进行。

从电子企业的治理行为来看，第一，竭尽全力整合深圳廉价劳动力、土地、厂房、电、水等要素资源，逐步推动要素市场的成型成势，促进要素资源的优化配置。第二，通过“三资”电子企业的空间溢出效应，逐步培育内地电子企业的市场需求意识、竞争策略意识，培养一批熟练工人和初级技术人才。第三，主动承接电子产品加工制造环节，嵌入全球电子产业价值链，实现初级的专业化分工，集聚一批专业代工企业。第四，通过“三资”企业与政府部门互动，在满足“三资”企业需求的过程中，倒逼政府部门改革，改进政府机构效率，提高政府公共服务质量。

7.1.3 治理绩效

一是承接国际产业转移，注重引进外地资源。改革开放使深圳毗邻港澳的地缘、人缘优势得以充分发挥，揭开了承接国际产业转移的序幕，一大批电子厂在深圳设立。在这一时期，深圳电子产业以“三来一补”为主，主要生产消费类电子产品，增长的动力是劳动力和资本的大量投入。创办特区 5 年内，通过“三来一补”“三资”企业等多种形式，引进设备、仪器 3800 多台（套），有 70 多条各类电子产品生产线投产。在抓紧外引的同时不忽视内联，从国内引进了数以亿计的资金、数以千计的技术人员和一批先进的技术设备及产品。电子工业部、航空工业部等中央部委、广东省电子厅、省侨办和其他省市区的有关单位，先后在深圳建立了一批内联企业，发展了一批中外合资（合作）企业。仅电子工业部在深圳的部属企业就达到 34 家，职工 2700 多人，1984 年产值达 1.9 亿元。

二是从“三来一补”到“三资”企业，但产业链条不够完整。起初，深圳的电子工业侧重“三来一补”，在发展到一定程度后，开始把重点转向“三资”企业。这种转变，既有深圳市主动引导，又有客商主动扩大合作。比如，从 1980 年起，华强电子工业公司承接日本三洋电机（香港）有限公司的来料加工，1984 年后转为合资经营，引进 3 条收录机生产线，1 条彩色电视机生产线。20 世纪 80 年代初期，深圳电子产业主要从事加工贸易、销售代理，研发等环节还没发展起来，产业链条还很不完善，多数企业主要从事代工，借着改革开放的春风刚刚起步，主动融入全球产业链条中，发挥中国劳动力密集的比较优势，OEM 企业纷纷涌现。

三是产品向多样化方向发展，但缺乏行业龙头企业。深圳特区设立以前，深圳企业只能生产低端的收音机和调压器，而到本阶段已经可以生产各种中、高档消费性家用电器、电子计算机及软件、通信广播设备、电子仪表、电脑打字机及印制板等 20 多种产品，有的产品填补了我国电子工业某些方面的空白，有的产品同时打进了国际和国内两个市场，成为具有国际竞争能力的畅销产品。20 世纪 80 年代中期，中兴等科技企业先后设立，它们自身仅处于电子产业链低端环节，加之电子产业规模较小，各个企业的专业化分工不明显，电子产业集聚的动力不太强。刚刚起步的中兴则以小电路板、电话机、电子表等低端产品的加工为主，依靠开展来料加工业务获取原始积累，没有自己的任何技术和产品。

四是产业基础比较薄弱，但产业整体实力迅速增强。改革开放之初，虽然相较于全球的发达国家已落后二三十年，但国内的电子工业布局早已完成，形成了上海、南京、西安、成都四大电子工业中心①，并在人才、技术和生产能力方面都有较丰富的积累，反观深圳一穷二白，电子产业几乎从零开始。深圳特区设立以前，全市只有 1 家无线电厂，职工仅 108 人，年产值约 70 万元，且只能生产简单的电子产品，同时给港商加工收音机主板。然而，经过艰苦努力，到 1984 年底，深圳电子企业达 160 多家，职工 15000 多人，占全市工业职工总数的 67%；拥有助理工程师、工程师、高级工程师 800 人，工业厂房面积扩展到近 30 万平方米。同时，工业产值从 1979 年的 70 万元跃升到 1984 年的 10 亿元，增长约 1428 倍；电子工业在全市工业总产值中的比重从 1979 年的 2%提升到 1984 年的 57.4%，成为第一大产业。

7.2 简单产品专业化阶段（1986—1995 年）

7.2.1 治理结构

在本阶段，深圳市电子行业协会宣告成立，首次与政府部门、电子企业并列为三大治理主体，但由于协会专业化不足、品牌影响力不足，社会机制比较薄弱，相比之下，政府机制和市场机制更加完善，逐步形成了“强政府+强市场+弱社会”的三元治理结构。其中，政府主体主要是指深圳市各级政府，市场主体主要是指深圳电子企业，社会主体主要是指深圳市电子行业协会。

政府体系得到优化，政府机制不断完善。首先，深圳市经济、立法权限扩大。1988 年 11 月，国务院批准深圳市在国家计划中实行单列，并赋予其相当于省一级的经济管理权限，扩大了深圳市经济发展自主权。1992 年 2 月，全国人大常委会授予深圳市人民代表大会及其常委会、市政府制定地方法律和法规的权力，有利于深圳市营造良好的经济发展法治环境。其次，深圳市

① 前瞻网，http：//www.qianzhan.com/cluster/detail/182/20111201-a4960da44185a4c2.html。

辖区各级政府机构得到完善。福田区、罗湖区、南山区于 1990 年 1 月 4 日建制，宝安区、龙岗区于 1992 年 11 月 11 日建制。最后，深圳市政府经济实力提升。1995 年，深圳地方财政一般预算收入达 880174 万元，约为 1985 年的 14 倍。

市场主体快速增加，市场机制持续增强。首先，电子企业数量飙升。1993 年，深圳拥有 1500 家电子工业企业，约为 1984 年的 9 倍。其次，电子企业规模扩大。1995 年，深圳电子工业企业平均工业总产值为 1300 万元，为 1984 年的 2 倍左右。最后，1992 年之后，全国市场经济体制建设进入快车道，改革开放步伐进一步加快，特区外部经济政策环境明显改善。

深圳市电子行业协会初步成立，治理能力尚需提高。1986 年 4 月 23 日，经深圳市民政局核准，深圳市电子行业协会注册成立，它是由深圳市从事电子业生产、商贸、科研等企事业单位自愿组织的行业性、非营利性的社会组织，属于全国第一个城市电子行业协会。协会的宗旨是维护深圳电子企业的合法权益，为会员提供服务，促进深圳电子业的发展；在政府与企业间发挥桥梁纽带作用；协助政府开展宏观管理，并受政府委托行使部分行业管理职能。

7.2.2　治理行为

在这一阶段，深圳政府鼓励科技人员创办民营科技企业，改善公路、港口等“硬件”基础设施，完善法治、公平市场竞争等“软件”基础设施，孵化行业协会等中介组织，协调金融、法律、教育等相关行业发展；与此同时，市场机制充分发挥资源配置作用，电子产业规模经济效应有效释放，龙头企业和产业整体规模迅速扩大，形成了以“政府与企业共同主导”的三元治理模式（见图 7-2）。三大治理主体积极互动、彼此协作，实现了互相赋权、增权，提升了三者的公信力。

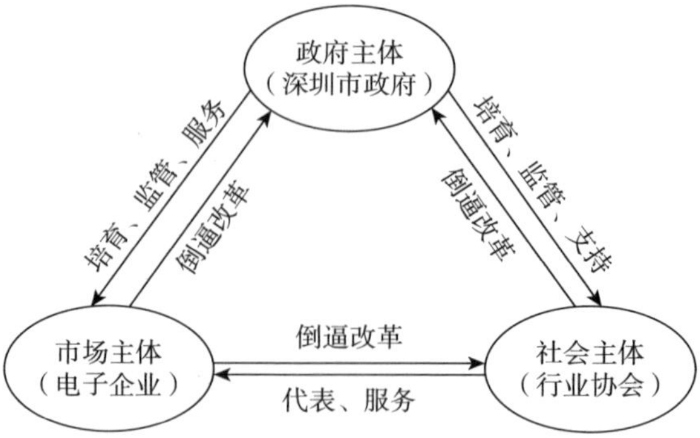

图 7-2　简单产品专业化阶段的三元治理模式

从政府机构的治理行为来看，第一，开展两轮行政管理体制改革，理顺政企、政事、党政关系，理顺市、区事权关系，设立监察、外资服务机构，完善政府机制。第二，颁布《关于鼓励科技人员兴办民间科技企业的暂行规定》《深圳市科学技术进步奖暂行办法》等政策，鼓励科技人员创办民营科技企业，推动市属国营企业股份化，培育高水平市场主体。第三，引进内资、外资开发建设工业区、保税区、展览中心及港口、机场、公路、铁路等基础设施建设，降低市场交易成本。第四，颁布私营企业、技术秘密保护、涉外公司、破产、公司法、企业技术保密、职业技能、股份有限公司、有限责任公司等地方性法规，为电子企业发展创造良好的法治环境。第五，通过律师、注册会计师等立法，协调电子配套市场、私人律师事务所、高等职业教育、高新技术产业投资服务等领域发展。第六，在深圳市电子工业发展协调委员会的基础上成立电子行业协会，鼓励专业社会组织的大力发展。第七，通过政策引导，迫使越来越多劳动密集型企业向特区外转移。

从电子企业的治理行为来看，第一，赚得第一桶金的企业，在丰厚利润的驱使下，注重引进先进工艺、引进技术设备、培养技术人才，产品质量高、技术密集特征明显。第二，部分龙头企业设立研究所，切入研发设计环节，开启模仿创新之路，延长产业价值链条，推动高一级的专业化分工，形成一批 ODM 企业。第三，华为等龙头企业从交换机入手，迅速掌握低端产品研发技术，进而推动产业快速迭代升级，实现简单通信产品专业化。第四，华为等龙头企业从农村市场切入，短期内攻陷低端市场，积累了资金、技术、人才和经验，竞争实力迅速提升。第五，通过与深圳各级政府互动，在满足电子企业需求的过程中，倒逼政府改革，提高政府效率，改善政府服务质量。第六，通过与行业协会互动，增强行业协会的代表性、权威性，推动行业协会增强各项职能，如首任会长由当时的深圳电子集团（后来的赛格集团）总经理马福元出任。

从电子行业协会的治理行为来看，首先，为企业服务，举办各种技术培训班，向政府反映企业的要求，组织企业出国考察和参加在国内外举办的博览会、展览会等，如中国国际电子通信展览会（CIETE）。其次，协助政府推行宏观的行业管理，主要体现在协助制定行业的发展政策，确定行业的发展规划和投资导向，以及新办企业立项的预审工作等。

7.2.3　治理绩效

一是初步形成完整的产业链条。直到 20 世纪 90 年代中期前后，通过前期的研发积淀，华为、中兴等龙头企业具备了部分简单产品的研发能力，初步掌握了大容量数字交换机等产品的开发技术，开始从交换机产业链加工环节向研发等高端环节跃进。至此，深圳电子产业形成了涵盖研发、生产、销售等环节的完整产业链条。比如，1986 年，中兴成立研究所，开始自主研发通信设备；1990 年，中兴自主研发的第一台数据数字用户交换机 ZX500 成功面市。1990 年，华为开始自主研发面向酒店与小企业的 PBX 技术并进行商用；1994 年，华为自主研发了 C&C08 数字程控交换机，并专门设立了销售和售后服务部门，初步形成了完整的产业链条。

二是产品内专业化分工显现。随着市场规模迅速扩大，在华为、中兴等龙头企业周围，开始出现一些小企业，专门承接龙头企业的外包业务，而龙头企业则专门发展其核心业务，并迅速取得重大突破。在这一时期，随着华为等龙头企业与供应商的共同发展，深圳电子及通信设备制造业最初的专业化分工开始出现，为了更好地配合龙头企业发展，供应商集聚化发展的意识也开始萌芽。至此，在深圳市范围内，以华为等为代表的龙头企业拉动整个产业发展的格局初步形成。

三是产品升级换代步伐较快。面对国内庞大的市场需求，行业龙头企业加大研发力度，不断推出新产品，从而实现产品快速升级换代。以华为为例，1990 年，华为开发出自主的用户交换机，属于比较简单的模拟交换机，主要面向酒店与小企业；1992 年，华为开始开发局用交换机并推出农村数字交换解决方案，从而迈入通信设备供应商的行列；1992—1993 年，华为进入 2000 门数字交换机的艰难开发中，并最终取得成功；1994 年，华为领先中兴、巨龙等国内企业一步，率先开发出万门交换机。

四是产品结构实现转型升级。深圳电子工业快速完成了从消费类电子产品到投资类和基础元器件类电子产品的生产布局，从微型计算机生产到小型计算机的研发制造，从数字程控交换机生产到光纤光缆的专业生产，从应用软件的开发到系统软件的专业生产，从计算机磁头的生产到硬盘机的专业生产，从功能卡板的生产到软磁盘片的专业生产，从 UPS 开关电源的生产到打印机的专业生产，以及机壳等产品的生产布局，以上部分产品甚至已出口到日本、欧美国家和东南亚地区，产品出口后深受海内外客户的喜爱。深圳大量高科技电子企业已具备相当规模，如程控交换机产量已居全国第一位，计算机磁头、液晶、硬盘驱动器在全国占有相当大的市场比重。

五是行业龙头企业初具规模。在这一阶段，基于外部良好市场需求的影响，以及自身的艰苦努力，少数龙头企业取得了长足的发展，企业规模也首次达到 10 亿级别。比如，1995 年，随着 C&C08 程控交换机大规模商用，华为成为中国农村通信市场主流设备供应商，公司员工达到 1800 人，销售额约为 15 亿元，在中国电子百强企业中排第 26 名，与第 1 名（四川长虹销售额 69 亿元）差距较大，销售额超过 1992 年的 10 倍左右。

六是民营企业迅速发展起来。在这一时期，适逢国际电子信息产业大规模向发展中国家和地区转移，以电子及通信设备制造业为代表的高新技术产业在深圳迅速发展起来。与此同时，深圳民营科技企业发展迅速，一些企业在引进吸收先进技术的基础上开始了自主创新，同时向客户销售产品和提供售后服务。不过，此时的深圳民营企业，无论是规模，还是技术实力，都无法与国外厂商抗衡。以华为为例，虽然其当时已经拥有了自己的交换机产品和技术，但更多的是模仿创新，体现在市场上，华为只是凭借廉价开发人员所带来的价格优势，才在被外商忽略的中国农村打开了局面，而在外商云集的城市市场，华为基本无缘分一杯羹。

七是电子配套市场开始起步。1988 年 3 月 28 日，深圳电子配套市场（赛格电子市场）开业，这是当时全国第一家专门销售国内外电子元器件、组织生产资料配套供应的专业市场，它拥有来自全国的 160 多家厂商和 10 家港商，以自营自销、联营代销的方式经营。自此以后，华强北从昔日的工厂区逐步变成了举足轻重的电子交易市场。

八是产业实力跃升全国城市之首。改革开放 15 年来，深圳已经形成了一个产品结构合理、技术起点高、自配能力强、出口创汇多的现代电子工业体系。据不完全统计，全市电子企业达 1500 多家，1993 年电子工业总产值为 200 亿元左右，占全市工业总产值的 40%，占全国电子工业总产值的 13%。深圳电子工业的出口产值也从 15 年前的 0 上升到 1993 年的 108 亿元，占全国电子工业出口产值的 15.3%。至此，深圳人均电子工业企业数量、产值、出口额均位居全国城市之首，一跃成为全国电子工业企业最多、产品最先进、电子产品出口创汇最高的城市。

7.3　复杂产品专业化阶段（1996—2000 年）

7.3.1　治理结构

这一时期，政府机构、电子企业和行业协会是三大治理主体，政府机制、市场机制和社会机制进一步发育成熟，形成了“强政府+强市场+强社会”的三元治理结构。其中，政府主体主要是指深圳市各级政府机构，市场主体主要是指以本地民营资本为主的电子企业，社会主体主要是指深圳市电子行业协会。

深圳立法权限扩大，治理能力持续提升。首先，深圳市立法权限逐步扩大。2000 年我国开始施行《立法法》，继续保留了深圳经济特区立法权，同时授予经济特区所在市以较大市立法权。其次，深圳市政府经济实力大幅增强。2000 年，全市地方财政一般预算收入为 2219184 万元，约为 1995 年的 2.5 倍。

竞争主体发展较快，市场机制作用显著。首先，电子产品数量增加。

2000年，深圳程控交换机产量为3535万线，约为1996年（332万线）的11倍。其次，规模经济十分显著。2000年，深圳电子及通信设备制造业限额以上工业产值占全市的44.3%，远高于企业数量占全市的比重（19.4%），企业平均规模经济效应明显高于其他工业。最后，劳动生产率较高。2000年，深圳电子及通信设备制造业限额以上工业产值占全市的44.3%，远高于职工人数占全市的比重（27.5%），平均劳动生产率水平明显高于其他产业。

协会机构职能增强，治理能力明显提高。协会主办有“深圳电子网”，为会员企业提供诸多服务，主要包括展会信息、政策法规、人才服务、培训项目、产品展示、技术研发、行业信息等方面。与此同时，协会根据实际需要，下设印制电路专业委员会等专业机构，并创办《印制电路资讯》等刊物，介绍和推广世界领先供应商的最新产品、资讯等，以便更好地为会员企业服务。

7.3.2 治理行为

在这一阶段，深圳主动建设服务型、法治型政府，鼓励高科技企业稳定壮大，为科技企业集聚人才、加强融资等活动提供各种便利，推动电子龙头企业发展，提升知识产权保护、创业创新立法等“软件”基础设施，大力协调金融、物流等配套产业发展；与此同时，市场机制充分发挥资源配置作用，电子产业规模经济效应有效释放，产业整体规模迅速扩大，华为等龙头企业达到百亿级别，形成了以“政府+市场”为主导的三元治理模式（见图7-3）。

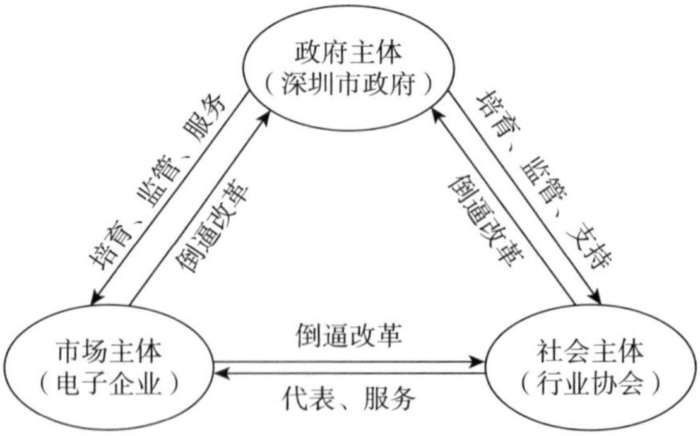

图7-3 复杂产品专业化阶段的三元治理模式

从政府机构的治理行为来看，第一，制定政府采购法规，探索依法行政责任制度，改革审批制度，成立招商委员会，建立小企业信用担保中心，成立小企业服务中心，推动公共服务法治化、规范化、高效化。第二，制定政策、规划，支持工业小企业发展，鼓励留学人员在深创业，放宽高新技术企业注册登记，鼓励高新技术产业发展，培育高技术市场主体。第三，建设高新技术成果交易会展览中心，成立深港产学研基地、深圳国际技术创新研究院、高新技术产权交易所，构建高技术产业发展的硬件基础设施。第四，加强经济立法，出台职业技能、行业协会等法规，修改律师、股份合作公司等法规，营造良好的法治软环境。第五，政校合办研究生院，建立技术交易市场，启动高级人才培养工程，设立人才大市场，每年举办高交会，鼓励创投等创新金融，协调教育、展览、金融等领域发展。第六，颁布政府规章，率先对在深外资企业、外籍人员实行国民待遇。

从电子企业的治理行为来看，第一，注重市场升级，兼顾国内外市场开拓，追求市场多元化。第二，注重产品多元化，不断丰富产品线，降低风险，扩大协同效应。第三，推动产业链内专业分工，龙头企业聚焦品牌培育与渠道拓展，其他外包给 ODM 和代工企业。第四，推动产品间专业化分工，龙头企业充分发挥比较优势，更多专注于复杂产品的研发，把简单产品外包给中小企业，主动推动产品市场定位的差异化、特色化。第五，强化行业间分工，电子核心产业链通过采购合同，与电子元器件、科研机构、专业认证、标准体系、工业设计等配套企业形成了专业分工，也与物流、金融等相关企业形成了紧密合作的分工关系。第六，电子产品制造环节和一些纯代工企业主动转移，尤其是在电镀等生产环节会产生污染的电子企业，积极主动迁出深圳市。

从电子行业协会的治理行为来看，首先，深圳电子行业协会（深港）印制电路专业委员会联合中国电子学会等其他机构，共同举办相关设备、新工艺、新技术、新产品交流展览会，帮助深圳电子企业了解行业最新信息。其次，深圳电子行业协会组织国内外专家，举办 ISO9000 质量标准认证体系学习班等各种培训课程，帮助电子企业员工提升人力资本。最后，深圳电子行业协会注重国际化，加入国际组织，如早在 1997 年就加入了世界电子联盟，并担任理事。

7.3.3 治理绩效

一是产品结构多元化趋势明显。在此期间，通过充分学习和借鉴国外一流企业的先进技术和管理模式，深圳该产业的行业结构、企业结构和产品结构日趋优化，通信设备、电子元器件等高端产品的比重不断提高。比如，中兴通讯于1996年首次提出推动公司战略重大转型，产品结构逐步突破单一的交换设备，加快向移动、交换、传输、电源、接入和视讯等多种通信产品转型。华为也于1997年推出无线GSM解决方案，逐渐拥有了宽广的产品线，主要包括有线网络、光传输和无线网络等，实现了从模仿创新向追随创新的升级，也实现了从简单产品专业化向复杂产品专业化、从单一产品专业化向多样化产品专业化的快速飞跃。

二是产品间专业化分工格局形成。20世纪90年代中期之后，随着深圳电子及通信设备制造业的高速发展，华为、中兴等龙头企业逐步具备了复杂产品的研发能力，开始考虑把部分简单产品外包给专业供应商，不仅包括生产环节，也包括研发设计环节，推动部分供应商不断从OEM向ODM升级。在领军企业的牵引下，电子产品供应商迎来了重大发展机遇，大量中小企业相继发展起来。比如，1996年，中兴把四川华丰纳入其供应商体系，从采购D系列产品开始，双方产品合作范围不断扩大，主要包括高频及高频线缆、欧式、小灵通基站（捆绑线缆）JL系列、M47维护板、2MM等产品，合作金额持续增长。

三是龙头企业竞争实力显著提升。经过10多年的艰苦积累，以华为和中兴为代表的深圳龙头企业，在人才规模、专业化水平、技术能力、市场营销、企业品牌等方面取得长足进步，迅速地缩小与世界一流企业的差距，首次在中国城市和国际市场与国外一流企业巨头展开竞争。比如，华为实现了“农村包围城市”的战略目标，在1998年将业务发展到全国主要城市；在传统交换机市场，华为超越西门子和朗讯，与上海贝尔并称国内最大两家供应商，市场份额达到22%；在接入网市场，华为国内市场份额超过50%。龙头企业竞争实力的显著提升，最终体现在销售收入上，特别是华为、中兴，率先进入百亿级别企业俱乐部。比如，2000年，华为销售额达到220亿元，约为

1995 年的 15 倍。在 2000 年中国电子百强企业中，华为排第 10 名，与第 1 名的差距大幅缩小；而且，华为程控交换机销量达到 1375 万线，明显超过上海贝尔（915 万线），位居第一。

四是国际化战略由点及面展开。一方面，研发力量国际化，积极在国外设立研发机构。比如，中兴 1998 年设立美国研究所（新泽西、圣地亚哥、硅谷 3 家），2000 年在韩国成立研究所；华为 1999 年在印度班加罗尔设立研发中心，2000 年在瑞典首都斯德哥尔摩设立研发中心。另一方面，推动通信产品“走出去”，拓展南亚、非洲等海外市场。比如，中兴 1996 年获得孟加拉交换总承包项目，1998 年获得巴基斯坦 9700 万美元交换总承包项目，成为当时中国通信制造企业在海外获得的最大一个通信“交钥匙”工程项目；1999 年与南斯拉夫 BK 集团签订总额为 2. 25 亿美元的 GSM 移动通信设备供货合同，实现中国拥有自主知识产权的 GSM 移动通信产品首次出口。此外，2000 年，华为实现海外销售 1 亿美元。

五是产业综合实力进一步增强。2000 年，深圳电子及通信设备制造业完成限额以上工业[①]产值 1136. 23 亿元，超过 1993 年的 5 倍；限额以上电子及通信设备制造业企业数量达到 356 家，限额以上电子及通信设备制造业企业职工人数 22. 8 万，分别占全市的 19. 4%、27. 5%，牢牢占据第一大产业的地位。在这一阶段，电子工业产值增长主要依靠知识和资本的投入，外资企业和民营企业的比重此消彼长，共同推动产业快速发展。与此同时，伴随产业分工的逐步深化，电子产业园区和集聚基地发展十分迅猛，在深圳市内乃至珠三角地区，围绕华为和中兴这两大领军企业，一个国家级电子及通信设备制造业基地逐步成型。

① 限额以上工业，是指国有及销售收入在 500 万元及以上的非国有独立核算工业企业。

7.4 综合解决方案专业化阶段（2001—2007 年）

7.4.1 治理结构

在这一时期，政府机构、电子企业和行业协会是三大治理主体，政府机制、市场机制和社会机制进一步发育成熟，形成了“强政府+强市场+强社会”的三元治理结构。其中，政府主体主要是指深圳市各级政府机构；市场主体主要是指以民营资本为主的电子企业；社会主体主要是指深圳市电子行业协会。

深圳立法权限扩大，治理能力持续提升。首先，深圳市立法权限逐步扩大。2000 年中国开始施行的《立法法》，继续保留了深圳经济特区立法权，同时授予经济特区所在市以较大市立法权，这为深圳电子产业发展提供了强有力的法治保障。其次，深圳市政府经济实力提升。2007 年，全市地方财政一般预算收入为 658 亿元，约为 2000 年的 3 倍。

竞争主体发展较快，市场机制作用显著。第一，市场主体数量增多。2007 年，深圳电子及通信设备制造业规模以上[①]企业数量为 1461 个，是 2000 年（356 个）的 4.1 倍。第二，规模经济更加显著。2007 年，深圳电子及通信设备制造业规模以上企业平均规模为 5.47 亿元，远高于 2000 年的水平（3.2 亿元）。第三，劳动生产率提升。2007 年，深圳电子及通信设备制造业规模以上企业人均劳动生产率为 67.2 万元，明显高于 2000 年的水平（49.8 万元）。第四，外部经济政策环境改善。2002 年，中国加入 WTO 之后，市场经济体制建设全面加快。

协会机构职能增强，治理能力明显提高。首先，深圳市电子行业协会拥有会员企业 200 多家，会员覆盖面进一步扩大；协会为会员企业提供多元化服务，成为深圳电子企业成长的引路人。其次，香港春季电子产品展在世界电子展中排名第三，每季都汇聚了全球 2000 余家参展商，而深圳市电子行业

① 规模以上工业，是指全部国有企业和年产品销售收入 500 万元及以上的非国有工业企业。

协会连续多年成为该展览的四大参展商组织机构之一，连续多年每季组织上百家深圳电子企业参展，协会品牌知名度、影响力、组织能力提升。最后，深圳市电子行业协会成为人事部门改革人力资源综合服务的授权机构，拿到了广东省人才中介服务许可证，可在电子行业内开展包括交流会、培训、网络服务、代理招聘、调动和职称评审等丰富多样的人才服务。

7.4.2　治理行为

在这一阶段，深圳积极打造法治政府、责任政府，补偿企业创新活动的正外部性，鼓励高科技企业、民营企业快速发展，为企业吸引人才、拓宽融资等活动提供便利，提升知识产权保护、创业创新立法等“软件”基础设施，协调金融、物流等配套产业专业化发展，依法推动行业协会稳定发展；与此同时，市场机制充分发挥资源配置作用，电子产业规模经济效应有效释放，华为等龙头企业规模进一步扩大，首次出现超过千亿元级的巨型企业集团（华为），形成了“以市场为主导”的城市产业三元治理模式（见图 7-4）。

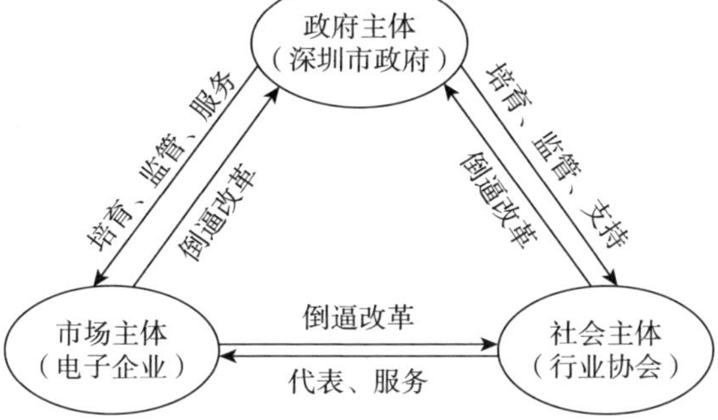

图 7-4　综合解决方案专业化阶段的三元治理模式

从政府机构的治理行为来看，第一，首次建立行政首长问责制，首推政府部门责任白皮书，开展两轮行政管理体制改革，成立市决策咨询委员会，建立市行政电子监察评价中心，积极建设责任政府，成为全国首个电子政务试点市，确保政府行政的法治化、科学化、高效化。第二，作出构建深圳高新技术产业带的重大决策，颁布《中共深圳市委关于加快发展高新技术产业的决定》《关于完善区域创新体系 推动高新技术产业持续快速发展的决定》《关于进一步加快民营经济发展的若干措施》，培育高水平市场主体。第三，颁布《深圳市科学技术奖励办法》《深圳市产业技术进步资金管理办法》《关于实施自主创新战略建设国家创新型城市的决定》，设立市长质量奖，鼓励自主创新。第四，吸引香港高校建立深圳研究院、研发中心，吸引国内高校建设深圳大学城，建立深圳市信息职业技术学院、中国科学院深圳先进技术研究院，加强发展资本市场，协调教育、金融、研发领域的发展。第五，加强经济立法，率先为个人信用立法，颁布《深圳经济特区创业投资条例》《深圳经济特区改革创新促进条例》，组建市知识产权局，强化对企业注册商标的法治保护，打造一流法治环境。第六，积极推动创新金融业、现代物流业和文化创意产业发展，为电子产业做好专业化配套。第七，给行业协会逐步下放权力，制定行业协会管理条例，发布《深圳市行业协会民间化工作实施方案》，依法规范政府—协会关系。第八，市领导率领深圳市政府代表团参加美国拉斯维加斯举办的国际消费电子展（CES），积极推进深圳与美国消费电子协会（CEA）的会展合作。第九，在展会落幕后，深圳市驻北美经贸代表处利用当地的网络优势，继续积极协助企业推广产品，更有效地帮助企业拓展国际市场。第十，2004 年成立行业协会服务署，2006 年取消行业协会业务主管单位，改为直接登记，深圳行业协会最早最彻底地实现了民间化改革。此外，通过从 2006 年开始的“一业多会”的竞争机制，实现了行业协会的去垄断化改革。

从电子企业的治理行为来看，第一，龙头企业更多专注系统集成等核心模块的研发和综合解决方案的设计，中小企业更多专注非核心、自己所擅长的模块开发，从而形成了龙头企业和中小企业联合研发的良好局面。第二，无论是龙头企业，还是中小企业，都十分注重自主创新，且创新能力显著增强。第三，围绕龙头企业、核心企业，众多中小企业集聚在一起，形成产业集聚区。第四，注重提升国际化水平，在市场、研发、标准制定、机构等方面，按照国际化规范运作。第五，中小企业积极参加大小各种展览，获得迫切需要的订单，打开通往国际市场的大门。第六，2007 年，深圳万博展览有限公司联合深圳市电子行业协会，共同组织了 62 家深圳企业参加美国拉斯维加斯国际消费电子展（CES），是中国有关省市中连续参展时间最长、规模最大的展团。

从电子行业协会的治理行为来看，第一，深圳市电子行业协会联合中国印刷及设备器材工业协会等机构，在深圳市高新技术成果交易会展览中心，举办印制电路工艺设备展览会，吸引众多国内外客商和观众参观，研讨交流活跃，贸易洽谈踊跃，成交额比较显著。第二，深圳市电子行业协会组织电子企业，到境外参加“香港国际电子展”“德国慕尼黑电子展”“美国旧金山 WESCOM2003 国际电子元器件展”“莫斯科电子产品展览会”等，帮助企业扩大国际市场占有率，让深圳参展企业学到很多东西，同时可以及时把握国际电子产品发展趋势。第三，深圳市电子行业协会组织印制电路工艺技术培训班等，帮助企业员工掌握 PCB 生产中照相及光绘、机械加工及数控工艺、光成像及丝印工艺、柔性及刚柔性生产工艺、电镀及蚀刻、多层板制作与印制电路标准及检测等。第四，深圳市电子行业协会联合世界银行集团投资咨询服务机构（FIAS）、商务社会责任国际协会（BSR）、全球电子可持续发展倡议组织（GeSI）等，共同发布改善深圳信息通信技术行业劳动条件的报告，认为供应商、国际采购商、当地政府和非政府组织之间的合作对于改善中国信息通信技术（ICT）行业的社会和环境条件至关重要。第五，深圳市电子行业协会把服务对象的重点更多地聚焦在中小企业身上，通过拓宽、丰富多元化的市场服务，不断指导这些中小企业，让它们不断充实壮大自己。

7.4.3　治理绩效

一是模块化专业分工模式盛行。进入 21 世纪以来，通信设备制造业的模块化趋势进一步凸显，新技术的成熟让更多小模块独立出来，衍生成通信产业的细分行业。在这一过程中，华为、中兴等龙头企业更多专注系统集成等核心模块的研发和综合解决方案的设计，中小企业更多专注非核心、自己所擅长的模块开发，从而形成了龙头企业和其供应商相互合作、联合研发的良好局面。模块化专业分工带来两个结果：一方面，华为、中兴等龙头企业软化、服务化特征显现。比如，2007 年，华为软件收入约 417 亿元，占总收入（1100 亿元）的 37.9%；中兴软件收入约为 110 亿元，占总收入（348 亿元）

的31.6%。另一方面，中小企业迅速转型升级。在华为、中兴等龙头企业的带动下，不同供应商在自己所擅长的领域内专业化水平越来越高，规模也越来越大，甚至成为各自细分领域内的龙头企业。在这个过程中，技术外溢和经验积累推动了产业整体水平的持续提高。

二是产业自主创新能力增强。作为电子产业的领军企业，华为、中兴的创新能力在业界遥遥领先。以中兴为例，公司每年将10%的销售收入投入技术研发，长期高水平研发投入使其CDMA2000在EV-DO Rev. A、全IP平台、UMB等技术方面成为行业引领者。比如华为，截至2007年底，研发人员占43%，已提交26880项专利申请，专利申请数名列全球第四。此外，很多中等规模企业也拥有较强的研发能力。再如，宇龙推出了“酷派728”手机，首次解决了一机双网双卡同时待机的问题，帮助中国在部分核心技术领域首次领跑全球同行；朗科研发了以“优盘”为商标的闪存盘，是全球第一个基于USB接口、采用闪存介质的全新存储产品，从而成长为全球闪存应用及移动存储领域产品与解决方案的领跑者。

三是国际化水平大幅度提升。第一，积极开设海外分支机构，如2001年，中兴通讯香港公司成立。第二，与国外一流企业展开合作，如2002年，中兴与英特尔（中国）有限公司签署合作备忘录，推动在3G无线通信、无线局域网等几个关键领域展开深层次合作；2004年华为与西门子合作成立合资公司，开发TD-SCDMA解决方案。第三，产品进入发达国家市场，如2005年，中兴3G终端首次大规模进入欧洲市场，2006年首次突破加拿大市场；华为2004年首次在欧洲（荷兰）市场实现突破，2007年成为欧洲所有顶级运营商的合作伙伴。第四，海外销售规模过半，如华为2005年海外合同销售额首次超过国内，2007年达到72%；中兴2007年国际收入首次超过国内，占总收入的六成左右。第五，积极加入行业国际组织，如2001年，华为加入国际电信联盟。

四是龙头企业比肩国际一流。根据工业和信息化部揭晓的第二十二届全国电子信息百强企业名单，按照综合指标体系排序，2007年，华为综合实力排名第一；从利润总额和研发经费两项指标来看，华为均列第一位；从销售收入来看，华为排名第三。比如，中兴2005年获评《商业周刊》“全球IT百强企业”；2007 年成为年度发展最快的 GSM 设备供应商，进入全球前四大设备供应商行列，入选“影响中国十佳上市公司”，成为全球七大通信设备供应商之一。再如，华为 2007 年全球合同销售额逾 160 亿美元（约合 1100 亿元），同比增长率超过 45%，率先迈入千亿级企业俱乐部，成功跻身全球通信设备供应商前五名、全球 GSM 市场三大供货商之一。显然，经过将近 20 年的积累，华为、中兴等深圳龙头企业已经可以与国际一流企业并驾齐驱。

五是产业集聚发展基本成熟。深圳电子及通信设备制造业集群包括多个产业集群，如计算机产业集群、通信设备产业集群等。以龙华—坂雪岗园区为例，其拥有计算机、通信设备、机电一体化三大产业集群，初步形成了完整的产业链条，年产值达上万亿元；在宝龙—碧岭园区，众多一流企业云集，基本形成了以 IC 制造产业为主导，以电子通信产业和汽车制造业为辅的现代产业集群，成为华南地区最大的超大规模集成电路产业基地。此外，深圳还拥有石岩园区、留仙洞园区、葵涌园区、大鹏园区、光明园区等多个产业集聚地，它们在化合物半导体、光电平板、计算机、微电子和通信设备等多个领域形成了独具特色的产业基地。

六是产业综合实力显著提高。在这一阶段，自主创新水平不断提高，工业发展越来越依赖于创新的投入。从企业结构来看，民营科技企业演变为推动产业发展的重要力量，以华为等为代表的众多民营科技企业开始扮演行业龙头角色。从产品结构来看，从以传统消费类电子产品为主逐步向以通信设备、计算机及外设、电子元器件等投资类产品为主转型。2007 年，深圳市拥有长城科技、华为、创维、中兴通讯、富泰宏、鸿富锦等 10 家企业工业，产值超过 100 亿元，合计占全市电子制造业工业总产值的 58.1%，扮演了主力军和关键支撑的角色。截至 2007 年底，深圳市电子及通信设备制造业拥有华为、中兴程控交换机 2 个“中国世界名牌产品”，约占全国的 20%。此外，深圳与东莞、惠州和广州形成了现代化电子及通信设备制造业走廊，跃升为亚洲电子及通信设备制造业最密集的城市带之一。

7.5 引领全球产业发展阶段（2008 年至今）

7.5.1 治理结构

在本阶段，政府部门、电子企业和电子行业协会依然是三大治理主体，政府机制、市场机制和社会机制逐步发育成熟，“强政府+强市场+强社会”的三元治理结构趋于成型。其中，政府主体主要是指深圳市各级政府机构，市场主体主要是指以民营资本为主的电子企业，社会主体主要是指深圳市电子行业协会。

经济特区面积扩容，政府治理能力增强。首先，深圳经济特区扩容。2010 年，经国家批准同意，深圳经济特区空间范围延伸至全市，为特区外的电子企业稳定发展提供统一的法治环境。其次，深圳市政府经济实力持续提升。2022 年，深圳地方财政一般预算收入为 4012 亿元，超过 2007 年的 5 倍，居全国城市排行榜第 3 名，为支持电子产业发展提供了充分的财力保障。

不同规模电子企业共存，治理体系更加完善。从企业规模来看，千亿元级别的企业巨头有华为、中兴，百亿元级别的企业有创维、宇龙等，十亿元、百万元级别的中小企业数量庞大。从技术水平来看，华为、中兴等龙头企业，其技术水平已经开始引领全球产业潮流，宇龙等中型企业在某些细分领域取得技术优势，小型企业则缺乏核心技术。基于此，大、中、小电子企业互相支撑，OEM、ODM、OBM、综合解决方案提供商和全球领跑企业之间专业化分工，成熟的产业治理体系逐步完善。

行业协会治理能力增强，社会机制更加强大。首先，深圳市电子行业协会联合中国电子商会，共同承办世界电子论坛的首次深圳秀，该论坛是由世界各国电子商协会组成的年度性领导人峰会，显然，深圳市电子行业协会的影响力已经得到广泛认可。其次，过去深圳市电子行业协会只有 1 家，但目前有 15 家，它们分别统领并服务着电子行业进一步细分出来的各个领域，市场和企业都有了更大的收益。

7.5.2　治理行为

在这一阶段，深圳积极打造法治政府、阳光政府，补偿企业创新活动的正外部性，鼓励中小企业快速发展，为企业吸引人才、拓宽融资等活动提供便利；完善科技创新立法等“软件”基础设施，协调金融、物流、文化等配套产业发展；与此同时，市场机制充分发挥资源配置作用，电子产业规模经济效应有效释放，华为等龙头企业规模进一步扩大，首次诞生销售额接近9000 亿元的跨国企业巨头，形成了“市场主导”的城市产业三元治理模式（见图 7-5）。

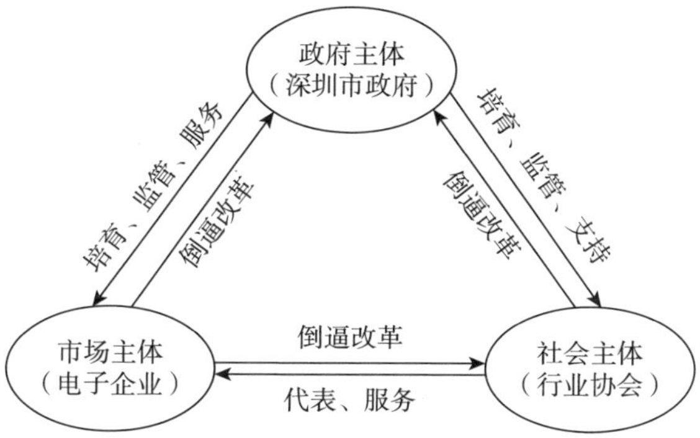

图 7-5　引领全球产业发展阶段的三元治理模式

从政府机构的治理行为来看，第一，推行大部门体制，推动电子政务建设，发布年度公共服务白皮书，提供“一站式”政务服务，打造行政决策、执行、监督相互制约的运行机制，通过全国首个法治政府建设的量化指标体系，建设法治政府、阳光政府。第二，出台《深圳市市级研究开发中心（技术中心类）管理办法》，支持企业开展自主创新活动，补偿企业创新活动的正外部性。第三，出台《深圳市工业区升级改造总体规划纲要（2007—2020）》《加快推进我市工业区升级改造的工作方案》《深圳市促进加工贸易转型升级的若干意见》，与越南及我国汕头、河源、吉林等地共建产业合作示范区，推动产业转型升级。第四，组织银行、担保公司召开推介会，建立中小企业信用再担保中心，帮助缓解中小企业、重点民营企业融资难问题。第五，颁布

《深圳市文化产业促进条例》《深圳经济特区科技创新促进条例》，为产业创新发展提供良好的法治环境。第六，推动组建深圳市智信新信息技术有限公司，收购华为荣耀品牌所有资产，支持华为轻装上阵。

从电子企业的治理行为来看，第一，龙头企业加大人力和财力投入，注重前瞻性技术研发，积极布局4G、5G，引领全球技术创新潮流。第二，通过外包和模块化，围绕行业龙头企业，不同层次的企业进行专业化分工，形成一个网状产业结构。第三，在研发、市场、品牌方面，龙头企业深度全球化，并参与主导全球产业标准制定，抢占标准竞争话语权。第四，龙头企业大力发展软件等服务业，向全球领先的信息与通信解决方案供应商迈进，软化、服务化特征明显。第五，龙头企业陆续推出海思芯片、鸿蒙操作系统、盘古基础大模型、ERP等关键产品和基础系统，人工智能深度赋能千行百业，加速各行业数字化、智能化。

从电子行业协会的治理行为来看，第一，帮助拓展电子企业发展空间。深圳市电子行业协会与汕尾市签订协议，明确10平方千米的区域作为它们的基地，吸引深圳电子及通信类企业入驻，一条行业产业链就此延伸开来。第二，推动中韩技术交流。2011年1月，深圳市电子行业协会与韩国高频产业研究会成功签约，一个数亿韩元的中韩无线通信技术交流研发中心首次落户深圳。第三，深圳市电子行业协会积极承接政府授权，建设深圳电子人才网以及电子行业人力资源管理中心，进一步完善行业协会的服务功能。第四，深圳市电子行业协会逐渐承担那些在世贸组织规则下不宜由政府承担的事务，开始发挥其在解决国际贸易争端、保护本国产业方面的特殊作用。比如，2012年，深圳市半导体协会针对“联发科技收购开曼晨星案”开展过调查问卷。

7.5.3 治理绩效

一是龙头企业领跑全球产业同行。如果说在3G技术和解决方案方面，深圳龙头企业达到了与全球竞争者比肩的水平，那么在4G和5G等领域，深圳龙头企业在很多方面超越了国外同行，成为世界的引领者。以华为为例，2009年，华为成功交付全球首个LTE/EPC商用网络。2013年，华为持续领跑全球 LTE 商用部署，已经进入了全球 100 多个首都城市，覆盖九大金融中心；同年，华为销售收入首次超越爱立信，成为全球最大的通信设备商。2014 年，华为已经成功向 3GPP 提交 546 件 LTE 核心标准，占全球近 25%；同时，华为在全球已经建设了超过 154 张 4G 网络，位居业界第一。此外，作为欧盟 5G 建设项目的核心推动者、英国 5G 创新中心（5GIC）的主要发起者，华为积极发布了 5G 白皮书，主动构建 5G 全球产业生态圈，并与全球 20 多所院校开展紧密的联合技术研发，积极抢占下一个行业国际竞争战略制高点。

二是龙头企业全球化布局基本成熟。第一，研发全球化。比如，中兴在美国、法国、瑞典、印度、中国等地共设有 18 个全球研发基地，华为在中国、瑞典、美国、土耳其、印度、日本、加拿大、俄罗斯、德国等地设立了 16 个研究所。第二，品牌全球化。2014 年，华为成功上榜汤森路透“2014 年全球百强创新机构”，入列 Interbrand“Top100”全球最具价值品牌第 94 名，成为首次上榜的中国品牌企业。第三，市场全球化。比如，中兴的产品和解决方案覆盖全球 160 多个国家和地区，华为的电信网络设备、IT 设备、综合解决方案和智能终端已应用于全球 170 多个国家和地区。第四，积极参与全球标准制定。比如，华为在 170 多个标准组织和开源组织中担任核心职位。

三是产业软化、服务化成效显著。在这一阶段，在华为等龙头企业的积极带动下，一些供应商先后实现了从复杂产品专业化向综合解决方案提供商的升级，华为公司 2011 年将眼光投向了三大方面：终端、企业业务和电信管理服务，尝试改变单一的电信设备制造商形象，逐步向全球领先的信息与通信解决方案供应商升级，从而推动深圳电子及通信设备制造业再次迈上一个崭新的台阶。产业“硬件+软件”特征比较明显，特别是华为、中兴等龙头企业。比如，2014 年，华为软件业务收入 1482 亿元，超过当年总收入的一半，软件收入排名全国第一；中兴软件业务收入为 400 亿元，接近当年总收入的 50%，软件收入排名全国第三。

四是网状产业结构已经基本形成。借助模块化的专业分工技术，电子及通信设备制造业企业可以在一个接口上无边界膨胀，在技术层面成功满足了相关产品和解决方案的多样性需求。核心模块的供应商不像传统产业那样简单加工和工序专业化，而是智能的、可提供复杂解决方案的。在深圳，华为、中兴等龙头企业利用4G、5G新技术创造出来新产品，进而逐步衍生出许多新企业；这些新企业分别专注一个细分模块，继续衍生出新的子产业；若干个子产业又进一步衍生扩散出更多的子行业。这些子行业里的中小企业，可能实际规模并不大，但均做到了规模经济，并借助持续创新和专业化，获得了规模递增效益，进一步发展成为全国、全球该子产业中的领军企业。在市场机制的作用下，围绕华为、中兴等龙头科技企业，子行业龙头企业、配套中小企业等专业化分工，互相支撑、优势互补，形成了复杂的网状产业结构。

五是产业技术水平三元结构突出。经过30多年的探索与发展，深圳电子及通信设备制造业企业在技术水平上形成了三元结构：领军企业、中坚企业和外围企业。从横向视角来看，这三类企业在技术水平上差距较大，但在一定的时空内呈现并存的态势，成为电子及通信设备制造业产业链上的有机组成部分，层次由高到低，地位由核心到边缘；从纵向视角来看，这三类企业代表了电子产业发展的不同阶段，是时间上的递进关系：华为、中兴都是从代工或代销逐步发展壮大的，今天某个不知名的小企业可能就是未来的华为、中兴。在这个三元结构中，第一类企业作为先锋，有力地牵引后两类企业转型更新，而后两类作为支撑和配套企业，有效地支撑了龙头企业发展，彼此形成良性循环，推动产业整体转型升级。

7.6 本章小结

7.6.1 治理模式经历了"从政府主导到市场主导"的动态转变

在电子及通信设备制造业起步阶段，深圳不仅缺乏大量的市场主体——电子企业，也缺乏完善的园区等基础设施，外资企业面临很多潜在风险。基于此，深圳市政府坚持"外引内联"，逐步降低企业各种成本，完善港口、园区、码头、口岸等"硬件"基础设施，给市场机制的高效启动提供了初始动力，成功扮演了"助产士"的角色，从而形成了"以政府为主导"的二元治理模式。

在简单产品专业化、复杂产品专业化阶段，深圳市政府鼓励科技人员创办民营科技企业，完善法治、公平市场竞争等“软件”基础设施，孵化行业协会等中介组织，协调金融、法律、教育等相关行业发展；与此同时，市场机制充分发挥资源配置作用，电子产业规模经济效应有效释放，龙头企业和产业整体规模迅速扩大，形成了以“政府+市场”为主导的三元治理模式。

在综合解决方案专业化、引领全球产业发展阶段，得益于政府、协会的大力支持，市场机制充分发挥资源配置的基础性作用，产业规模经济效应有效释放，先后出现多个千亿元级的巨型企业集团，产业创新水平已经逐步引领世界前沿。由此，大中小企业互相依托，OEM、ODM、OBM、综合解决方案、全球领先企业专业化分工，形成了以华为、中兴等龙头企业为核心的产业治理体系，“以市场为主导”的三元治理模式逐步成型。

7.6.2　电子及通信设备制造业实现了“从追赶到引领”的华丽转型

自1979年以来，深圳电子及通信设备制造业不仅实现了“从低工艺水平到高工艺水平”的工艺升级、“从单一简单通信产品到多元化复杂通信产品”的产品升级、“从OEM到ODM，再到OBM”的功能升级等产业内升级，也实现了“从单一通信产业链到多元化产业链集群、从通信设备制造业到软件等现代服务业”的产业间升级。深圳电子及通信设备制造业的转型升级，同时再现了全球价值链的四种升级方式——工艺升级、产品升级、功能升级、价值链升级，也生动再现了制造业可以通过裂变、多元化，进而孵化出新兴产业的生动事实。在2G、3G时代，深圳电子及通信设备制造业规模小、技术水平低，更多是对国际巨头的努力追赶，更多是模仿创新，这属于跟跑时代；在4G时代，以华为、中兴等龙头企业为代表，深圳电子及通信设备制造业开始与全球一流企业并驾齐驱，研发水平已经有了很大提升，创新能力开始可以与国际巨头一较高下，这属于并跑阶段；而在5G时代，以华为、中兴等龙头企业为代表的深圳电子及通信设备制造业逐步进入无人区，开始引领全球电子信息产业创新趋势，这属于领跑阶段。

7.6.3 主导企业经历了“从三资企业到民营企业”的巨大变迁

从产业发展的主导企业类型来看，深圳电子及通信设备制造业经历了三个阶段：第一阶段，“三资”企业主导，本地民营企业尚未发展起来，产业发展主要由“三资”企业主导，如在深圳电子及通信设备制造业发展的起步阶段，深圳一穷二白，电子产业几乎从零开始，呈现“三资”企业一统天下的特征。第二阶段，“三资+民营”企业主导，随着深圳鼓励创业，本地民营企业逐渐发展起来，开始与“三资”企业共同主导产业发展方向，如在电子及通信设备制造业的简单产品专业化、复杂产品专业化阶段，均形成了“三资+民营”企业主导产业发展的态势。第三阶段，民营企业主导，随着专业化、国际化、规模化水平的持续提升，民营企业逐步超越“三资”企业，成为产业发展的唯一主导力量，如在电子及通信设备制造业的综合解决方案专业化、引领全球产业发展阶段，民营企业逐步扛起了主导产业发展的大旗。

第8章　经济发展水平、产业发展阶段与中国城市产业治理模式

8.1　城市经济发展起点为低收入水平

对于经济发展为低收入水平的中国城市而言，假定其新产业发展会经历三个阶段：产业起步阶段、产业追赶阶段和产业领先阶段。随着产业发展三个阶段的拾级而上，城市的经济发展水平也会不断提高，依次经历低收入水平、中等收入水平和高收入水平三个阶段。在这一过程中，不同发展阶段、不同规模经济产业对应不同的治理结构、治理关系、治理的主导力量，从而形成不同的中国城市产业治理模式（见表8-1）。

表8-1　城市经济发展起点为低收入水平的产业治理模式

<table>
<tr><th>产业发展阶段</th><th>规模经济不显著的产业</th><th>规模经济显著的产业</th></tr>
<tr><td>产业起步阶段</td><td colspan="2">①治理结构："强政府+弱市场"的二元治理结构
②治理关系：政府对企业和市场机制的培育，以及为产业发展提供各种便利
③治理的主导力量：政府主导</td></tr>
<tr><td rowspan="2">产业追赶阶段</td><td colspan="2">①治理结构："强政府+强市场+弱社会"的三元治理结构
②治理关系：政府与企业之间存在互助、互补和局部替代的关系
③治理的主导力量：政府与企业共同主导</td></tr>
<tr><td>①治理结构："强政府+强市场+强社会"的三元治理结构
②治理关系：政府、企业和行业协会之间存在互助、互补和局部替代的关系
③治理的主导力量：政府、企业和行业协会共同主导</td><td>①治理结构："强政府+强市场+强社会"的三元治理结构
②治理关系：政府、企业和行业协会之间存在互助、互补和局部替代的关系
③治理的主导力量：政府与企业共同主导；企业主导</td></tr>
</table>

续表

产业发展阶段	规模经济不显著的产业	规模经济显著的产业
产业领先阶段	①治理结构："强政府+强市场+强社会"的三元治理结构 ②治理关系：政府、企业和行业协会之间存在互助、互补和局部替代的关系 ③治理的主导力量：政府、企业和行业协会共同主导	①治理结构："强政府+强市场+强社会"的三元治理结构 ②治理关系：政府、企业和行业协会之间存在互助、互补和局部替代的关系 ③治理的主导力量：企业主导

8.1.1 产业起步阶段

一是治理结构。在经济发展水平处于低收入水平的中国城市，如20世纪80年代初的深圳等城市，市场化改革往往刚刚开始，资源配置效率较低，真正有自生能力的大企业集团很少；除了石油、煤炭等自然资源密集型城市，其他城市劳动力资源比较丰富，潜在比较优势十分明显。一般而言，在新产业起步阶段，不管产业规模经济是否显著，新产业内部的企业规模都比较小，企业数量也不多，行业协会也没有成立，政府一统天下的格局尚未改变，故形成了"强政府+弱市场"的城市产业治理结构。以深圳服装产业为例，1979—1987年，深圳服装产业刚刚起步，企业数量不多，企业规模不大，技术水平不高，产品类型不多，市场机制尚处于培育阶段，行业协会尚未建立，深圳等各级政府积极推动产品市场化，完善园区、码头等"硬件"基础设施，为市场机制发挥作用提供有利条件，形成了"强政府+弱市场"的二元治理结构。

二是治理关系。在这一阶段，尚不存在要素禀赋结构升级的迫切必要性，更多的是发挥潜在比较优势，发展劳动密集型产业或资源密集型产业。但是，由于市场机制尚未建立，资源配置效率较低，需要政府加强市场机制培育工作：一方面，通过孵化本地企业或招商引资，增加市场竞争主体数量，活跃市场交易行为；另一方面，通过逐步向市场放权，动态界定政府与市场的边界，明确政府的角色定位，确保政府不"越位"、不"缺位"。此外，在新产业信息提供、软硬件基础设施建设、补偿企业创新的外部性，以及协调物流、金融、教育等领域发展方面，都需要政府发挥作用。需要指出的是，对于低收入水平的中国城市，贫困、落后是面临的主要问题之一。按照 2015 年诺贝尔经济学奖获得者安格斯·迪顿（Angus Stewart Deaton）的观点，缓解贫困在很大程度上要依靠政府的力量，特别是要建立起一个有为的政府，为公众提供高水平的教育、基础设施等公共服务。因此，在本阶段的城市新产业发展中，政府与市场的互动主要体现在：政府对企业和市场机制的培育，以及为产业发展提供各种便利。虽然市场机制对资源进行优化配置，企业也对政府进行支持和倒逼改革，但这些不是本阶段治理关系的主要方面。

三是治理的主导力量。对于经济发展处于低收入水平的中国城市而言，在新产业起步阶段，政府往往会成为治理的主导力量，从而会形成“以政府为主导”的二元治理模式。以深圳电子及通信设备制造业为例，在产业起步阶段，深圳市不仅缺乏丰富的市场主体——电子企业，也缺乏完善的园区等基础设施，外资企业还面临很多潜在风险。鉴于此，深圳市政府坚持“外引内联”，持续降低企业各种成本，完善港口、园区、码头、口岸等“硬件”基础设施，给市场机制的高效启动提供了初始动力，从而形成了“政府主导”的二元治理模式。

8.1.2　产业追赶阶段

在这一阶段，城市潜在比较优势得到进一步发挥，企业数量越来越多，企业规模逐步扩大，市场竞争不断活跃，产品市场逐步完善，要素市场基本建立，初步形成市场法规体系，市场机制基本成熟；行业协会也开始筹办，影响力从小到大，服务水平逐步提升，品牌影响力从小变大；经历数轮改革，政府效率提升，服务意识增强，政府能力得到提升。因此，本阶段一般比较漫长，政府机制、市场机制和社会机制共同发挥作用，城市产业治理结构大多经历了从“强政府+强市场+弱社会”到“强政府+强市场+强社会”的转变，部分城市经济发展水平实现从“中下等收入”到“中上等收入”的飞跃。

（1）规模经济不显著的产业

对于规模经济不显著的产业（如服装产业），当城市产业治理结构为“强政府+强市场+弱社会”时，从产业升级的三个前提条件[①]来看，治理主体的功能主要体现在：首先，在要素禀赋结构升级方面，物质资本、人力资本和技术知识的增加，既可以通过企业自身长期积累实现，也可以通过政府引资、引智、支持高等教育实现。其次，在资源优化配置方面，企业和市场机制发挥主导作用。最后，在提供产业升级便利方面，政府发挥主导作用。因此，政府主要负责要素禀赋结构升级、提供产业升级便利，企业主要负责资源优化配置、要素禀赋结构升级，即政府与企业存在互补和局部替代关系。此外，从深圳服装产业升级的实践来看，治理主体之间的互动主要体现在以下方面：第一，深圳市政府对服装企业的培育和扶持，服装企业对政府的支持和倒逼改革，即政府与企业之间形成了互助关系；第二，深圳市政府、服装企业对服装行业协会的培育和支持，虽然服装行业协会也会反作用于政府、服装企业，但这不是主要方面，即政府与企业之间存在互助、互补和局部替代的合作伙伴关系。基于此，综合治理主体的功能关系与互动关系，政府和企业会成为治理的主导力量，从而形成“政府与企业共同主导”的城市产业三元治理模式。

对于规模经济不显著的产业（如服装产业），当城市产业治理结构为“强政府+强市场+强社会”时，由于规模经济不显著，新产业内部以中小企业为主，单个企业资本和知识积累速度较慢，承担创新风险的能力也较弱。从产业升级的三个前提条件来看，治理主体的功能主要体现在以下方面：首先，政府、企业的功能没有显著变化；其次，在提供产业升级便利方面，行业协会可以负责招商引资、提供专业化会员服务、协调产业内企业的集体行动，即政府主要负责要素禀赋结构升级、提供产业升级便利，企业主要负责要素资源优化配置、要素禀赋结构升级，行业协会主要负责提供产业升级部分便利。显然，政府与企业存在互补和局部替代关系，政府与行业协会存在互补关系和局部替代关系，企业与行业协会存在互补关系。此外，从深圳服装产业升级的实践来看，治理主体之间的互动主要体现在以下方面：第一，政府

① 从新结构经济学理论推演可知，要实现产业升级，必须满足三个前提条件：要素禀赋结构升级、要素资源的优化配置、提供产业升级的各种便利。

对服装企业的培育和扶持，服装企业对政府的支持和倒逼改革；第二，政府对服装行业协会的培育和扶持，服装行业协会对政府的积极配合和倒逼改革；第三，服装企业对服装行业协会的支持和倒逼改革，行业协会对服装企业的专业服务和监督规范。由此可见，政府（政府机制）、企业（市场机制）和行业协会（社会机制）之间会形成互助、互补、局部替代的合作伙伴关系。综合治理主体的功能关系与互动关系，政府、企业和行业协会成为治理的主导力量，从而会形成“政府、企业和行业协会共同主导”的城市产业三元治理模式。

（2）规模经济显著的产业

对于规模经济显著的产业（如电子及通信设备制造业），当城市产业治理结构为“强政府+强市场+弱社会”时，从产业升级的三个前提条件来看，治理主体的功能主要体现在以下方面：首先，在要素禀赋结构升级方面，物质资本、人力资本和技术知识的增加，既可以通过企业自身逐步积累实现，也可以通过政府引资、引智、支持高等教育等实现。其次，在要素资源优化配置方面，企业和市场机制发挥基础性作用。最后，在提供产业升级便利方面，政府发挥重要作用。由此可见，政府主要负责要素禀赋结构升级、提供产业升级便利，企业主要负责资源优化配置、要素禀赋结构升级，即政府与企业存在互补和局部替代关系。此外，从深圳电子及通信设备制造业升级的实践来看，治理主体之间的互动主要体现在以下方面：第一，深圳市政府对电子企业（尤其是民营科技企业）的培育和扶持，电子企业对政府的支持和倒逼改革，即政府与企业之间形成了互助关系；第二，深圳市政府、电子企业对电子行业协会的培育和支持，虽然电子行业协会也会反作用于政府、电子企业，但这不是主要方面。可见，政府与企业之间存在互助、互补和局部替代的合作伙伴关系。基于此，综合治理主体的功能关系与互动关系，政府和企业会成为治理的主导力量，从而形成“政府与企业共同主导”的城市产业三元治理模式。

对于规模经济显著的产业（如电子及通信设备制造业），当城市产业治理结构为“强政府+强市场+强社会”时，政府市机构（政府机制）、电子企业（市场机制）和行业协会（社会机制）之间会形成互助、互补和局部替代的合作伙伴关系。同时，在市场机制的有效引导下，产业的规模经济属性得到充分释放，从而会在较短时间内诞生大型企业集团，龙头企业的资本、知识积累速度较快，承担创新风险的能力也比较强，已经可以提供新产业信息、承担创新的外部性和孵化新企业。因此，随着龙头企业逐步成长，企业功能不断得到扩大，逐渐可以提供产业升级的部分便利，企业对政府的替代能力持续提高。基于此，“政府+企业”、企业依次都可能成为治理的主导力量，从而依次会形成“政府与企业共同主导”的城市产业三元治理模式，以及“企业主导”的城市产业三元治理模式。以深圳电子及通信设备制造业为例，在复杂产品专业化阶段（1996—2000 年），华为等龙头企业达到百亿元级别，形成了以“政府与企业共同主导”的城市产业三元治理模式；在综合解决方案专业化阶段（2001—2007 年），首次出现超过千亿元级的巨型企业集团（华为），形成了“企业主导”的城市产业三元治理模式。

8.1.3 产业领先阶段

经历了产业追赶阶段的长期艰苦努力，产业实力、技术水平已经达到世界前沿，从而成为全球产业的领跑者；企业数量较多，龙头企业规模较大，市场机制趋于成熟，市场体系不断完善；行业协会影响力较大，治理能力进一步提升，社会机制趋于成熟；政府部门持续改革，服务型政府逐步形成，公共服务效率进一步提高。因此，本阶段的城市产业治理结构为“强政府+强市场+强社会”，城市经济发展往往达到高收入水平。

对于规模经济不显著的产业，以深圳服装产业为例，在从 OBM 向时尚创意升级阶段，深圳积极推进法治政府、服务型政府建设，补偿服装企业创新活动的正外部性，支持打造时尚女装区域品牌，建设大浪时尚创意城，为时装品牌推广提供各种便利，帮助时装企业积极应对金融危机冲击，主张成立时尚创意产业联盟，政府、市场、社会三大主体实力得到提升，三者关系更加密切，彼此优势互补、主动作为，一起推动时装产业升级，增强了三者公信力，实现了互相增权、共同发展，提升了政府机制、市场机制和社会机制的有效性，深圳市政府（政府机制）、服装企业（市场机制）和服装行业协会（社会机制）之间存在互助、互补和局部替代的合作伙伴关系，形成了

“政府、企业和行业协会共同主导”的城市产业三元治理模式。

对于规模经济显著的产业，以深圳电子及通信设备制造业为例，在引领全球产业发展阶段，深圳积极打造法治政府、阳光政府，补偿企业创新活动的正外部性，鼓励中小企业快速发展，为企业吸引人才、拓宽融资等活动提供便利，完善科技创新立法等“软件”基础设施，协调金融、物流、文化等配套产业发展；与此同时，市场机制充分发挥资源配置作用，电子产业规模经济效应有效释放，华为等龙头企业规模进一步扩大，首次诞生销售额接近9000亿元的跨国企业巨头，深圳市各级政府（政府机制）、电子企业（市场机制）和电子行业协会（社会机制）之间存在互助、互补和局部替代的合作伙伴关系。特别是在市场机制的引导下，龙头企业资本和知识积累速度加快，承担创新风险的能力也得到增强，可以提供新产业信息、承担创新的外部性和孵化新企业。因此，随着规模经济的进一步释放，龙头企业进一步发展壮大，企业和市场机制功能不断得到扩大，逐渐可以提供产业升级的更多便利，企业（尤其是龙头企业）对政府的替代能力进一步提高，形成了“企业主导”的城市产业三元治理模式。

8.2 城市经济发展起点为中等收入水平

对于一个经济发展起点为中等收入水平的中国城市，如20世纪90年代的深圳市（人均GDP已经迈入中等收入水平），假定其新产业发展会经历三个阶段：产业起步阶段、产业追赶阶段和产业领先阶段。随着新产业发展三个阶段的拾级而上，城市的经济发展水平也不断提高，依次经历中等收入水平和高收入水平两个阶段。在这一过程中，不同发展阶段、不同规模经济产业，对应不同的治理结构、治理关系、治理的主导力量，从而形成不同的中国城市产业治理模式。

8.2.1 产业起步阶段

在经济发展水平处于中等收入水平的中国城市，市场化改革往往已经取得一定成效，在少数规模经济比较显著的行业，可能已经出现一些具有自生能力的企业集团。在新产业起步阶段，不管产业规模经济是否显著，新产业内部的初创企业都比较小，企业数量也不多，其他产业的大企业也许可以发挥重要作用，故可以通过新设立企业来发展新兴产业，也可以通过其他产业的大企业集团发展新兴产业，可能会形成“强政府+弱市场”的城市产业二元治理结构，也可能会形成“强政府+强市场+弱社会”的城市产业三元治理结构。在本阶段，尚不存在要素禀赋结构升级的迫切需要，主要是发挥潜在比较优势。

与城市经济发展起点为低收入水平的情况相比，本阶段没有那么漫长，如果城市产业治理结构为“强政府+弱市场”，和前文基本相似，治理关系主要体现在以下方面：第一，政府对企业和市场机制的培育、支持；第二，政府提供企业、产业发展的各种便利。因此，政府会成为治理的主导力量，从而形成“政府主导”的城市产业二元治理模式。如果城市产业治理结构为“强政府+强市场+弱社会”，在治理关系方面，不同点在于：本阶段一般无须升级要素禀赋结构，故政府与企业之间不存在替代关系。相同点体现在以下方面：第一，政府与企业存在互助、互补的合作伙伴关系；第二，政府、企业对行业协会的培育。第三，政府和企业会成为治理的主导力量，从而形成“政府与企业共同主导”的城市产业三元治理模式。

通过新设立企业来发展新兴产业，以深圳互联网产业为例，1994—2002 年，深圳互联网产业从零起步，1994 年 10 月，深圳讯业公司获得原中国邮电部第一张批文，获准从事计算机信息网络国际联网业务，开启了深圳互联网产业发展历史；1998 年腾讯正式成立，2000 年腾讯推出手机 QQ，2002 年 QQ 用户注册量达到了 1 亿，初步实现了互联网社交产品的专业化；在此期间，政府高度重视互联网产业发展，投资建设高新技术产业园区，制定各项优惠政策以吸引互联网企业入驻；然而，深圳互联网行业协会尚未成立，故形成了“强政府+强市场+弱社会”的城市产业治理结构。此外，从深圳互联网产业发展的实践来看，治理主体之间的互动主要体现在以下方面：深圳市人民政府对互联网企业的培育和扶持，互联网企业对政府的支持和倒逼改革，政府与互联网企业共同推动互联网产业发育发展，即政府与互联网企业之间存在互助、互补的合作伙伴关系。综合治理主体的功能关系与互动关系，深圳市人民政府和互联网企业会成为治理的主导力量，从而形成“政府与企业共同主导”的城市产业三元治理模式。

8.2.2　产业追赶阶段

进入本阶段后，潜在比较优势得到进一步发挥，企业数量越来越多，企业规模迅速扩大，市场竞争十分活跃，市场机制走向成熟；行业协会影响力从小到大，服务水平快速提升；经历数轮改革，政府效率提升，服务意识增强。因此，与低收入城市相比，本阶段没有那么漫长，城市产业治理结构可能为“强政府+强市场+弱社会”，也可能为“强政府+强市场+强社会”，城市经济发展往往会达到较高水平的中等收入。

如果城市产业治理结构为“强政府+强市场+弱社会”，与城市经济发展起点为低收入水平的情况相同，不管新产业的规模经济是否显著，治理关系主要体现在以下方面：第一，政府与企业存在互助、互补和局部替代的合作伙伴关系；第二，政府、企业对行业协会的培育。此外，政府和企业会成为治理的主导力量，从而形成“政府与企业共同主导”的城市产业三元治理模式。如果城市产业治理结构为“强政府+强市场+强社会”，则与城市经济发展起点为低收入水平的情况类似，当新产业的规模经济不显著时，治理关系主要体现在以下方面：第一，政府、企业和行业协会之间会形成互助、互补的合作伙伴关系；第二，政府与企业、政府与行业协会之间会形成局部替代关系。此外，政府、企业和行业协会会成为治理的主导力量，从而形成“政府、企业和行业协会共同主导”的城市产业三元治理模式。当新产业的规模经济显著时，与产业规模经济不显著的情况相比，治理关系没有实质变化；但随着规模经济的持续释放，企业功能得到扩大，可以提供产业升级的部分便利，企业（尤其是龙头企业）对政府的替代能力逐步提升。因此，政府+企业、企业都可能成为治理的主导力量，从而可能形成“政府与企业共同主导”的城市产业三元治理模式，也可能形成“企业主导”的城市产业三元治理模式。

以深圳互联网产业为例，2003—2012 年，随着 QQ 注册用户数量先后达到 2 亿、4 亿等，腾讯业务逐步向 QQ 游戏、QQ 音乐、QQ 管家、微信等多元化领域拓展，2012 年腾讯营收达到 439 亿元（同比增长 54%），即时通信服务活跃账户达到 8 亿左右，QQ 空间活跃账户超过 6 亿；迅雷等互联网巨头先后成立，下载软件、网页游戏、数字娱乐、在线视频等产品逐步上市，以腾讯为代表的深圳互联网产业逐步实现了消费互联网产品的专业化。政府支持方面，2009 年，深圳市政府印发了《深圳互联网产业振兴发展规划（2009—2015）》《深圳互联网产业振兴发展政策》，对发展互联网产业的主要任务作了详细规划，并拿出大量财政资金对互联网企业进行扶持；2010 年，深圳市将互联网产业设为三大支柱性产业之一，对各互联网企业的扶持和补助力度进一步加大。行业协会方面，2008 年，深圳市互联网技术应用协会成立，先后承办“中国互联网渠道联盟高峰论坛”“中国网博会”“全网时代电子商务发展论坛”“中国网商网货交易会”等，先后受政府委托规划改造“深圳互联网产业园”“华南城（深圳）电子商务产业园”“宝安互联网产业园”等，参与制定《深圳互联网产业振兴发展规划（2009—2015 年）》和《深圳创建“国家电子商务示范城市”工作方案》。显然，在深圳互联网行业追赶阶段，形成了“强政府+强市场+强社会”的城市产业治理结构，深圳市政府（政府机制）、互联网企业（市场机制）和互联网协会（社会机制）之间存在互助、互补和局部替代的合作伙伴关系，以腾讯为代表的龙头企业成为治理的主导力量，形成了“企业主导”的深圳互联网产业三元治理模式。

8.2.3　产业领先阶段

在本阶段，经过前期产业追赶阶段的努力，产业实力、技术水平已经达到全球前沿，从而成为全球产业的引领者；企业数量进一步增多，龙头企业规模稳定扩大，市场机制趋于成熟，市场体系不断完善；行业协会影响力较大，治理能力进一步提升，社会机制更加成熟；政府部门持续改革，服务型政府已经形成，公共服务效率进一步提高。因此，本阶段的城市产业治理结构为“强政府+强市场+强社会”，城市经济纷纷迈入高收入水平行列。与城市经济发展起点为低收入水平的情况相同，无论产业规模经济是否显著，治理关系主要体现在以下方面：第一，政府、企业和行业协会之间存在互助、互补的合作伙伴关系；第二，政府与企业、政府与行业协会之间存在局部替代关系，即政府、企业和行业协会之间存在互助、互补和局部替代的关系。当新产业的规模经济不显著时，会形成“政府、企业和行业协会共同主导”的城市产业三元治理模式；当新产业的规模经济显著时，会形成“企业主导”的城市产业三元治理模式。

以深圳互联网产业为例，自 2013 年以来，腾讯发布“互联网+”战略，业务逐步向云服务、微信支付、银行理财、微民保险、视频号等领域拓展，兼顾消费互联网和产业互联网，形成了六大事业群——企业发展事业群、云与智慧产业事业群、互动娱乐事业群、平台与内容事业群、技术工程事业群、微信事业群，2022 年腾讯营收达到 5546 亿元左右，微信及 WeChat 合并活跃用户达 13.6 亿，且迅雷等企业陆续发布迅雷赚钱宝、星域 CDN、短视频、区块链、云计算、云盘等产品和服务，以腾讯为代表的深圳互联网巨头积极推动消费和产业互联网产品专业化。从政府支持方面来看，2015 年深圳市印发了《深圳市“互联网+”行动计划》，从“互联网+”、金融、制造、商贸、物流、交通、教育等各方面作了具体部署，推动互联网与各产业深度融合，赋能千行百业、促进创新发展。从行业协会发展来看，深圳市互联网技术应用协会的主要工作包括推动行业自律和规范发展、促进会员企业交流与合作、提供技术支持与咨询服务、参与政策制定与执行、推动互联网创新创业、加强人才培养与引进等。显然，在深圳互联网行业领先阶段，形成了“强政府+强市场+强社会”的城市产业治理结构，深圳政府（政府机制）、互联网企业（市场机制）和互联网协会（社会机制）之间存在互助、互补和局部替代的合作伙伴关系，以腾讯为代表的龙头企业成为治理的主导力量，形成了“企业主导”的深圳互联网产业三元治理模式。

8.3　城市经济发展起点为高收入水平

对于一个经济发展起点为高收入水平的中国城市而言，如 2008 年的深圳（人均 GDP 为 13153 美元），虽然新产业（如新能源汽车、无人机等）刚刚起步，但与世界产业前沿差距往往不大，甚至可以与国外并驾齐驱，几乎不存在产业追赶阶段，起步阶段也很短，故假定其新产业发展会经历两个阶段：

产业起步阶段和产业领先阶段；随着产业发展的拾级而上，城市经济发展不断迈上新的台阶，始终保持更高收入水平。在这一过程中，不同发展阶段、不同特质产业对应不同的治理结构、治理关系、治理的主导力量，从而对应不同的城市产业治理模式。

8.3.1 产业起步阶段

一是治理结构。对处于高收入水平的中国城市（2008 年之后的深圳），市场化改革已经取得显著成效，在部分规模经济比较显著的行业（如电子信息产业），已经出现许多具有自生能力的大企业集团（如华为、中兴等）。城市劳动密集型产业的比较优势逐渐消失，资本密集型产业的比较优势依然存在，技术密集型产业的比较优势已十分显著。在新产业起步阶段，可以通过新设立企业来发展新兴产业，也可以通过其他产业的大企业集团发展新兴产业，故可以形成“强政府+强市场+弱社会”的城市产业治理结构。

通过新设立企业来发展新兴产业，以深圳无人机产业为例，2006—2016 年，大疆实现了从简单产品向复杂产品的升级，销售额从 2013 年的 8.2 亿元增长到 2016 年的 97.8 亿元，其间吸引了科技金融机构的多轮融资。比如，2013 年的 A 轮、2015 年的 B 轮和 C 轮。2013 年，深圳市制定了《深圳市航空航天产业发展规划（2013—2020 年）》，并每年分批次进行扶持，其中无人机是重点支持领域，扶持的领域包括无人机设计测试、总装集成、人机交互等。2015 年，深圳市颁布了《民用无人机系统通用技术标准》《公共安全无人机系统通用标准》等 7 个行业标准，为深圳市无人机行业发展奠定了坚实基础。通过既有产业的大企业集团发展新兴产业，主要体现在深圳 5G、人工智能等新兴产业。2015 年，深圳市无人机行业协会成立，机构内部组织还不够完善，影响力和专业性还不够强。显然，在这一阶段，城市产业治理结构体现为“强政府+强市场+弱社会”。

通过其他产业的大企业集团发展新兴产业，以深圳新能源汽车产业为例，比亚迪成立于 1995 年，起初专注于电子和电池产品，2003 年成长为全球第二大充电电池生产商，同年组建比亚迪汽车。2005 年，比亚迪汽车首款新车 F3 正式下线。2008 年，比亚迪推出全球首款插电式混合动力轿车 F3DM，第一代 DM 双模技术投入市场。2011 年，比亚迪 e6 先行者电动车正式上市，综合工况续驶里程最长达 300 千米，续航里程位居全球第一。2013 年，比亚迪秦上市，并在上市后连续 20 个月销量领跑全国新能源汽车，且国际（新能源车）销量排名前三，宣告第二代 DM 双模技术的广泛应用。2020 年，比亚迪新能源汽车销量为 17.9 万辆，8 年蝉联国内新能源汽车销量冠军①。深圳市政府创造了“科学雨林，无限生境”的市场竞争环境；政府制定公共交通需求规划、提供了 300 亿的初始大市场；政府主导的权威测试证明了比亚迪新产品 e6 的质量可靠；政府主导做了严格的新能源汽车产业标准体系；政府资助引导各项技术的深入研发，最大限度地提高了企业创新收益，最大限度地降低了企业创新风险；政府将传统的财政拨款转变成政府引导基金，并采用市场化的方式来推动产业发展，扮演了“强政府”的角色②。2017 年，深圳市新能源汽车产业协会成立，此时协会影响力还不够大。

二是治理关系。在本阶段，伴随发挥城市产业潜在比较优势，也存在要素禀赋结构升级的迫切需要，重点发展创新、创意、知识密集型新产业，推动新产业快速扩大规模。从产业升级的条件来看，治理主体的功能主要体现在以下方面：首先，在资源优化配置方面，市场机制发挥主导作用，行业龙头企业成为关注焦点，龙头企业通过产品和服务快速迭代创新，快速占领市场、扩大市场份额。其次，在提供产业升级便利方面，政府、其他产业的大企业集团、风险投资机构和股权投资机构等可以完成新企业孵化，政府、行业协会可以完成招商引资，政府、其他产业的大企业集团可以提供新产业信息、承担创新的外部性，政府还负责软硬件基础设施建设、协调教育等领域发展，行业协会还负责提供专业化会员服务、协调产业内企业的集体行动。从深圳无人机产业发展的实践来看，治理主体之间的互动主要体现在以下方

① 2020 年中国新能源汽车市场渗透率为 5.8%。

② 2009 年，深圳市被国家发展改革委、科学技术部、工业和信息化部、财政部四部委确定为节能和新能源汽车示范推广城市；深圳市人民政府颁布了《深圳新能源产业振兴发展规划（2009—2015 年）》《深圳市节能与新能源汽车示范推广实施方案（2009—2012）》《深圳市私人购买新能源汽车补贴试点实施方案（2009—2012）》等一系列行动方案。2015 年，深圳市政府出台《深圳市新能源汽车推广应用扶持资金管理暂行办法》，对新能源车辆购置、使用，充电设备投资，均给予一万元至数十万元财政补贴。2018 年 4 月，深圳市发展和改革委员会出台了《深圳市新能源汽车充电设施管理暂行办法》，明确新建公共充电桩可以按照要求申请补贴。

面：第一，深圳市人民政府对无人机企业的培育和扶持，无人机企业对政府的支持和配合，即深圳市人民政府与无人机企业之间形成了互助关系；第二，深圳市人民政府、无人机企业对无人机行业协会的培育和支持，虽然行业协会也会反作用于政府、企业，但这不是主要方面。同时，从深圳新能源汽车产业的发展实践来看，治理主体之间的互动主要体现在以下方面：第一，深圳市人民政府对新能源汽车企业的培育和支持，新能源汽车企业对深圳市人民政府的支持和配合，即深圳市人民政府与新能源汽车企业之间形成了互助关系；第二，深圳市人民政府、新能源汽车企业对产业协会的培育和支持，虽然产业协会也会反作用于政府、企业，但这不是主要方面。综上所述，政府与企业之间存在互助、互补和局部替代的合作伙伴关系。

三是治理的主导力量。综合治理主体的功能关系与互动关系，政府和企业会成为治理的主导力量，从而形成“政府与企业共同主导”的城市产业三元治理模式。从深圳无人机产业发展的实践来看，在产业起步阶段，2015 年之前，以大疆无人机为代表的初创企业快速发展，深圳市人民政府出台多个政策文件，为无人机产业发展壮大保驾护航；2015 年之后，深圳市无人机行业协会初步设立，发挥主导作用的依然是无人机企业，尤其是大疆等龙头企业，以及深圳市人民政府各级机构，形成了“政府与大疆共同主导”的无人机产业三元治理模式。从深圳新能源汽车产业发展来看，在产业起步阶段，以比亚迪汽车为代表的新兴企业快速发展壮大，深圳市人民政府多措并举、大力扶持，为新能源汽车产业迅速崛起提供支撑，深圳市人民政府和比亚迪企业发挥了主导作用，形成了“政府与比亚迪共同主导”的新能源汽车产业三元治理模式。

8.3.2 产业领先阶段

经过前一阶段的努力，新产业实力已经达到全球前沿，从而成为全球产业的引领者；企业数量进一步增多，龙头企业规模稳定扩大，市场体系不断完善；行业协会影响力增强，治理能力进一步提升，社会机制不断完善；政府部门持续改革，公共服务效率进一步提高。因此，本阶段的城市产业治理结构为“强政府+强市场+强社会”，城市经济陆续达到更高收入水平。与城市经济发展起点为低收入水平的情况相同，无论产业规模经济是否显著，治理关系主要体现在以下方面：第一，政府、企业和行业协会三类治理主体之间存在互助、互补关系；第二，政府与企业、政府与行业协会存在局部替代关系。此外，“政府+企业”、企业都可能成为治理的主导力量，从而可能形成“政府与企业共同主导”的城市产业三元治理模式（规模经济不显著产业），也可能形成“企业主导”的城市产业三元治理模式（规模经济显著产业）。

以深圳市无人机产业为例，自 2017 年以来，随着大疆无人机从复杂产品专业化转向行业综合解决方案提供商，消费级无人机全球市场占有率突破了 90%；深圳无人机企业约 1300 家（包括无人机主要供应链企业），年产值近 750 亿元（全国有各类无人机企业 1. 5 万家，产值 1170 亿元），年增长幅度超过 30%，遥遥领先于国内其他城市，具有“无人机之都”的美誉。2017 年，深圳市出台《深圳市民用轻小无人驾驶航空器管理办法（征求意见稿）》，建立特区无人机技术规范体系；2018 年，深圳市颁布了《深圳地区无人机飞行管理试点工作实施方案》《深圳地区无人机飞行管理实施办法（暂行）》，引导无人机用户合法飞行；2019 年，深圳市制定了《深圳市民用微轻型无人机管理暂行办法》，明确了禁飞区域、飞行审批管理以及法律责任等。深圳无人机协会 2018 年发起成立了全国无人机行业协会联席会议机制，现有 105 家联席成员，与全球 50 多个国家和地区的无人机行业组织建立了联系；连续成功举办了七届世界无人机大会、八届深圳国际无人机展、600 多场各类无人机应用论坛、50 多场次无人机表演和竞速比赛，制定了 70 项无人机团体标准；创办了《无人机与机器人》会刊，编撰了近百万字的《全球无人机行业发展报告》及《中国民用无人机采购指南》，受到行业专家的好评。2022 年 6 月入选深圳市社会组织交流服务展示点（枢纽型服务），设有无人机专家委员会等 32 个专家委员会，并设立了知识产权保护工作站及公平贸易工作站。现有全国会员单位 560 余家。显然，在深圳无人机行业全球领先阶段，形成了“强政府+强市场+强社会”的城市产业治理结构，深圳市政府（政府机制）、无人机企业（市场机制）和无人机行业协会（社会机制）之间存在互助、互补和局部替代的合作伙伴关系，以大疆为代表的龙头企业成为治理的主导力量，形成了“企业主导”的深圳无人机产业三元治理模式。

以深圳新能源汽车产业为例，自 2021 年以来，比亚迪持续创新、不断升级新能源汽车产品。2021 年比亚迪发布了纯电专属 e 平台 3.0，2024 年比亚迪百万豪车仰望 U8 越野玩家版正式上市。目前，比亚迪新能源汽车产品涵盖 DM 和纯电动两大类型、乘用车和商用车两大系列，其中，乘用车涵盖王朝和海洋两大品牌族群。2023 年比亚迪新能源汽车销量为 302.44 万辆，同比增长 62.3%，成为 2023 年度新能源汽车年度销量冠军。比亚迪新能源汽车的快速发展带动了深圳新能源汽车产业的高速扩张，深圳 2021 年新能源汽车产量 29.95 万辆，2022 年增长到 87.47 万辆，2023 年飙升到 178.6 万辆，超过上海的 128.68 万辆和西安的 98.38 万辆，首次登上了“新能源汽车第一城”的宝座。2021 年 3 月，深圳市发改委印发了《深圳市新能源汽车推广应用工作方案（2021—2025 年）》，明确“十四五”期间全市新增注册汽车中新能源汽车比重要达到 60%左右；到 2025 年，全市新能源汽车保有量达到 100 万辆左右，基础网络慢速充电桩要达到 79 万个左右。2023 年，深圳市印发《深圳市加快打造“新一代世界一流汽车城”三年行动计划（2023—2025 年）》，提出到 2025 年，全市新能源汽车年产量超 200 万辆，全球汽车“含深量”显著提升，汽车产业工业产值达到万亿级规模；同年，深圳市宣布正式启动建设“超充之城”，规划到 2025 年建设 300 座超充站，“超充/加油”数量比达 1∶1，初步建成“超充之城”。2022 年，深圳新能源汽车产业协会组织了第三届深圳市新能源汽车产业协会会员代表大会暨新能源汽车整车、核心零部件（头部企业）展览会，宣布施行“联席会长”制度，推动会员企业展出自己的核心产品，举行了新能源汽车产业与创新技术研究院揭牌、授牌仪式。目前，深圳新能源汽车产业协会会员近千家，是国内唯一涵盖新能源汽车全产业链的协会，多次受国家领导人和部委省市领导视察，是国内新能源汽车领域最具影响力的社会团体之一。显然，在深圳新能源汽车产业全球领先阶段，形成了“强政府+强市场+强社会”的城市产业治理结构，深圳市政府（政府机制）、新能源汽车企业（市场机制）和新能源汽车产业协会（社会机制）之间存在互助、互补和局部替代的合作伙伴关系，以比亚迪为代表的龙头企业成为治理的主导力量，形成了“企业主导”的深圳新能源汽车产业三元治理模式。

8.4　本章小结

本章从治理结构、治理关系、治理的主导力量三个方面入手，系统分析了中国城市产业升级过程中，所形成的城市产业治理模式，及其最佳演进路径，可以得到以下结论和启示：

第一，城市产业治理模式包括三个方面：治理结构、治理关系、治理的主导力量，它们都跟政府（政府机制）、企业（市场机制）、行业协会（社会机制）的治理能力有关。在中国，政府的治理能力与行政级别等多元化因素呈正相关关系，一般而言，政府行政级别越高、财政收入越高、公务员素质越高，政府治理能力也就越强。企业的治理能力与经济发展水平、产业发展阶段和产业规模经济呈正相关关系，一般而言，经济发展水平越高、产业发展阶段越高、规模经济越显著，企业的治理能力也就越强。行业协会的治理能力与经济发展水平、产业发展阶段呈正相关关系，经济越发达、产业发展阶段越高，行业协会的治理能力也就越强。因此，中国城市治理模式的主要影响维度包括经济发展水平、产业发展阶段和产业规模经济，治理结构、治理关系和治理的主导力量都具有阶段特质，治理关系和治理的主导力量都具有行业特质。对中国城市政府而言，要实现产业升级、经济发展的重要目标，就要根据自身经济发展的实际水平，结合目标产业发展的具体阶段，必要时也要考虑产业规模经济属性，动态调整城市产业治理模式，重点是治理结构。

第二，中国后发城市产业治理结构的最佳演进路径为，从“强政府+弱市场”到“强政府+强市场+弱社会”，再到“强政府+强市场+强社会”。其中，“强政府+强市场+强社会”是最佳城市产业治理结构，因为复合治理机制的作用最显著，三大治理主体都最大限度地参与城市产业升级，最容易形成城市产业升级的合力。对中国城市政府而言，要有自我革命的高度自觉，要树立服务市场和社会的重要意识，紧密围绕市场、社会的实际需求，持续开展行政体制改革。一是要建立高效的政府组织架构，从纵向来看，逐步压缩中间行政环节，探索推动“一级政府、三级管理”模式，大力充实基层公共服务力量；从横向来看，要理顺党政关系，探索行政决策、执行、监督权相对分离、相互制约的运行机制，降低部门之间的协调成本。二是要建立完善的奖惩制度，加强政府职能部门绩效考核，打造精干专业的人才队伍，建立完善电子政务系统和数字化政府，加强依法行政、依法监督，打造高效、廉洁、法治的公共服务型政府。三是要通过招商引资、孵化本地新企业，以及推动要素市场、商品市场化改革，增加市场主体、培育市场机制，逐步把“强政府+弱市场”转化为“强政府+强市场”。四是要通过服务外包、权力下放等措施，逐步向行业协会转移职能，培育社会主体和社会机制，逐步把“强政府+强市场+弱社会”转变为“强政府+强市场+强社会”。

第三，总体而言，在中国城市产业升级过程中，最佳的治理关系为，政府、企业、行业协会之间形成互助、互补、局部替代的合作伙伴关系；不同情景下的治理关系的侧重点不同，特别是在后发城市产业发展的初期，行业协会尚未成立或治理能力不强，治理关系主要体现为政府与企业之间的互助互补。对中国城市政府而言，要以互助关系为起点，不仅加强政府对企业、行业协会的培育和扶持，也要创造条件，鼓励企业、行业协会反作用于政府，推动政府各项改革的高效推进，从而在三类治理主体之间形成互相强化、互相增权、互相赋权的良好态势。要以互补关系为重点，注重发挥政府、企业和行业协会的比较优势，推动三类治理主体之间的专业化分工；尤其是要防止政府缺位、错位，把政府作用限于吸引人才资源、招商引资和孵化新企业、提供新产业信息、完善软硬件基础设施、补偿创新的外部性、协调金融和教育等相关领域发展，并尝试以地方性法规的形式确定下来。要以替代关系为创新点，积极推动政府职能有所不为，把有限的资源投入最需要的领域，为企业、行业协会创造更大的施展空间。在行业协会发展比较成熟的产业，鼓励行业协会承担招商引资、服务中小企业等事务；在龙头企业实力较强的产业，或在经济发展水平比较高的时候，鼓励龙头企业承担创新的外部性、提供新产业信息，或鼓励 VC、PE 等创新金融孵化新企业。

第四，按照治理主体在产业升级中的作用大小，对于规模经济显著的产业，治理的主导力量的最佳演进路径为，从“政府”到“政府+企业”，再到“企业”；对于规模经济不显著的产业，治理的主导力量的最佳演进路径为，从“政府”到“政府+企业”，再到“政府+企业+行业协会”。在后发城市、产业发展的初期，或者规模经济不显著的产业，更多需要政府发挥主导作用；而在发达城市、产业发展的中后期，或者规模经济显著的产业，更多需要企业发挥主导作用。在中国后发城市，在产业起步阶段，无论产业规模经济是否显著，要充分发挥政府的主导作用，不仅要重视对市场主体、市场机制的培育，而且要重视招商引资、提供新产业信息、完善软硬件基础设施、补偿创新的外部性、协调物流和金融等领域发展。在产业追赶阶段，无论产业规模经济是否显著，既要重视政府在提供产业升级的各种便利、推动要素禀赋结构升级方面的重要作用，也要重视市场在要素资源优化配置、要素禀赋结构升级方面的积极作用，从而形成政府和市场共同发挥主导作用的良好态势。在产业领先阶段，对于规模经济显著的产业，政府要把更多精力聚焦在企业和行业协会无法替代的领域，如完善软硬件基础设施、协调物流和金融等领域发展，其他领域则尽可能让企业和行业协会去承担，从而让市场负责资源优化配置、要素禀赋结构升级和提供产业升级的部分便利，即发挥市场机制和企业的主导作用；对于规模经济不显著的产业，不仅政府、企业需要继续扮演重要角色，行业协会（社会机制）也要发挥服务企业、沟通政企、服务产业升级等重要作用。

第 9 章　研究结论与主要创新

9.1　主要结论

本书基于 Tang 等（2018）提出的中国省域治理质量评估指标体系，运用时序全局因子分析法确定了指标权重，计算了中国省域治理质量综合指数（2001—2019 年）；从省域排名、改善幅度、变异分析和聚类分析四个维度入手，依次分析一个综合指数（治理质量综合指数）和四个分项指数（政府能力分项指数、市场能力分项指数、法治水平分项指数和治理能力分项指数）；从结构效应、交互效应两个维度入手，分别研究不同治理结构下良好治理对经济高质量发展的影响，并采用中国省级面板数据（2001—2019 年）进行实证检验；选取深圳两个典型产业案例（服装产业和电子及通信设备制造业），研究不同规模经济产业发展的不同阶段对应的治理结构、治理行为与产业发展绩效，并尝试探讨一般性规律。主要研究结论包括以下六个方面：

一是治理质量。首先，相较于中国东部样本省级地区，中西部样本省级地区的治理质量、政府能力、市场能力、法治水平和治理能力普遍较低，中西部地区大部分样本五个治理指数的绝对改善幅度（除了中部地区样本的法治水平指数）、相对改善幅度都比较大。其次，治理质量、政府能力、法治水平的省际绝对差异均呈现先扩大、后缩小的变化趋势，市场能力、治理能力的省际绝对差异均呈现持续缩小的基本态势；治理质量、治理能力的省际相对差异越来越小且逐步消失，政府能力的省际相对差异持续缩小且始终不显著，市场能力的省际相对差异持续缩小且始终比较显著，法治水平的省际相对差异呈现先扩大、后缩小的变化趋势且逐步趋于消失。最后，中国省际治理质量、省际市场能力、省际法治水平、省际治理能力均呈现菱形分布态势，省际政府能力逐步从菱形结构转变为金字塔结构。

二是结构效应。首先，良好治理的经济高质量发展效应存在显著的结构效应。当样本省级地区治理结构为“强政府+强市场+强法治”时，其良好治理的经济高质量发展效应显著高于“弱政府+弱市场+弱法治”治理结构和其他治理结构的平均水平约 27%。当样本省级地区治理结构为“弱市场+弱政府+弱法治”时，其良好治理的经济高质量发展效应显著低于“强政府+强市场+强法治”治理结构和其他治理结构的平均水平约 13%。其次，良好治理的经济高质量发展效应的结构效应存在地区差异性。对东部样本省级地区而言，“强政府+强市场+强法治”治理结构下良好治理的经济高质量发展效应显著高于其他治理结构约 34%。对西部样本省级地区而言，“弱政府+弱市场+弱法治”治理结构下良好治理的经济高质量发展效应显著低于其他治理结构约 18%。最后，良好治理的经济高质量发展效应的结构效应存在时期差异性。2001—2007 年，“弱政府+弱市场+弱法治”治理结构下良好治理的经济高质量发展效应显著低于“强政府+强市场+强法治”治理结构和其他治理结构的平均水平约 18%。2008—2019 年，“强政府+强市场+强法治”治理结构下良好治理的经济高质量发展效应显著高于“弱政府+弱市场+弱法治”治理结构和其他治理结构的平均水平约 25%。

三是交互效应。首先，政府能力、市场能力对经济高质量发展的影响存在显著的互相强化效应。随着市场能力的提升，政府能力对经济高质量发展的正向作用增强，且比单纯政府能力的作用增强 1. 2~2. 1 倍；同时，随着政府能力的提升，市场能力对经济高质量发展的正向作用增强，且比单纯市场能力的作用增强 4. 6~5. 5 倍。其次，市场能力、法治水平对经济高质量发展的影响存在显著的互相强化效应。随着法治水平的提高，市场能力对经济高质量发展的积极作用增强，且比单纯市场能力的作用增强 4. 5~4. 9 倍；同时，随着市场能力的提升，法治水平对经济高质量发展的作用显著增强，且比单纯法治水平的作用增强 2~3. 5 倍。再次，治理能力（才）、法治水平（德）对经济高质量发展的影响存在显著的互相强化效应，德才互济会最大限度地释放良好治理的经济高质量发展效应。随着法治水平的提升，治理能力对经济高质量发展的积极作用增强，且比单纯治理能力的作用增强 1.3~1.8 倍；同时，随着治理能力的上升，法治水平对经济高质量发展的作用大幅提升，且比单纯法治水平的作用增强 1.9~2.7 倍。最后，良好治理的高质量发展效应的交互效应存在时期差异性、地区差异性，其源自治理质量的时期差异、地区差异（部分）。相较于 2001—2007 年，2008—2019 年各治理指数更高，其互相强化效应明显扩大。相较于中部地区，东部地区各治理指数更高，西部地区部分样本的各治理指数偏低，部分中部地区各治理指数的互相强化效应高于东部地区、西部地区。

四是服装产业。首先，“强政府+强市场+强社会”是深圳服装产业的最佳治理结构，“强政府”是指政府具有强大治理能力，“强市场”是指市场机制在资源配置中起基础性作用，“强社会”是指行业协会具有强大的自治能力。其次，深圳服装产业发展中的政府、市场和社会三大机制形成了互助互补的合作伙伴关系，政府、企业、行业协会三大治理主体之间的关系不是彼此取代和弱化，而是互相强化、互相增权、互相赋权。再次，充分发挥政府的“培育、监管、服务”作用，这是后发地区建立强大市场机制和社会机制的最优途径，“培育”体现在政府给予市场机制、社会机制运行的初始动力，“监管”体现在政府规范市场主体的市场行为和行业协会的日常运作，“服务”体现在政府机构为市场机制和社会机制高效发挥作用提供各种便利。复次，良好的法治是政府、市场、社会三大机制高效运行的前提条件，良好的法治不仅体现在公司法等市场机制立法，也体现在行业协会管理条例等社会机制立法，还体现在依法行政责任制等政府机制立法。最后，深圳服装产业实现了“OEM—ODM—OBM—时尚创意”的转型升级，不仅实现了“从低工艺水平到高工艺水平”的工艺改进、“从单一简单服装产品到多元化复杂时装产品”的产品升级、“从贴牌生产到自主设计加工，再到自主品牌生产”的功能延伸等产业内升级，也实现了“从单一服装产业链到多元化产业链集群、从服装制造传统产业到时尚创意现代服务业”的产业间升级。

五是电子产业。首先，深圳电子及通信设备制造业治理模式经历了“从政府主导到市场主导”的动态转变。在产业起步阶段，形成了“以政府为主导”的二元治理模式；在简单产品专业化、复杂产品专业化阶段，形成了以“政府+市场”为主导的三元治理模式；在综合解决方案专业化、引领全球产业发展阶段，形成了“以市场为主导”的三元治理模式。其次，深圳电子及通信设备制造业实现了“从追赶到引领”的华丽转型。不仅实现了“从低工艺水平到高工艺水平”的工艺升级、“从单一简单通信产品到多元化复杂通信产品”的产品升级、“从 OEM 到 ODM，再到 OBM”的功能升级等产业内升级，也实现了“从单一通信产业链到多元化产业链集群、从通信设备制造业到软件等现代服务业”的产业间升级。最后，深圳电子及通信设备制造业主导企业经历了“从三资企业到民营企业”的巨大变迁。第一阶段以“三资”企业为主导，第二阶段以“三资+民营”企业为主导，第三阶段以世界级民营高科技企业为主导。

六是一般规律。首先，城市产业治理模式包括三个方面：治理结构、治理关系、治理的主导力量，它们都与政府（政府机制）、企业（市场机制）、行业协会（社会机制）的治理能力有关。对中国城市政府而言，要实现产业升级、经济发展的重要目标，就要根据自身经济发展的实际水平，结合目标产业发展的具体阶段，必要时也要考虑产业规模经济属性，动态调整城市产业治理模式，重点是治理结构。其次，中国后发城市产业治理结构的最佳演进路径为，从“强政府+弱市场”到“强政府+强市场+弱社会”，再到“强政府+强市场+强社会”。其中，“强政府+强市场+强社会”是最佳城市产业治理结构，因为三大治理主体都最大限度地参与城市产业升级，最容易形成城市产业升级的合力。再次，在中国城市产业升级过程中，最佳的治理关系为，政府、企业、行业协会之间形成互助、互补、局部替代的合作伙伴关系，不同情景下的治理关系的侧重点不同。对中国城市政府而言，不仅要以互助关系为起点，还要以互补关系为重点，更要以替代关系为创新点。最后，对于规模经济显著的产业，治理的主导力量的最佳演进路径为，从“政府”到“政府+企业”，再到“企业”。对于规模经济不显著的产业，治理主导力量的最佳演进路径为，从“政府”到“政府+企业”，再到“政府+企业+行业协会”。

9.2 创新性成果

相较于现有国内外研究文献，本书的主要创新性成果体现在以下三个方面：

一是构建了治理结构影响中国经济高质量发展的新框架。首先，本书借鉴 SCP 分析范式（市场结构—企业行为—市场绩效），理论分析了“强政府+强市场+强法治”的治理结构影响经济高质量发展的主要路径，以及“强政府+弱市场+弱社会”“强政府+强市场+弱社会”“强政府+强市场+强社会”等治理结构下的治理行为、产业转型升级绩效，也理论分析了经济高质量发展通过“三个主体、两种方式”对治理结构的反向影响。其次，本书选用了跨年度可比的中国省域治理质量综合指数和分项指数（2001—2019 年），计量分析了良好治理的高质量发展效应的结构效应和交互效应。最后，本书选用深圳两个典型产业案例（服装产业和电子及通信设备制造业），分析了城市产业治理结构、治理行为与产业转型升级绩效，并尝试探讨城市两类产业（规模经济显著产业和规模经济不显著产业）的一般性规律。然而，现有文献更多关注良好治理的高速度经济增长效应和高质量经济发展效应，以及良好治理对经济增长质量的空间溢出效应，忽略了良好治理的高质量发展效应的结构效应和交互效应，忽略了不同规模经济产业对应的治理结构、治理行为与产业升级绩效。

二是实证研究得出了一系列新结论。第一，良好治理的经济高质量发展效应存在显著的结构效应，且其存在地区差异性和时期差异性，根源在于治理结构的地区差异性和时期差异性。第二，政府能力、市场能力、法治水平的经济高质量发展效应存在显著的两两互相强化效应，且其存在地区差异性和时期差异性，源自治理质量的时期差异和地区差异（部分）。第三，治理能力（才）、法治水平（德）对经济高质量发展的影响存在显著的互相强化效应，德才互济会最大限度地释放良好治理的经济高质量发展效应。第四，中国后发城市产业治理结构的最佳演进路径为，从“强政府+弱市场”到“强政府+强市场+弱社会”，再到“强政府+强市场+强社会”。第五，在中国城市产业升级过程中，最佳的治理关系为，政府、企业、行业协会之间形成互助、互补、局部替代的合作伙伴关系。第六，对于规模经济显著的产业，治理的主导力量的最佳演进路径为，从“政府”到“政府+企业”，再到“企业”；对于规模经济不显著的产业，治理的主导力量的最佳演进路径为，从“政府”到“政府+企业”，再到“政府+企业+行业协会”。第七，充分发挥政府的“培育、监管、服务”作用，这是后发地区建立强大市场机制和社会机制的最优途径。

三是采用了新样本、计算了新分项指数。首先，本书选用中国加入 WTO 以来的最新面板数据（2001—2019 年），构建跨年度可比的省域治理质量综合指数，以及政府能力、市场能力和法治水平三个分项指数。其次，本书首次合成了治理能力分项指数，并从省域排名、改善幅度、变异水平和聚类分析四个方面入手，实证分析了中国省域治理能力的动态演进特征，进一步丰富了现有实证分析文献。然而，现有中国省域治理评估文献较少，有的关注单维治理评估，如治理产出、权力横向配置；有的关注二维治理评估，如“治理能力+权力约束”；有的关注多维治理评估，如“治理能力+权力约束+治理产出”；忽略了最新样本数据的分析，也忽略了治理能力分项指数。

9.3　研究展望

关于治理结构对经济高质量发展的影响研究，本书进行了一些积极探索和思考，受限于笔者知识水平和时间约束，本书尚存在一些局限性，还有一些议题需要深入研究，主要包括以下三个方面：

一是主要研究内容。本书虽引入了 SCP 分析范式，但计量分析主要关注治理结构对经济发展绩效的影响；根据理论分析结论，治理结构会影响治理行为，治理行为会影响经济发展绩效，故未来可以尝试选择合适的治理行为指标，分别对上述两个路径进行计量检验。此外，虽然两个典型产业案例完整覆盖了 SCP 分析范式，但仅限于案例分析，未来可以探索进行产业层面的计量分析。

二是经济发展指标。本书选取的经济高质量发展指标仅限于单个指标，如劳动生产率（效率性指标）、人均实际 GDP（强盛性指标）、单位 GDP 能耗（资源性指标）、单位 GDP 废水排放量（环境性指标）、高新技术创收度[①]（创新性指标）等，未来可以考虑构建经济高质量发展的指标体系，测算经济高质量发展的综合指数及分项指数，以此进行计量分析。

三是研究样本选取。本书计量分析选取的研究样本仅限于省级面板数据，考虑我国城市数量众多，远超过省级地区的数量，故未来可以考虑选取城市层面的面板数据，开展大样本的城市大数据分析；此外，本书城市层面仅关注深圳的典型产业案例分析，未来可以纳入多个城市案例，考虑深圳与其他城市产业发展案例的横向比较研究。

---

① 高新技术创收度=高技术产业主营业务收入/地区生产总值。

参考文献

[1] Acemoglu D, Antras P, Helpman E. Contracts and Technology Adoption [J]. American Economic Review, 2007, 97 (3): 916-943.

[2] Adedokun A J. Foreign Aid, Governance and Economic Growth in Sub-Saharan Africa: Does One Cap Fit All? [J]. African Development Review, 2017, 29 (2): 184-196.

[3] Aitken B J, Harrison A E. Do Domestic Firms Benefit from Direct Foreign Investment? Evidence from Venezuela [J]. Journal of Economic Literature, 1999 (3): 89.

[4] Bae Y J. Global Value Chains, Industry Structure, and Technology Upgrading of Local Firms: The Personal Computer Industry in Korea and Taiwan During the 1980s [J]. Asian Journal of Technology Innovation, 2011, 19 (2): 249-262.

[5] Bair J. Frontiers of Commodity Chain Research [M]. Stanford: Stanford University Press, 2009.

[6] Bair J, Gereffi G. Local Clusters in Global Chains: The Causes and Consequences of the Export Dynamism in Torreon's Blue Jeans Industry [J]. World Development, 2001, 29 (11): 1885-1903.

[7] Bellone F, Musso P, Nesta L, et al. Financial Constraints and Firm Export Behaviour [J]. World Economy, 2010, 33 (3): 347-373.

[8] Binh K B, Park S Y, Shin B S. Financial Structure Dose Matter for Industrial Growth: Direct Evidence from OECD Countries [J]. Global Economic Review, 2006 (11): 16-21.

[9] BIS/k///NP. Urn. Going for Growth: Our Future Prosperity [J]. Part Ⅱ, 2010.

[10] Bontis N. National Intellectual Capital Index: A United Nations Initiative for the Arab Region [J]. Journal of Intellectual Capital, 2004, 5 (1): 13-39.

[11] Bovaird T, Loeffler E. Evaluating the Quality of Public Governance: Indicators, Models and Methodologies [J]. International Review of Administrative Science, 2003, 69 (3): 313-

328.

[12] Chan R C K, Shimou Y. New Trends in Urban and Regional Governance in the Pearl River Delta Region. Paper presented at the 10th Asian Urbanization Conference, 16-19 August 2009. Centre for Urban Studies and Urban Planning. The University of Hong Kong, 2009.

[13] Cruz N F D, Rui C M, Cruz N F D, et al. An Application of a Multicriteria Model to Assess the Quality of Local Governance [J]. Urban Affairs Review, 2017.

[14] De Langen P W. Clustering and Performance: The Case of Maritime Clustering in the Netherlands [J]. Maritime Policy and Management, 2002, 29 (3): 209-221.

[15] De Langen P W. The Performance of Seaport Clusters: A Framework to Analyze Cluster Performance and an Application to the Seaport Clusters of Durban, Rotterdam and the Lower Mississippi [D]. Rotterdam: Erasmus University, 2003: 191-219.

[16] Dias S, Ryals L. Options Theory and Options Thinking in Valuing Returns on Brand Investments and Brand Extensions [J]. Journal of Product Brand Management, 2002, 11 (2): 115-128.

[17] Di Gaetano A, Strom E. Comparative Urban Governance: An Integrated Approach [J]. Urban Affairs Review, 2003, 38 (3): 356-395.

[18] Doner R F, Intarakumnerd P, Ritchie B K. University-Industry Linkages in Thailand: Sources of Weakness in Economic Upgrading [J]. Science, Technology & Society, 2013, 18 (2): 213-229.

[19] Dunn E, Sebstad J, Batzdorff L, et al. Lessons Learned on MSE Upgrading in Value Chains: A Synthesis Paper. Microreport #71. Washington, DC: USAID. 2006.

[20] Faguet J P. Decentralization and Governance [J]. World Development, 2014, 53 (1): 2-13.

[21] Feenstra R C, Li Z, Yu M. Exports and Credit Constraints under Incomplete Information: Theory and Evidence from China [R]. NBER Working Paper, 2011: 16940.

[22] Fuentes A. A Vocation for Industrial Transformation: Ideology, Organizational Isomorphism, and Upgrading in the Guatemalan Sugar Industry [J]. Studies in Comparative International Development, 2013, 49 (3): 370-401.

[23] Fukuyama F. What is Governance? [J]. Governance: An International Journal of Policy, Administration, and Institutions, 2013, 26 (3): 347-368.

[24] Garud R, Karnoe P. Path Creation se a Process of Mindful Deviation [A] // Garud

R, Karnoe P. Path Dependence and Creation [C]. NJ: Lawrence Erlbaum Associates, 2001: 1-38.

[25] Gereffi G, Humphrey J, Sturgeon T. The Governance of Global Value Chains [J]. Review of International Political Economy, 2005, 12 (1): 78-104.

[26] Gereffi G. International Trade and Industrial Upgrading in the Apparel Commodity Chain [J]. Journal of International Economics, 1999, 48 (1): 37-70.

[27] Gereffi G, Korzeniewicz M. Commodity Chains and Global Capitalism [M]. London: Praeger, 1994.

[28] Gereffi G, Mayer F W. The New Offshoring of Jobs and Global Development [M]. Geneva: International Labor Office Edition, 2007.

[29] Gereffi G, Memedovic O. The Global Apparel Value Chain: What Prospects for Upgrading by Developing Countries [M]. Vienna: United Nations Industrial Development Organization, 2003.

[30] Giuliani E, Pietrobelli C, Rabellotti R. Upgrading in Global Value Chains: Lessons from Latin American Clusters [J]. World Development, 2005, 33 (4): 549-573.

[31] Guarneros-Meza V. Mexican Urban Governance: How Old and New Institutions Coexist and Interact [J]. International Journal of Urban and Regional Research, 2009, 33 (2): 463-482.

[32] Harrison A E, Rodriguez-Clare A. Trade, Foreign Investment, and Industrial Policy [J]. Handbook of Development Economics, 2010, 5 (15261): 4039-4214.

[33] Haus M, Klausen J E. Urban Leadership and Community Involvement: Ingredients for Good Governance? [J]. Urban Affairs Review, 2011 (2): 1-24.

[34] Hendriks F. Understanding Good Urban Governance: Essentials, Shifts, and Values [J]. Urban Affairs Review, 2014, 50 (4): 553-576.

[35] Humphrey J, Schmitz H. Governance and Upgrading: Linking Industrial Cluster and Global Value Chain Research [R]. Brighton: Institute of Development Studies, 2000: 120.

[36] Humphrey J, Schmitz H. Governance in Global Value Chains [A] // Schmitz H. Local Enterprises in the Global Economy: Issues of Governance and Upgrading [C]. Cheltenham, UK: Edward Elgar, 2004b: 95-109.

[37] Hussain M, Haque M. Impact of Economic Freedom on the Growth Rate: A Panel Data Analysis [J]. Economies, 2016, 4 (2): 1-15.

[38] Ishida M, Machikita T, Ueki Y. How Export and Import Platforms Drive Industry Up-

grading: Five Facts about Emerging Multinationals from Southeast Asia [J]. Asian Journal of Technology Innovation, 2013, 21 (1): 4-24.

[39] Jantti M, Vartiainen J. The Finnish Developmental State and its Growth Regime [R]. WIDER Working Paper Series, 2009.

[40] Jessop B. The Rise of Governance and the Risk of Failure: Economic Development as an Example [J]. International Social Science Journal (Chinese Edition), 1999 (1): 31-48.

[41] José Antonio Puppim de Oliveira. 3-Gestão dos Recursos Comuns [J]. Empresas Na Sociedade, 2013, 219 (2): 23-31.

[42] Zheng Jie Jane, et al. Urban Governance and "Creative Industry Clusters" in Shanghai's Urban Development [D]. 香港：香港大学, 2009.

[43] Ju, Lin J Y, Wang Y. Endowment Structures, Industrial Dynamics and Economic Growth [R] . Policy Research Working Paper No. 5055. Washington, DC: World Bank, 2009.

[44] Kaplinsky R, Morris M. A Handbook for Value Chain Research [R]. Ottowa: International Development Research Centre (IDRC), 2001.

[45] Kaplinsky R, Morris M, Readman J. The Globalisation of Product Markets and Immiserising Growth: Lessons from the South African Furniture Industry [J]. World Development, 2002, 30 (7): 1159-1177.

[46] Kaplinsky R, Readman J. Globalization and Upgrading: What Can (and cannot) be Learnt from International Trade Statistics in the Wood Furniture Sector? [J]. Industrial & Corporate Change, 2005 (4): 679-703.

[47] Kaufmann D, Kraay A, Mastruzzi M. Growth and Governance: A Reply [J]. Journal of Politics, 2007 (4): 1-21.

[48] Kaufmann D, Leautier F, Mastruzzi M. Governance and the City: An Empirical Exploration into Global Determinants of Urban Performance [J]. Social Science Electronic Publishing, 2004: 1-46.

[49] Khessina O, Carrloll G. Product Demography of Denovo and De alio Firms in the Optical Disk Drive Industry, 1983-1999 [J]. Organization Scinence, 2008 (19): 25-38.

[50] Knorringa P. Artisan Labour in the Agra Footwear Industry: Continued Informality and Changing Threats [J]. Contributions to Indian Sociology, 1999, 33 (1-2): 303-328.

[51] Kokx J M C, Kempen R V. Dutch Urban Governance: Multi-level or Multi-Scalar? [J]. European Urban and Regional Studies, 2010, 17 (4): 355-369.

[52] Kurtz M J, Schrank A. Growth and Governance: Models, Measures, and Mechanisms [J]. Journal of Politics, 2007, 69 (2): 538-554.

[53] Kurtz M J, Schrank A. Growth and Governance: Models, Measures, and Mechanisms [J]. Journal of Politics, 2007, 69 (2): 538-554.

[54] Lange D, Boivie S, Henderson A. The Parenting Paradox Paradox: How Multibusiness Diversifiers Endorse Disruptive Technologies While Their Corporate Children Struggle [J]. Academy of Management Journal, 2009 (52): 179-198.

[55] Leung H L. Crows All Over the World [J]. City Planning Review, 2007, 31 (4): 65-70.

[56] Lewis Arthur W. The Theory of Economic Growth [M]. London: George Allen & Unwin, 1955.

[57] Li Bingqiang, Wang Chengbin. Influencing Factors and Motivations for Transformation and Upgrading of Manufacturing: Based on Questionaire at Zhejiang, China [J]. Transformations in Business & Economics, 2015, 14 (2): 177-190.

[58] Lin J Y, Chang H. DPR Debate: Should Industrial Policy in Developing Countries Conform to Comparative Advantage or Defy it? [J]. Development Policy Review, 2009, 27 (5): 483-502.

[59] Lin J Y, Chang H-J. DPR Debate: Should Industrial Policy in Developing Countries Conform to Comparative Advantage or Defy It? [J]. Development Policy Review, 2009, 27 (5): 483-502.

[60] Lin J Y. Economic Development and Transition: Thought, Strategy, and Viability [M]. Cambridge: Cambridge University Press, 2009.

[61] Lin J Y. Economic Development and Transition: Thought, Strategy and Viability [M]. Cambridge: Cambridge University Press, 2009.

[62] Lin J Y, Fang C, Zhou L. The Lessons of China's Transition to a Market Economy [J]. Cato Journal, 1996, 16 (2): 201-231.

[63] Lin J Y, Monga C. DPR Debate: Growth Identification and Facilitation: The Role of the State in the Dynamics of Structural Change [J]. Development Policy Review, 2011, 29 (3): 259-310.

[64] Lin J Y. New Structural Economics: A Framework for Rethinking Development [J]. Policy Research Working Paper Series, 2011, 51 (3): 323-326.

[65] Liu J, Tang J, Wang D, et al. Governance: Origin, Connotation and Application [A] // 2016 5th EEM International Conference on Education Science and Social Science (EEM-ESSS 2016) [C]. Sydney: Information Engineering Research Institute, 2016 (93): 228-231.

[66] Liu J, Tang J, Zhou B. et al. The Effect of Governance Quality on Economic Growth: Based on China's Provincial Panel Data [J]. Economies, 2018, 6 (4): 56.

[67] Lizbeth Navas-Aleman. The Impact of Operating in Multiple Value Chains for Upgrading: The Case of the Brazilian Furniture and Footwear Industries [J]. World Development, 2011, 39 (8): 1386-1397.

[68] Malipiero A, Munari F, Sobrero M. Focal Firms as Technological Gatekeepers with in Industrial Districts: Knowledge Creation and Dissemination in the Italian Packaging Machinery Industry [A] // Paper Presented to the DRUID Winter Conference [C]. 2005: 23-41.

[69] Morris M, Staritz C. Industrialization Trajectories in Madagascar's Export Apparel Industry: Ownership, Embeddedness, Markets, and Upgrading [J]. World Development, 2014 (56): 243-257.

[70] Murphy J T. The Challenge of Upgrading in African Industries: Socio-Spatial Factors and the Urban Environment in Mwanza, Tanzania [J]. World Development, 2007, 35 (10): 1754-1778.

[71] Murrell P, Olson M. The Devolution of Centrally Planned Economies [J]. Journal of Comparative Economics, 1991, 15 (15): 239-265.

[72] Nielsen I, Nyland C, Smyth R, et al. Marketization and Perceptions of Social Protection in China's Cities [J]. World Development, 2005, 33 (11): 1759-1781.

[73] Nunn N. Relationship-Specificity, Incomplete Contracts, and the Pattern of Trade [J]. Quarterly Journal of Economics, 2007, 122 (2): 569-600.

[74] Olson M, Sarna N, Swamy A V. Governance and Growth: A Simple Hypothesis Explaining Cross-Country Differences in Productivity Growth [J]. Public Choice, 2000, 102 (3-4): 341-364.

[75] Pavlinek P, Zenka J. Upgrading in the Automotive Industry: Firm-Level Evidence from Central Europe [J]. Journal of Economic Geography, 2010: 1-28.

[76] Peighambari A, Hennemann S, Liefner I. Success Factors for Upgrading and Innovation in the Electronics Industry: An Analysis of Private Small and Medium-sized Enterprises in the Pearl River Delta [J]. International Journal of Technology Management, 2014, 65 (5):

49-69.

[77] Pierre, Jon. Models of Urban Governance: The Institutional Dimension of Urban Politics [J]. Urban Affairs Review, 1999, 34 (3): 372-396.

[78] Pietrobelli C, Rabellott R. Upgrading in Clusters and Value Chains in Latin America: The Role of Policies [A] // Inter-American Development Bank. Sustainable Development Department Best Practices Series [C]. 2004: 54-70.

[79] Qiao Peng-hua, Fung Hung-Gay, Ju Xiao-feng. Industry Association Networks, Innovations, and Firm Performance in Chinese Small and Medium-Sized Enterprises [J]. China Economic Review, 2014 (29): 213-228.

[80] Reardon T, Berdegue J A. The Rapid Rise of Supermarkets in Latin America: Challenges and Opportunities for Development [J]. Development Policy Review, 2002, 20 (4): 317-334.

[81] Romanczyk, Katarzyna M. Towards Urban Governance: Twenty Years of Neighbourhood Contracts in the Brussels-Capital Region [J]. Cities, 2015 (44): 1-8.

[82] Rosenstein-Rodan P N. Problems of Industrialisation of Eastern and South-Eastern Europe [J]. The Economic Journal, 1943, 111 (210-211): 202-211.

[83] Rotberg R I. Good Governance Means Performance and Results [J]. Governance: An International Journal of Policy, Administration, and Institutions, 2014, 27 (3): 511-518.

[84] Schmitz H. Global Competition and Local Cooperation: Success and Failure in the Sinos Valley, Brazil [J]. World Development, 1999, 27 (9): 1627-1650.

[85] Schoon S, Schröder F. Maturing Governance Over Time: Groping for Economic Upgrading in Guangzhou's Zhongda Cloth Market [A] // Uwe Altrock and Sonia Schoon. Maturing Megacities: The Pearl River Delta in Progressive Transformation [C]. Kassel, Germany: Springer, 2014: 141-161.

[86] Schroder F, Waibei M. Urban Governance of Economic Upgrading Processes in China: The Case of Guangzhou Science City [J]. Internationales Asienforum, 2010, 41 (1-2): 57-82.

[87] Schuppert G F. Governance Reflected in Political Science and Jurisprudence [A] // Dorothea J. New Forms of Governance in Research Organizations [C]. Speyer: Springer, 2007: 3-29.

[88] Seldadyo H, Elhorst J P, Haan J D. Geography and Governance: Does Space Matter? [J]. Papers in Regional Science, 2010, 89 (3): 625-640.

[89] Seldadyo H, Nugroho E P, Haan J D. Governance and Growth Revisited [J]. Kyklos,

2007, 60 (2): 279-290.

[90] Sen A K, Hirschman A O, Brand W, et al. The Strategy of Economic Development [J]. The Economic Journal, 1960, 70 (279): 590.

[91] Shenjing H, Fulong W. Property-Led Redevelopment in Post-Reform China: A Case Study of Xintiandi Redevelopment Project in Shanghai [J]. Journal of Urban Affairs, 2005, 27 (1): 1-23.

[92] Simms C D, Trott P. Barriers to the Upgrade Cycle in a Commodity Process Industry: Evidence from the UK Packaging Industry [J]. R&D Management, 2014, 44 (2): 152-170.

[93] Simon R. Cultural Quarters: Principles and Practice [M]. Bristol: Intellect, 2006.

[94] Skarp F, Gadde L E. Problem Solving in the Upgrading of Product Offerings: A Case Study From the Steel Industry [J]. Industrial Marketing Management, 2008, 37 (6): 725-737.

[95] Tang J, Liu J, Wang D, et al. Assessment System and Empirical Study on China's Local Governance Quality [J]. International Journal of Sustainable Development and Planning, 2018, 13 (5): 773-789.

[96] Tasan-kok T. Entrepreneurial Governance: Challenges of Large-scale Property-Led Urban Regeneration Projects [J]. Tijdschrift voor Economische en Sociale Geografie, 2010, 101 (2): 126-149.

[97] Vind I. Transnational Companies as a Source of Skill Upgrading: The Electronics Industry in Ho Chi Minh City [J]. Geoforum, 2008, 39 (3): 1480-1493.

[98] Ward H, Dorussen H. Public Information and Performance: The Role of Spatial Dependence in the Worldwide Governance Indicators among African Countries [J]. World Development, 2015 (74): 253-263.

[99] Xing S, Weidong H. How to Break Through the "Cascade Effect" to Realize the Industrial Structure Optimization-Based on the Consideration of Huawei's Binary Interaction Mode of Industry Upgrading [A] //Advances in Intelligent Systems Research [C]. Paris: Atlantis Press, 2014: 185-189.

[100] Yimei Yin, Zhigao Liu, Michael Dunford, et al. The 798 Art District: Multi-Scalar Drivers of Land use Succession and Industrial Restructuring in Beijing [J]. Habitat International, 2015 (46): 147-155.

[101] Yu Jiang, Peng Xin-min, Wu Dong. Tie Diversity, Ambidexterity and Upgrading of the Latecomer Firm in Global Production Networks Evidence from China's Plastic Equipment Indus-

try [J]. Chinese Management Studies, 2013, 7 (2): 310-327.

[102] Zhang Kevin Honglin. What Drives Export Competitiveness? The Role of FDI in Chinese Manufacturing [J]. Contemporary Economic Policy, 2015, 33 (3): 499-512.

[103] Zhiqiang Zhuang. Gaming and Decision-Making: Urbanized Village Redevelopment in Guangzhou [A] // Uwe Altrock and Sonia Schoon. Maturing Megacities: The Pearl River Delta in Progressive Transformation [C]. Kassel, Germany: Springer, 2014: 221-245.

[104] Zielke P, Waibel M. Comparative Urban Governance of Developing Creative Spaces in China [J]. Habitat International, 2014 (41): 99-107.

[105] 安苑，王珺. 财政行为波动影响产业结构升级了吗？——基于产业技术复杂度的考察 [J]. 管理世界，2012 (9): 19-35.

[106] 安苑，王珺. 地方政府财政行为周期性、产业成长与结构失衡:基于产业外部融资依赖度的分析 [J]. 财经研究，2014, 40 (11): 29-43.

[107] 钞小静，薛志欣. 新时代中国经济高质量发展的理论逻辑与实践机制 [J]. 西北大学学报（哲学社会科学版），2018, 48 (6): 12-22.

[108] 陈超凡，王赟. 垂直专业化与中国装备制造业产业升级困境 [J]. 科学学研究，2015, 33 (8): 1183-1192.

[109] 陈娟. 复合治理：城市公共事务治理的路径创新——以杭州"社会复合主体"实践为视角 [J]. 中共浙江省委党校学报，2011, 27 (4): 70-76.

[110] 陈玲，薛澜. 中国高技术产业在国际分工中的地位及产业升级：以集成电路产业为例 [J]. 中国软科学，2010 (6): 36-46.

[111] 陈明森，陈爱贞，张文刚. 升级预期、决策偏好与产业垂直升级:基于我国制造业上市公司实证分析 [J]. 中国工业经济，2012 (2): 26-36.

[112] 陈诗一，陈登科. 雾霾污染、政府治理与经济高质量发展 [J]. 经济研究，2018 (2): 20-34.

[113] 陈时兴. 中国产业结构升级与金融发展关系的实证研究 [J]. 中国软科学，2011 (S2): 72-78.

[114] 陈文华，刘善庆. 地方政府治理产业集群的理论解释和路径分析 [J]. 南昌航空大学学报，2008, 10 (2): 33-39.

[115] 陈志勇，卓越. 治理评估的三维坐标：体系、能力与现代化 [J]. 中国行政管理，2015 (4): 79-84.

[116] 丁继红，年艳. 经济增长与环境污染关系剖析：以江苏省为例 [J]. 南开经济

研究，2010（2）：64-79.

［117］丁志国，赵宣凯，苏治．中国经济增长的核心动力：基于资源配置效率的产业升级方向与路径选择［J］. 中国工业经济，2012（9）：18-30.

［118］董直庆，王林辉，李富强．政府治理结构和中国经济增长关联性检验：1978—2006［J］. 学习与探索，2009（4）：123-126.

［119］杜强，贾丽艳，严先锋．SPSS 统计分析：从入门到精通（第 2 版）［M］. 北京：人民邮电出版社，2014.

［120］樊纲，王小鲁，张立文，等．中国各地区市场化相对进程报告［J］. 经济研究，2003（3）：9-18.

［121］范巧，郭爱君．从“复合行政”到“复合治理”：区域经济一体化与行政区经济矛盾解决的新视角［J］. 南方经济，2009（6）：61-69.

［122］付诚，王一．政府与市场的双向增权：社会化养老服务的合作逻辑［J］. 吉林大学社会科学学报，2010，50（5）：24-29.

［123］高波，陈健，邹琳华．区域房价差异、劳动力流动与产业升级［J］. 经济研究，2012，47（1）：66-79.

［124］顾朝林．论城市管治研究［J］. 城市规划，2000（9）：7-10.

［125］顾金喜．城市社会复合治理体系建设研究：以杭州市上城区为例［J］. 浙江社会科学，2015（3）：70-76.

［126］郭亚军，易平涛．线性无量纲化方法的性质分析［J］. 统计研究，2008，25（2）：93-100.

［127］国家开发银行·中国人民大学联合课题组．开发性金融论纲［M］. 北京：中国人民大学出版社，2006.

［128］韩宇．独特的创新型城市发展道路：美国奥斯汀和北卡研究三角地区高技术转型研究［J］. 世界历史，2009（2）：14-24，158.

［129］何平，蒋玉珉．新制度学派的“国家悖论”学说及其现实意义［J］. 经济学动态，2003（8）：60-63.

［130］洪名勇，施国庆．制度结构与经济增长论［J］. 重庆社会科学，2006（8）：7-11.

［131］洪名勇．制度经济学［M］. 北京：中国经济出版社，2012.

［132］侯世英，宋良荣．财政分权、地方政府行为与经济高质量发展［J］. 经济问题探索，2020（3）：33-44.

［133］胡国恒．制度红利、能力构建与产业升级中“低端锁定”的破解［J］. 河南师

范大学学报（哲学社会科学版），2013（1）：144-148.

［134］胡嘉莉．深电子业开拓海外市场［N］．中华工商时报，2004-02-17.

［135］黄建忠．百强舞春风　商海写春秋：1996 年中国电子百强企业［J］．电子产品世界，1996：76.

［136］贾根良，刘书瀚．生产性服务业：构建中国制造业国家价值链的关键［J］．学术月刊，2012（12）：60-67.

［137］贾明琪，朱亚宁，辛江龙，等．技术创新与政府采购关系实证研究：基于开放性视角［J］．科技进步与对策，2014，31（20）：7-12.

［138］金碚．关于“高质量发展”的经济学研究［J］．中国工业经济，2018（4）：5-18.

［139］靳涛，陶新宇．中国持续经济增长的阶段性动力解析与比较［J］．数量经济技术经济研究，2015（11）：74-89.

［140］李飞跃，张冬，刘明兴．实际政治权力结构与地方经济增长：中国革命战争的长期影响［J］．经济研究，2014，49（12）：45-59.

［141］李奋生，梅大海．企业技术学习中的政府行为优化研究［J］．科研管理，2015，36（1）：151-156.

［142］李航．突飞猛进的深圳电子工业［J］．中国对外贸易，1995（1）：15.

［143］李辉．我国高质量发展中产品质量的内涵、评价及提升路径［J］．黑龙江社会科学，2018（4）：37-41.

［144］李平原．浅析奥斯特罗姆多中心治理理论的适用性及其局限性：基于政府、市场与社会多元共治的视角［J］．学习论坛，2014，30（5）：50-53.

［145］李书昊．新时代中国经济发展方式转变的测度研究［J］．经济学家，2019（1）：53-61.

［146］李邃，江可申．高技术产业科技能力与产业结构优化升级［J］．科研管理，2011，32（2）：44-51.

［147］李伟．高质量发展的六大内涵［J］．中国林业产业，2018（Z1）：50-51.

［148］李伟庆，聂献忠．产业升级与自主创新：机理分析与实证研究［J］．科学学研究，2015，33（7）：1008-1016.

［149］李文梅，韩蓄，陈舒．城市群型国家自主创新示范区科技创新与经济高质量发展测度研究：以福厦泉国家自主创新示范区为例［J］．科技管理研究，2022，42（23）：1-10.

［150］李战杰．专业化劳动力、经济增长与产业升级［D］．天津：南开大学，2011.

［151］梁树广．产业结构升级影响因素作用机理研究［J］．商业研究，2014（7）：26-33.

［152］林毅夫．经济发展与转型：思潮、战略与自生能力［M］．北京：北京大学出版社，2008.

［153］林毅夫．新结构经济学：反思经济发展与政策的理论框架（增订版）［M］．苏剑译．北京：北京大学出版社，2014.

［154］林毅夫．新结构经济学文集［M］．上海：上海人民出版社，2012.

［155］刘惠敏．长江三角洲城市群综合承载力的时空分异研究［J］．中国软科学，2011（10）：114-122.

［156］刘建党，戴欣．治理质量、交互效应与经济高质量发展：基于中国省域面板数据的实证分析［J］．经济问题探索，2023（6）：24-38.

［157］刘建党，唐杰，白燕飞．中国省域治理对经济高质量发展的影响研究［J］．中国发展，2020，20（1）：72-81.

［158］刘建党，唐杰，王东．治理质量评估的比较研究：一个文献综述［J］．大连海事大学学报（社科版），2018（3）：59-65.

［159］刘建党，唐杰．中国省域治理质量与经济增长方式转型［M］．北京：中国经济出版社，2019.

［160］刘建党，唐杰，周博．治理质量、空间溢出与经济高质量发展：基于中国省域面板数据的实证分析［J］．经济社会体制比较，2020（5）：157-169.

［161］刘建党．治理质量对中国省域经济增长的影响研究［D］．哈尔滨：哈尔滨工业大学，2019：15-77.

［162］刘磊．国际垂直专业化分工与中国制造业产业升级：基于 16 个行业净附加值比重的分析［J］．经济经纬，2014（2）：63-67.

［163］刘林青，谭力文，马海燕．二维治理与产业国际竞争力的培育：全球价值链背景下的战略思考［J］．南开管理评论，2010，13（6）：59-67.

［164］刘绵柳．把青春留驻企业［N］．广东科技报，2005-03-22（20）.

［165］刘明兴，张冬，钱滔，等．地方政府的非正式权力结构及其经济影响［J］．社会学研究，2013，28（5）：26-52.

［166］刘明洋．科技创新、产业结构升级与经济高质量发展：基于长江经济带 108 个城市样本［J］．哈尔滨工业大学学报（社会科学版），2023，25（5）：151-160.

［167］刘萍．转型升级的典范［J］．纺织服装周刊，2010，7（26）：17-19.

［168］刘文革，何斐然．中国经济高质量发展的指标体系构建及国际比较研究［J］．经济问题探索，2023（9）：15-33.

［169］刘奕. 创意产业与制造业融合发展：产业升级的重要途径［J］. 中国经贸导刊，2011（8）：22-24.

［170］刘战红. 深圳服装产业积极谋变探新路［N］. 中华工商时报，2013-08-19（6）.

［171］刘志彪. 理解高质量发展：基本特征、支撑要素与当前重点问题［J］. 学术月刊，2018，50（7）：39-45.

［172］陆立军，于斌斌. 传统产业与战略性新兴产业的融合演化及政府行为：理论与实证［J］. 中国软科学，2012（5）：28-39.

［173］罗必良，王玉蓉. 农业经济组织的制度结构与经济绩效：一个理论框架及其应用分析［J］. 农业经济问题，1999（6）：11-15.

［174］罗茜，柏鑫. 中国加工贸易产业升级影响因素实证研究［J］. 对外经贸，2012（1）：27-28.

［175］罗西瑙. 没有政府统治的治理［M］. 英国剑桥市：剑桥大学出版社，1995.

［176］马海龙. 区域治理：一个概念性框架［J］. 理论月刊，2007（11）：73-76.

［177］马茹，罗晖，王宏伟，等. 中国区域经济高质量发展评价指标体系及测度研究［J］. 中国软科学，2019（7）：60-67.

［178］曼瑟尔·奥尔森. 集体行动的逻辑［M］. 陈郁，等，译. 上海：上海人民出版社，1995.

［179］［美］弗朗西斯·福山. 政治秩序与政治衰败：从工业革命到民主全球化［M］. 桂林：广西师范大学出版社，2015.

［180］乔峰，姚俭. 时序全局主成分分析在经济发展动态描绘中的应用［J］. 数理统计与管理，2003，22（2）：1-5.

［181］青木昌彦. 政府在经济发展中的作用：《政府在东亚经济发展中的作用：比较制度分析》中文版前言［J］. 改革，1997（5）：3.

［182］曲建忠，吴宗杰. 山东省加工贸易转型升级绩效的定量评价［J］. 华东经济管理，2013，27（11）：30-33.

［183］屈群苹. 复合治理视域下的城市社区养老服务供给［J］. 中南大学学报（社会科学版），2015，21（5）：105-110.

［184］让-彼埃尔·戈丹. 现代的治理，昨天和今天：借重法国政府政策得以明确的几点认识［J］. 国际社会科学杂志（中文版），1999（1）：49-58.

［185］任保平. 新时代高质量发展的政治经济学理论逻辑及其现实性［J］. 人文杂志，2018（2）：26-34.

［186］阮建青，张晓波，卫龙宝．危机与制造业产业集群的质量升级：基于浙江产业集群的研究［J］．管理世界，2010（2）：69-79.

［187］邵传林．中国式分权、市场化进程与经济增长［J］．统计研究，2016，33（3）：63-71.

［188］深圳市史志办公室．深圳改革开放纪事 1978—2009［M］．深圳：海天出版社，2009.

［189］沈荣华．提升地方政府治理能力的三重逻辑［J］．中共福建省委党校学报，2015（1）：12-19.

［190］师博，任保平．中国省际经济高质量发展的测度与分析［J］．经济问题，2018（4）：1-6.

［191］师博，张冰瑶．新时代、新动能、新经济：当前中国经济高质量发展解析［J］．上海经济研究，2018（5）：25-33.

［192］史丹，李鹏．我国经济高质量发展测度与国际比较［J］．东南学术，2019（5）：169-180.

［193］宋美喆．财政分权，垂直财政不平衡与经济高质量发展［J］．西安财经大学学报，2021，34（3）：53-61.

［194］宋耘，姚凤，唐秋粮．网络能力对企业产品升级影响的实证研究［J］．学术研究，2013（9）：66-73.

［195］孙军．地区市场潜能、出口开放与我国工业集聚效应研究［J］．数量经济技术经济研究，2009，26（7）：47-60.

［196］孙叶飞，夏青，周敏．新型城镇化发展与产业结构变迁的经济增长效应［J］．数量经济技术经济研究，2016（11）：23-40.

［197］孙早，席建成．中国式产业政策的实施效果：产业升级还是短期经济增长［J］．中国工业经济，2015（7）：52-67.

［198］唐杰，刘建党，梁植军．治理质量对中国省域经济增长的影响研究：高速度增长与高质量发展［J］．经济社会体制比较，2019（3）：16-28.

［199］陶建钟．复合治理下的国家主导与社会自主：社会管理及其制度创新［J］．浙江学刊，2014（1）：40-47.

［200］陶庆．协商民主中相互赋权的和谐社会：以深圳市福街商家草根组织为例［J］．济南大学学报，2006，16（1）：1-9.

［201］涂颖清．全球价值链下我国制造业升级的影响因素分析［J］．重庆科技学院学

报（社会科学版），2011（13）：72-73.

［202］王东，刘建党．产业转型升级中的城市治理模式研究：以深圳服装产业为例［M］．北京：中国软科学杂志社，2015.

［203］王红领，李稻葵，冯俊新．FDI 与自主研发：基于行业数据的经验研究［J］．经济研究，2006（2）：44-56.

［204］王洁．制度激励视阈下的产业升级、区域经济发展与企业价值提升［J］．中国人口·资源与环境，2014，24（3）：161-168.

［205］王思薇，陈西坤．中国区域经济高质量发展水平测度、空间分布及动态演进［J］．统计与决策，2023，39（21）：90-96.

［206］王小鲁，樊纲，余静文．中国分省份市场化指数报告（2016）［M］．北京：社会科学文献出版社，2017.

［207］王宇，干春晖，汪伟．产业结构演进的需求动因分析：基于非竞争投入产出模型的研究［J］．财经研究，2013（10）：60-75.

［208］韦东明，顾乃华，刘育杰．雾霾治理、地方政府行为和绿色经济高质量发展：来自中国县域的证据［J］．经济科学，2022（4）：64-77.

［209］魏敏，李书昊．新时代中国经济高质量发展水平的测度研究［J］．数量经济技术经济研究，2018，35（11）：3-20.

［210］吴德群．中韩无线通讯技术交流研发中心落户深圳［N］．深圳特区报，2011-01-06（A15）.

［211］吴明隆．结构方程模型：Amos 实务进阶［M］．重庆：重庆大学出版社，2013.

［212］吴云勇，王炳峰．财政分权、金融分权与经济高质量发展［J］．金融与经济，2021（10）：40-46.

［213］谢威，赵嵩正，徐林．商业银行信息科技风险评价指标筛选研究［J］．金融论坛，2013，18（9）：68-74.

［214］谢媛．当代西方国家城市治理研究［J］．上海经济研究，2010（4）：82-89.

［215］徐德云．产业结构升级形态决定、测度的一个理论解释及验证［J］．财政研究，2008（1）：46-49.

［216］徐静．城市治理研究的最新进展及一般分析框架［J］．珠江经济，2008（5）：4-13.

［217］徐晓新，张利华．基于复合治理视角的区域一体化协调机制构建：以甘肃酒泉嘉峪一体化为例［J］．中国软科学，2011（11）：100-107.

［218］徐晔，陶长琪，丁晖．区域产业创新与产业升级耦合的实证研究：以珠三角地

区为例［J］. 科研管理，2015，36（4）：109-117.

［219］徐宇珊. 深圳：行业协会的国际化探索［N］. 中国社会报，2014-12-24（5）.

［220］许树辉. 基于全球价值链视角的欠发达地区产业升级研究：以韶关汽车零部件产业为例［J］. 经济地理，2011，31（4）：631-635.

［221］许永兵，罗鹏，张月. 高质量发展指标体系构建及测度：以河北省为例［J］. 河北大学学报（哲学社会科学版），2019，44（3）：86-97.

［222］薛澜，张帆，武沐瑶. 国家治理体系与治理能力研究：回顾与前瞻［J］. 公共管理学报，2015，12（3）：1-12.

［223］薛秋童，封思贤. 数字普惠金融、居民消费与经济高质量发展［J］. 现代经济探讨，2022（7）：26-40.

［224］亚当·斯密. 国富论［M］. 严复译. 上海：上海世界图书出版公司，2012.

［225］杨菊萍. 浙江传统制造业集群中龙头企业的行为类型研究［J］. 软科学，2008（3）：128-132.

［226］杨雪冬. 全球化、风险社会与复合治理［J］. 马克思主义与现实，2004（4）：61-77.

［227］杨志安，邱国庆. 财政分权与中国经济高质量发展关系：基于地区发展与民生指数视角［J］. 财政研究，2019（8）：27-36.

［228］姚迈新. 公共治理的理论基础：政府、市场与社会的三边互动［J］. 陕西行政学院学报，2010，24（1）：21-25.

［229］姚洋，张晔. 中国出口品国内技术含量升级的动态研究：来自全国及江苏省、广东省的证据［J］. 中国社会科学，2008（2）：67-82.

［230］叶飒，李涛. 区域分工打造深圳服装的城市竞争力［J］. 纺织服装周刊，2010（6）：60-61.

［231］亦闻. 深圳服装业高速发展探秘［J］. 纺织服装周刊，2007，7（24）：36-37.

［232］［英］鲍勃·杰索普. 治理的兴起及其失败的风险：以经济发展为例的论述［J］. 国际社会科学杂志（中文版），1999（1）：31-48.

［233］［英］R. A. W. 罗茨. 新的治理［J］. 马克思主义与现实，1999（5）：42-48.

［234］俞可平. 治理和善治引论［J］. 马克思主义与现实，1999（5）：37-41.

［235］俞可平. 中国治理评估框架［J］. 经济社会体制比较，2008（6）：1-9.

［236］郁建兴，沈永东，吴逊. 行业协会促进产业升级的作用类型及其实现机制：一项多案例的研究［J］. 浙江大学学报（人文社会科学版），2011，41（6）：23-35.

［237］郁建兴，沈永东．行业协会在产业升级中的作用：文献评论［J］．中国行政管理，2011（9）：53-58.

［238］郁建兴，张利萍．市场化进程中地方政府的角色调适与管理创新：以浙江省为研究对象［J］．理论探讨，2013（4）：5-10.

［239］张晖．产业升级面临的困境与路径依赖锁定效应：基于新制度经济学视角的分析［J］．现代财经（天津财经大学学报），2011（10）：116-122.

［240］张建军，赵启兰．现代供应链体系视域下的我国经济高质量发展机理研究［J］．当代经济管理，2019，41（8）：15-20.

［241］张杰，刘志彪．制度约束、全球价值链嵌入与我国地方产业集群升级［J］．当代财经，2008（9）：84-91.

［242］张鸣跃．比别人多一点东西［J］．幸福（悦读），2009（8）：15.

［243］张曙光．市场主导与政府诱导：评林毅夫的《新结构经济学》［J］．经济学（季刊），2013，12（3）：1079-1084.

［244］张腾，蒋伏心，韦朕韬．财政分权、晋升激励与经济高质量发展［J］．山西财经大学学报，2021，43（2）：16-28.

［245］张银银，邓玲．创新驱动传统产业向战略性新兴产业转型升级：机理与路径［J］．经济体制改革，2013（5）：97-101.

［246］张永恒，郝寿义．高质量发展阶段新旧动力转换的产业优化升级路径［J］．改革，2018（11）：30-39.

［247］张雨，戴翔．出口产品升级和市场多元化能够缓解我国贸易摩擦吗？［J］．世界经济研究，2013（6）：73-78.

［248］张蕴萍，董超，栾菁．数字经济推动经济高质量发展的作用机制研究：基于省级面板数据的证据［J］．济南大学学报（社会科学版），2021，31（5）：99-115.

［249］张兆曙．城市议题与社会复合主体的联合治理：对杭州 3 种城市治理实践的组织分析［J］．管理世界，2010（2）：46-59.

［250］张震，刘雪梦．新时代我国 15 个副省级城市经济高质量发展评价体系构建与测度［J］．经济问题探索，2019（6）：20-31.

［251］张卓元．发挥市场配置资源决定性作用的十年实践［J］．百年潮，2023（12）：41-45.

［252］赵可恒．工业设计导入装备制造业产业升级的路径探析［J］．现代装饰（理论），2013（10）：9-11.

[253] 郑杭生，黄家亮．当前我国社会管理和社区治理的新趋势［J］．甘肃社会科学，2012（6）：1-8.

[254] 郑杭生，黄家亮．论我国社区治理的双重困境与创新之维：基于北京市社区管理体制改革实践的分析［J］．东岳论丛，2012，33（1）：23-29.

[255] 郑杭生，杨敏．从社会复合主体到城市品牌网群：以组织创新推进社会管理创新的“杭州经验”［J］．中共杭州市委党校学报，2011（4）：4-10.

[256] 郑英．深圳市电子行业协会：当好中小电子企业成长的引路人［N］．深圳商报，2007-04-24（A07）.

[257] 郑准，王炳富，程志宇．知识守门者行为与产业集群升级：基于“微观异质”与“行为导向”的理论视角［J］．科学学研究，2014，32（4）：578-584.

[258] 周秉腾，岳晋川．关于深圳电子工业的调查报告［J］．南方经济，1985（4）：63-77.

[259] 周其仁．制度变迁驱动经济增长［J］．新经济导刊，2010（5）：14-15.

[260] 周升起．OFDI 与投资国（地区）产业结构调整：文献综述［J］．国际贸易问题，2011（7）：135-144.

[261] 周勇．以文化推动产业升级研究［J］．湖南社会科学，2012（2）：138-141.

[262] 朱鹤，刘家明．中国东部地区旅游业竞争力研究：基于时序全局主成分分析法［J］．地域研究与开发，2015，34（5）：100-104.

[263] 朱玉杰，倪骁然．金融规模如何影响产业升级：促进还是抑制？——基于空间面板 Durbin 模型（SDM）的研究：直接影响与空间溢出［J］．中国软科学，2014（4）：180-192.

[264] 邹燕．创新型城市评价指标体系与国内重点城市创新能力结构研究［J］．管理评论，2012，24（6）：50-57.

附　录

附表 1　中国省域治理质量综合指数（2001—2019 年）

地区	2001 年	2002 年	2003 年	2004 年	2005 年	2006 年	2007 年	2008 年	2009 年	2010 年
北京	91. 91	95. 86	98. 21	100. 25	102. 66	104. 86	106. 52	109. 41	110. 10	111. 44
天津	82. 60	84. 69	85. 67	87. 54	89. 86	90. 79	92. 24	94. 14	96. 36	98. 53
山西	56. 45	57. 54	59. 17	59. 72	62. 62	65. 49	65. 56	68. 95	70. 52	71. 97
辽宁	68. 56	70. 61	72. 29	74. 21	75. 33	77. 33	79. 25	81. 20	83. 22	85. 44
吉林	59. 19	60. 20	61. 32	61. 85	63. 55	65. 77	68. 25	70. 02	72. 45	73. 31
黑龙江	58. 31	59. 99	61. 17	60. 70	62. 30	64. 18	67. 01	69. 25	71. 20	70. 95
上海	95. 28	97. 41	98. 42	99. 75	102. 34	103. 42	105. 19	107. 36	108. 27	109. 50
江苏	70. 39	71. 97	74. 43	76. 23	79. 01	81. 88	84. 32	86. 97	89. 12	92. 33
浙江	72. 37	74. 08	76. 43	78. 63	80. 71	82. 94	85. 84	87. 80	89. 69	91. 16
安徽	53. 82	55. 80	56. 43	58. 87	61. 78	64. 25	67. 85	69. 42	72. 36	76. 49
福建	64. 30	65. 64	66. 93	68. 13	69. 91	71. 54	72. 77	74. 96	78. 08	80. 71
江西	51. 77	53. 72	55. 30	57. 22	58. 08	60. 85	63. 49	65. 09	67. 99	70. 64
山东	64. 42	66. 37	68. 65	71. 05	73. 62	75. 14	77. 61	79. 68	81. 86	84. 33
河南	54. 65	55. 97	57. 57	59. 62	62. 87	65. 24	67. 89	69. 22	71. 33	73. 66
湖北	60. 12	60. 72	62. 54	64. 00	65. 94	68. 08	70. 38	72. 37	74. 62	76. 78
湖南	55. 19	57. 24	58. 73	60. 43	63. 15	65. 04	67. 24	69. 31	71. 80	73. 63
广东	69. 05	70. 36	73. 04	73. 75	76. 77	79. 29	81. 19	83. 61	86. 00	87. 65
重庆	60. 55	63. 18	65. 25	67. 31	68. 26	70. 91	72. 95	75. 46	78. 75	82. 58
四川	52. 87	54. 33	56. 12	57. 30	59. 68	62. 15	65. 81	68. 46	70. 85	73. 59
贵州	39. 45	43. 08	44. 74	45. 42	49. 04	50. 30	53. 03	55. 27	57. 25	61. 71
陕西	57. 12	59. 37	60. 91	61. 08	63. 97	66. 19	69. 02	71. 49	74. 46	77. 82
青海	44. 48	45. 78	44. 20	47. 46	49. 83	52. 68	55. 19	56. 53	58. 38	60. 81
宁夏	56. 12	57. 25	58. 80	60. 05	61. 47	61. 76	65. 25	66. 95	69. 51	70. 79
新疆	49. 64	50. 66	51. 95	52. 93	53. 74	55. 82	57. 44	59. 17	59. 01	62. 48

续表

地区	2011 年	2012 年	2013 年	2014 年	2015 年	2016 年	2017 年	2018 年	2019 年
北京	113. 00	112. 59	116. 06	115. 33	117. 25	118. 31	121. 16	123. 18	125. 16
天津	100. 76	101. 15	104. 20	104. 52	106. 35	107. 24	108. 50	110. 57	112. 26
山西	76. 22	78. 82	80. 79	80. 75	82. 40	84. 03	85. 55	88. 24	90. 23
辽宁	87. 32	89. 21	90. 11	90. 13	88. 00	88. 20	90. 96	92. 47	95. 38
吉林	74. 45	78. 34	79. 51	78. 57	80. 55	81. 31	82. 65	84. 63	86. 62
黑龙江	75. 28	78. 26	79. 31	79. 42	79. 19	79. 62	81. 64	83. 99	85. 63
上海	110. 88	110. 39	113. 12	112. 75	114. 45	115. 25	117. 12	119. 15	120. 48
江苏	94. 79	96. 66	98. 43	98. 74	100. 57	102. 15	106. 14	108. 74	110. 99
浙江	93. 39	95. 01	96. 80	97. 79	100. 10	101. 80	104. 64	106. 62	108. 60
安徽	78. 70	82. 01	83. 99	86. 00	88. 34	89. 94	93. 61	96. 20	98. 78
福建	83. 10	85. 44	87. 29	88. 77	91. 45	93. 21	94. 83	96. 85	98. 87
江西	73. 89	75. 35	77. 28	79. 52	82. 35	84. 85	86. 41	88. 65	90. 89
山东	86. 91	88. 91	91. 02	92. 34	94. 05	95. 75	98. 96	101. 10	103. 25
河南	76. 23	79. 01	80. 05	82. 32	84. 64	86. 83	89. 18	91. 38	93. 59
湖北	79. 65	82. 72	84. 53	86. 75	89. 29	91. 51	92. 78	94. 94	97. 11
湖南	75. 85	78. 42	80. 06	81. 94	83. 53	85. 05	87. 97	90. 03	92. 10
广东	89. 31	90. 63	93. 10	93. 83	96. 52	98. 37	101. 15	103. 85	106. 19
重庆	85. 62	87. 63	88. 60	91. 06	92. 47	93. 65	97. 34	100. 03	102. 38
四川	76. 05	79. 45	80. 37	82. 58	84. 62	86. 22	89. 73	92. 12	94. 51
贵州	65. 79	69. 02	72. 48	75. 37	77. 62	79. 35	82. 10	84. 85	87. 60
陕西	81. 35	84. 18	86. 61	87. 61	89. 10	91. 17	94. 33	97. 13	99. 59
青海	62. 92	64. 96	66. 11	67. 71	70. 53	72. 36	73. 92	76. 25	78. 22
宁夏	74. 54	76. 93	78. 51	80. 61	83. 06	85. 10	86. 26	88. 27	90. 28
新疆	64. 41	66. 07	67. 91	69. 39	71. 65	73. 15	74. 04	75. 65	77. 27

附表 2　中国省域政府能力分项指数（2001—2019 年）

地区	2001 年	2002 年	2003 年	2004 年	2005 年	2006 年	2007 年	2008 年	2009 年	2010 年
北京	98.69	99.30	99.83	101.73	103.18	105.02	107.85	112.14	112.85	114.83
天津	85.84	86.54	87.89	89.22	91.76	92.12	93.96	97.14	100.26	102.63
山西	71.52	70.50	71.88	73.82	76.01	79.14	80.75	83.31	85.50	86.43
辽宁	76.47	78.23	78.12	79.86	80.84	83.46	86.25	88.09	89.82	92.02
吉林	71.54	72.47	73.10	74.10	75.54	78.35	81.16	83.15	84.93	86.75
黑龙江	69.94	70.17	71.22	71.62	73.37	75.92	79.54	81.63	84.94	86.30
上海	92.99	93.72	94.68	95.69	97.25	98.19	100.98	106.12	107.04	108.61
江苏	73.53	73.25	75.34	77.14	79.96	82.35	85.73	87.83	89.69	92.31
浙江	73.17	74.17	76.16	78.37	80.82	84.15	86.48	89.00	91.73	94.04
安徽	62.60	64.46	65.02	67.15	68.74	72.25	74.84	76.32	79.27	81.37
福建	67.82	68.88	68.99	70.39	71.73	74.59	76.28	78.70	83.07	85.42
江西	62.34	63.11	63.36	65.31	65.87	69.72	73.64	75.61	78.68	80.37
山东	67.86	68.66	69.45	72.00	73.08	77.11	79.86	82.51	85.37	88.07
河南	61.85	63.13	64.35	66.30	68.47	72.71	75.18	75.38	78.06	79.79
湖北	70.50	70.67	71.13	72.34	74.21	77.45	80.48	81.82	83.53	85.29
湖南	64.33	64.79	65.60	66.57	69.30	72.02	75.09	77.23	81.10	83.00
广东	71.88	72.76	73.72	74.81	76.66	79.73	82.30	85.50	89.36	91.12
重庆	64.57	65.33	66.32	68.10	70.66	74.09	77.45	78.54	83.38	86.99
四川	65.94	66.91	67.64	68.25	69.94	73.04	76.26	78.11	80.08	83.46
贵州	56.67	57.48	58.29	59.02	62.28	66.23	69.44	71.11	73.21	75.94
陕西	71.23	72.81	73.45	74.90	77.36	80.46	83.28	85.42	88.87	91.10
青海	63.87	64.46	65.12	66.27	67.28	70.73	73.28	75.74	79.53	82.36
宁夏	68.35	68.75	69.32	70.72	71.61	74.79	78.79	79.56	83.23	85.58
新疆	66.86	67.69	68.63	69.98	70.52	72.82	76.06	78.50	79.21	81.82

续表

地区	2011 年	2012 年	2013 年	2014 年	2015 年	2016 年	2017 年	2018 年	2019 年
北京	116. 31	113. 58	119. 03	115. 37	118. 12	118. 58	120. 53	123. 06	125. 46
天津	104. 52	103. 22	108. 31	105. 52	106. 87	105. 88	107. 38	110. 06	111. 63
山西	88. 14	90. 14	91. 72	91. 09	91. 63	93. 71	96. 12	98. 80	100. 48
辽宁	94. 52	96. 31	97. 20	96. 46	92. 85	92. 65	95. 86	97. 29	101. 72
吉林	88. 91	91. 36	92. 03	92. 36	94. 32	93. 27	95. 90	98. 61	100. 33
黑龙江	87. 84	91. 02	92. 12	92. 03	90. 59	89. 92	92. 57	95. 32	97. 06
上海	110. 63	107. 72	113. 55	109. 95	111. 97	111. 59	114. 35	117. 82	119. 30
江苏	94. 30	96. 42	98. 10	98. 53	101. 63	104. 42	106. 57	108. 73	110. 90
浙江	95. 99	96. 53	99. 13	99. 19	102. 57	104. 43	107. 53	109. 69	111. 86
安徽	84. 15	88. 42	89. 26	91. 23	93. 81	94. 25	97. 87	100. 16	102. 46
福建	87. 80	90. 19	92. 75	93. 72	97. 22	98. 21	100. 67	102. 91	105. 15
江西	83. 18	86. 13	87. 33	89. 29	92. 22	95. 23	96. 81	99. 14	101. 48
山东	90. 83	93. 56	95. 48	95. 94	97. 38	99. 41	103. 40	105. 73	108. 07
河南	82. 12	86. 20	86. 20	88. 73	91. 50	94. 44	95. 81	98. 00	100. 20
湖北	88. 18	91. 63	92. 37	94. 70	96. 98	99. 85	100. 87	102. 94	105. 02
湖南	85. 66	88. 90	90. 01	91. 68	92. 03	93. 10	97. 73	99. 97	102. 20
广东	94. 07	94. 09	97. 57	96. 70	99. 66	101. 50	104. 79	106. 96	109. 13
重庆	89. 54	93. 44	92. 81	95. 13	97. 00	98. 26	102. 93	105. 47	108. 01
四川	85. 71	89. 72	89. 63	92. 30	94. 37	94. 60	98. 20	100. 37	102. 54
贵州	78. 55	83. 75	85. 44	89. 13	93. 92	95. 12	96. 74	99. 47	102. 21
陕西	94. 30	97. 07	98. 36	99. 58	100. 24	101. 56	105. 18	108. 45	110. 72
青海	85. 51	87. 44	88. 27	89. 84	93. 42	94. 90	97. 48	99. 77	102. 06
宁夏	88. 54	90. 53	91. 87	93. 77	95. 92	98. 21	100. 42	102. 60	104. 78
新疆	84. 11	86. 21	87. 88	88. 84	92. 99	94. 19	95. 47	97. 40	99. 32

附表 3 中国省域市场能力分项指数（2001—2019 年）

地区	2001 年	2002 年	2003 年	2004 年	2005 年	2006 年	2007 年	2008 年	2009 年	2010 年
北京	82.58	87.90	90.96	93.83	95.50	97.93	99.00	99.61	100.39	102.19
天津	84.12	85.34	85.27	87.63	89.47	91.53	93.46	95.44	96.87	98.67
山西	44.59	48.98	51.55	52.74	55.20	58.12	62.31	63.77	63.19	65.64
辽宁	65.12	67.35	69.90	71.80	73.26	75.74	78.21	80.26	82.44	84.37
吉林	49.14	50.71	50.93	54.08	57.08	59.61	62.06	64.55	66.07	67.76
黑龙江	45.53	46.61	47.44	48.47	50.52	52.14	55.60	57.75	59.33	61.53
上海	98.27	100.03	102.10	104.39	105.85	107.14	108.07	108.69	108.91	109.94
江苏	74.73	76.89	80.10	81.91	84.43	85.40	87.43	89.40	90.53	93.83
浙江	72.70	75.03	78.42	80.24	80.44	81.90	83.51	84.38	84.68	85.95
安徽	53.53	55.31	57.12	59.21	62.38	66.28	69.92	71.75	73.37	76.44
福建	63.33	64.13	66.38	67.33	69.36	70.06	72.58	74.48	76.15	78.67
江西	48.43	52.02	55.63	58.28	61.03	62.50	64.68	66.45	68.68	72.89
山东	67.15	69.72	73.62	76.30	79.11	77.25	79.77	80.88	82.14	84.22
河南	56.33	57.05	59.43	62.34	65.78	68.15	70.99	72.76	74.49	76.34
湖北	58.67	59.72	61.58	63.15	64.94	66.08	67.98	70.42	72.81	75.01
湖南	54.26	56.00	58.54	60.45	63.18	64.93	66.82	68.74	70.02	71.73
广东	71.92	73.50	75.61	75.28	78.63	80.01	81.86	83.63	83.73	85.33
重庆	58.98	61.32	64.07	66.04	66.37	69.21	71.04	75.16	76.02	79.68
四川	46.22	46.68	49.44	51.72	54.29	56.82	59.14	62.44	64.91	66.85
贵州	29.14	37.39	40.52	41.26	43.16	43.11	45.48	49.40	49.87	56.02
陕西	48.74	51.70	53.26	54.07	56.81	58.72	61.74	64.30	66.64	69.17
青海	19.27	24.30	25.50	27.74	29.80	32.70	36.11	37.33	38.38	40.78
宁夏	40.31	42.04	45.58	49.29	50.58	48.93	51.66	53.36	54.85	57.00
新疆	23.42	26.07	27.68	29.23	29.66	31.69	33.23	34.92	31.68	36.32

续表

地区	2011 年	2012 年	2013 年	2014 年	2015 年	2016 年	2017 年	2018 年	2019 年
北京	102. 83	104. 12	103. 97	105. 22	107. 42	109. 15	111. 75	113. 25	114. 74
天津	100. 58	102. 31	102. 83	104. 73	107. 03	109. 00	110. 66	112. 38	114. 11
山西	69. 26	71. 33	72. 63	73. 11	74. 52	75. 72	77. 48	80. 57	82. 65
辽宁	85. 79	87. 78	85. 80	86. 40	84. 15	83. 26	86. 76	88. 25	90. 74
吉林	69. 64	70. 97	70. 38	70. 83	73. 44	74. 91	76. 20	78. 05	80. 89
黑龙江	63. 19	66. 07	65. 06	65. 04	66. 52	67. 85	70. 24	72. 95	74. 66
上海	110. 66	111. 38	111. 41	112. 40	113. 83	114. 67	116. 62	117. 63	118. 63
江苏	95. 42	96. 64	97. 09	97. 45	98. 68	99. 15	102. 84	105. 53	107. 23
浙江	87. 10	88. 26	88. 09	89. 08	91. 04	92. 86	94. 28	95. 48	96. 67
安徽	78. 74	80. 68	81. 32	83. 18	86. 02	88. 51	92. 39	94. 82	97. 26
福建	80. 13	81. 98	81. 61	82. 53	84. 19	86. 05	88. 65	90. 25	91. 85
江西	75. 06	76. 54	76. 40	78. 16	80. 92	82. 76	86. 75	89. 00	91. 24
山东	85. 91	87. 22	87. 58	89. 39	91. 98	93. 15	95. 42	97. 03	98. 64
河南	79. 01	80. 29	79. 86	81. 49	83. 56	85. 42	89. 38	91. 40	93. 42
湖北	77. 65	80. 38	82. 18	84. 71	87. 91	89. 85	90. 74	92. 85	94. 95
湖南	73. 59	75. 00	75. 81	77. 96	80. 76	82. 55	84. 94	86. 81	88. 69
广东	86. 57	87. 73	88. 89	89. 57	92. 15	94. 27	96. 32	99. 76	102. 19
重庆	81. 75	82. 32	82. 26	84. 90	84. 32	85. 25	89. 49	92. 38	94. 27
四川	69. 11	71. 02	71. 27	72. 61	75. 14	77. 26	81. 02	83. 22	85. 42
贵州	60. 42	61. 10	61. 56	62. 74	67. 08	69. 87	73. 03	75. 57	78. 10
陕西	72. 63	75. 03	75. 21	77. 49	79. 78	82. 02	85. 50	87. 83	90. 16
青海	42. 62	44. 32	42. 82	42. 41	45. 17	46. 25	50. 15	52. 91	54. 67
宁夏	62. 62	63. 36	61. 02	62. 83	65. 59	67. 15	69. 87	71. 63	73. 40
新疆	38. 06	40. 21	38. 11	39. 28	41. 88	43. 56	45. 14	46. 41	47. 69

附表 4　中国省域法治水平分项指数（2001—2019 年）

地区	2001 年	2002 年	2003 年	2004 年	2005 年	2006 年	2007 年	2008 年	2009 年	2010 年
北京	95. 03	101. 28	104. 90	106. 14	110. 51	112. 88	113. 88	117. 81	118. 38	118. 42
天津	77. 02	81. 76	83. 53	85. 46	88. 09	88. 34	88. 77	89. 10	91. 18	93. 56
山西	52. 88	52. 54	53. 36	51. 51	55. 76	58. 28	51. 66	58. 29	61. 68	62. 59
辽宁	63. 40	65. 56	68. 31	70. 48	71. 35	72. 05	72. 31	74. 24	76. 45	79. 01
吉林	56. 68	57. 11	59. 86	56. 75	57. 20	58. 36	60. 48	61. 16	65. 42	64. 17
黑龙江	59. 85	63. 96	65. 68	62. 42	63. 31	64. 72	65. 89	68. 39	69. 19	64. 16
上海	94. 42	98. 63	98. 44	98. 98	104. 14	105. 12	106. 70	107. 23	108. 94	110. 02
江苏	61. 58	64. 67	66. 65	68. 44	71. 50	77. 17	79. 00	83. 09	86. 78	90. 57
浙江	71. 05	72. 84	74. 40	77. 01	80. 89	82. 77	87. 87	90. 43	93. 23	93. 97
安徽	43. 91	46. 27	45. 59	48. 79	52. 95	52. 47	57. 21	58. 61	63. 08	70. 84
福建	61. 35	63. 66	65. 18	66. 45	68. 44	69. 72	68. 88	71. 15	74. 52	77. 61
江西	43. 39	44. 75	45. 50	46. 53	45. 49	48. 54	50. 21	51. 17	54. 69	56. 62
山东	57. 15	59. 74	61. 84	63. 72	67. 75	70. 32	72. 41	74. 94	77. 43	80. 07
河南	44. 25	46. 31	47. 44	48. 59	52. 86	53. 08	55. 68	57. 84	59. 71	63. 30
湖北	49. 72	50. 28	53. 64	55. 28	57. 46	59. 52	61. 41	63. 62	66. 37	68. 94
湖南	45. 61	49. 88	50. 92	53. 23	55. 93	57. 01	58. 57	60. 72	63. 04	64. 95
广东	62. 36	63. 84	69. 18	70. 70	74. 71	77. 94	79. 11	81. 37	84. 77	86. 35
重庆	57. 72	62. 87	65. 39	67. 87	67. 69	69. 22	69. 96	72. 21	76. 57	80. 85
四川	45. 47	48. 69	50. 57	51. 11	54. 09	55. 73	61. 51	64. 32	67. 10	70. 02
贵州	31. 55	33. 00	33. 92	34. 45	40. 54	40. 20	42. 78	43. 71	47. 33	51. 83
陕西	50. 55	52. 74	55. 32	53. 22	56. 80	58. 36	60. 98	63. 72	66. 87	72. 53
青海	51. 68	49. 40	41. 91	48. 85	53. 18	55. 27	56. 65	56. 82	57. 35	59. 34
宁夏	60. 56	61. 82	62. 16	60. 32	62. 52	61. 73	65. 52	68. 29	70. 84	69. 85
新疆	60. 57	59. 88	61. 19	61. 09	62. 67	64. 54	64. 36	65. 31	67. 78	70. 84

续表

地区	2011年	2012年	2013年	2014年	2015年	2016年	2017年	2018年	2019年
北京	121.18	121.45	125.60	126.04	127.89	128.85	133.06	135.10	137.15
天津	96.57	97.34	100.07	102.22	104.94	106.74	107.25	109.02	110.80
山西	70.55	74.46	76.44	76.45	80.93	82.56	82.76	85.00	87.23
辽宁	80.71	82.60	84.38	84.80	86.89	88.85	90.21	91.84	93.48
吉林	63.26	71.85	73.22	69.22	72.87	74.91	74.81	76.09	77.37
黑龙江	74.93	77.80	78.48	79.24	80.89	81.53	82.37	83.82	85.27
上海	111.42	112.32	113.63	115.31	118.08	120.21	120.94	122.50	124.05
江苏	94.63	96.96	99.24	99.42	101.55	103.05	109.56	112.56	115.57
浙江	97.79	101.24	103.01	104.92	107.95	109.32	113.53	116.23	118.94
安徽	72.27	76.08	78.99	81.18	84.70	86.60	90.09	93.19	96.29
福建	81.12	83.97	86.40	89.16	93.31	95.85	95.32	97.58	99.85
江西	61.63	61.34	64.94	68.28	72.50	75.20	73.84	75.98	78.12
山东	83.51	85.49	88.37	90.14	92.59	94.55	97.96	100.52	103.07
河南	66.04	69.08	71.85	74.76	77.92	79.61	81.20	83.63	86.06
湖北	72.05	75.08	76.23	78.18	81.92	83.73	85.73	88.07	90.41
湖南	67.08	70.22	71.20	73.30	76.86	78.60	80.14	82.23	84.33
广东	87.01	90.03	92.03	94.65	98.02	99.57	102.63	105.06	107.49
重庆	85.60	87.11	90.11	92.62	96.82	98.22	100.10	102.75	105.40
四川	72.98	77.43	78.80	81.64	84.46	87.04	90.15	93.03	95.91
贵州	57.23	61.18	66.99	70.90	71.04	72.15	75.72	78.76	81.79
陕西	76.55	79.94	83.51	83.62	87.12	89.87	92.12	94.93	97.75
青海	60.57	63.14	66.02	69.61	73.84	76.95	74.55	76.40	78.26
宁夏	72.28	77.12	82.54	85.06	88.73	91.05	89.14	91.24	93.35
新疆	72.59	73.18	77.17	80.29	81.98	83.62	83.24	84.89	86.54

附表 5　中国省域治理能力分项指数（2001—2019 年）

地区	2001 年	2002 年	2003 年	2004 年	2005 年	2006 年	2007 年	2008 年	2009 年	2010 年
北京	90. 58	93. 56	95. 36	97. 75	99. 32	101. 45	103. 40	105. 83	106. 58	108. 47
天津	84. 97	85. 94	86. 57	88. 42	90. 61	91. 82	93. 71	96. 29	98. 55	100. 64
山西	57. 96	59. 67	61. 64	63. 20	65. 53	68. 56	71. 47	73. 48	74. 27	75. 96
辽宁	70. 75	72. 76	73. 98	75. 80	77. 02	79. 57	82. 20	84. 15	86. 10	88. 17
吉林	60. 27	61. 51	61. 94	64. 03	66. 25	68. 91	71. 55	73. 79	75. 44	77. 19
黑龙江	57. 65	58. 31	59. 25	59. 97	61. 87	63. 95	67. 48	69. 61	72. 05	73. 83
上海	95. 65	96. 90	98. 41	100. 07	101. 58	102. 70	104. 55	107. 42	107. 98	109. 28
江苏	74. 14	75. 08	77. 74	79. 54	82. 21	83. 89	86. 59	88. 62	90. 11	93. 07
浙江	72. 93	74. 61	77. 30	79. 31	80. 63	83. 02	84. 98	86. 68	88. 18	89. 96
安徽	58. 03	59. 85	61. 04	63. 15	65. 54	69. 25	72. 36	74. 02	76. 30	78. 89
福建	65. 56	66. 49	67. 68	68. 85	70. 54	72. 31	74. 42	76. 58	79. 59	82. 02
江西	55. 34	57. 53	59. 47	61. 77	63. 43	66. 08	69. 13	71. 00	73. 65	76. 60
山东	67. 50	69. 20	71. 55	74. 17	76. 11	77. 18	79. 81	81. 69	83. 75	86. 13
河南	59. 07	60. 07	61. 87	64. 31	67. 12	70. 41	73. 07	74. 06	76. 27	78. 06
湖北	64. 54	65. 16	66. 32	67. 71	69. 54	71. 72	74. 19	76. 08	78. 13	80. 12
湖南	59. 26	60. 36	62. 04	63. 49	66. 22	68. 45	70. 93	72. 96	75. 52	77. 32
广东	71. 90	73. 13	74. 68	75. 04	77. 65	79. 87	82. 08	84. 56	86. 53	88. 20
重庆	61. 76	63. 31	65. 19	67. 07	68. 50	71. 63	74. 23	76. 84	79. 68	83. 31
四川	56. 01	56. 73	58. 47	59. 93	62. 06	64. 88	67. 64	70. 22	72. 44	75. 10
贵州	42. 81	47. 37	49. 35	50. 08	52. 65	54. 59	57. 38	60. 18	61. 46	65. 91
陕西	59. 91	62. 18	63. 28	64. 41	67. 02	69. 52	72. 44	74. 79	77. 68	80. 06
青海	41. 41	44. 24	45. 18	46. 87	48. 41	51. 59	54. 57	56. 40	58. 82	61. 43
宁夏	54. 24	55. 31	57. 37	59. 93	61. 02	61. 77	65. 13	66. 37	68. 94	71. 19
新疆	44. 99	46. 74	48. 02	49. 47	49. 95	52. 12	54. 50	56. 56	55. 28	58. 92

续表

地区	2011 年	2012 年	2013 年	2014 年	2015 年	2016 年	2017 年	2018 年	2019 年
北京	109.52	108.82	112.01	110.77	112.73	113.83	116.11	118.12	120.07
天津	102.54	102.77	105.96	105.49	106.95	107.45	109.03	111.23	112.88
山西	78.64	80.67	82.64	82.58	83.02	84.65	86.74	89.62	91.50
辽宁	90.13	92.01	92.55	92.40	88.47	87.92	91.28	92.74	96.19
吉林	79.21	81.10	82.18	82.55	83.81	84.03	85.98	88.26	90.54
黑龙江	75.43	78.46	79.66	79.50	78.47	78.81	81.33	84.06	85.79
上海	110.65	109.56	112.91	111.66	112.91	113.14	115.49	117.72	118.96
江苏	94.86	96.53	98.09	98.45	100.15	101.77	104.69	107.12	109.05
浙江	91.52	92.37	94.17	94.76	96.76	98.61	100.86	102.54	104.21
安徽	81.43	84.53	86.11	88.05	89.89	91.36	95.11	97.48	99.84
福建	83.94	86.06	87.67	88.60	90.66	92.09	94.62	96.54	98.46
江西	79.09	81.30	82.52	84.29	86.53	88.95	91.75	94.04	96.32
山东	88.35	90.37	92.15	93.27	94.66	96.26	99.38	101.35	103.32
河南	80.55	83.22	83.53	85.53	87.50	89.90	92.57	94.68	96.78
湖北	82.88	85.96	88.06	90.39	92.41	94.82	95.77	97.86	99.95
湖南	79.58	81.91	83.82	85.61	86.36	87.79	91.29	93.34	95.40
广东	90.29	90.89	93.56	93.49	95.88	97.86	100.53	103.33	105.64
重庆	85.62	87.84	87.95	90.40	90.62	91.71	96.16	98.88	101.09
四川	77.36	80.31	81.03	82.98	84.69	85.87	89.55	91.74	93.92
贵州	69.42	72.35	74.81	77.26	80.41	82.41	84.80	87.44	90.08
陕西	83.39	85.98	87.92	89.31	89.94	91.72	95.27	98.07	100.37
青海	63.92	65.73	66.15	66.89	69.13	70.41	73.65	76.18	78.20
宁夏	75.49	76.85	76.80	78.72	80.65	82.57	85.04	87.01	88.98
新疆	60.93	63.05	63.97	64.75	67.26	68.70	70.14	71.73	73.33

后 记

本书是我的第二部著作，是2019年第一部著作的逻辑延续，是对治理议题的进一步研究和持续探索。本书的思想源泉最早可以追溯到2010年，2019年开始酝酿思路框架，2021年开始陆续撰写核心章节，前后历时3年终成文稿。在此过程中，得到众多专家、朋友和家人的大力支持，心中唯有万千感恩。

记得2010年，我有幸参加粤港合作课题，承担体制机制模块的研究工作，这对我来说是一个陌生的领域，难度大、时间紧、压力大。然而，正是这次迎难而上，正是这次攻坚机会，让我第一次接触到治理议题，并为之着迷，进而明确其成为我博士论文的研究方向，以及我第一、第二部著作的思想源泉。每次回想起那段攻坚经历，总是感慨万千，也庆幸万分，如果没有当初的攻坚机会，就不会有缘接触到治理这个美妙的议题，也不会有可能获得之后的一系列研究成果，更不会有机会形成本书的思想源泉。

从2013年开始，围绕博士开题，我开展了大量探索性治理议题研究。虽然部分研究对博士毕业没有直接帮助，但两年半的研究积累十分丰硕，也为本书的研究工作奠定了良好的基础。此外，在完成博士论文的过程中，我的导师、评审专家等给予我很多指导和帮助，正是经历反复磨砺，我对治理议题的相关认识逐步深化。尤其是完成第一部著作之后，我看到了治理议题这个巨大的研究宝藏，激发了我深入探索的好奇心和极大的兴趣。如果没有读博期间导师和评审专家的千锤百炼，就不会有本书相关理论的高效前期准备，也不会有本书研究框架的高质量构建，更不会有本书主要思路和文稿的快速完成。

重新回到工作岗位之后，在一个相对宽松和自由的工作环境里，在完成日常研究咨询工作任务之后，我利用夜晚、周末和春节长假等各类碎片化时间，逐步完成了本书各章节的撰写工作。在这个过程中，离不开良好工作环境的有力支持，我所在部门研究咨询课题较多，解决了我工作创收的后顾之忧。在这个过程中，离不开博士导师唐老师的悉心指点，以及李珏师弟、袁帅师妹的大力支持，反复讨论拓宽了我的视野，也提供了很多有价值的素材。在这个过程中，离不开戴欣师妹的大力帮助，她在计量工具运用方面十分娴熟，在我撰写文稿时给予了很大的支持。在这个过程中，离不开家人的理解和支持，本书成稿期间恰逢爱人怀孕、孩子出生和孩子满周岁，家里的事情主要靠爱人和父母，这给予了我全身心投入书稿写作的机会。

最后，谨以本书献给我的爱人和孩子，也献给我的父母，还献给帮助过我的专家和朋友们。